異文化
コミュニケーションを
問いなおす

ディスコース分析・社会言語学的視点からの考察

Intercultural Communication
A Critical Introduction

イングリッド・ピラー[著] 高橋君江 渡辺幸倫 ほか[訳]

創元社

INTERCULTURAL COMMNICATION:
A Critical Introduction
by Ingrid Piller

Copyright © Ingrid Piller, 2011

Japanese translation rights arranged Edinburgh University Press Ltd., Scotland
through Tuttle-Mori Agency, Inc., Tokyo

本書の日本語版翻訳権は、株式会社創元社がこれを保有する。
本書の一部あるいは全部についていかなる形においても出版社
の許可なくこれを使用・転載することを禁止する。

異文化コミュニケーションを問いなおす
——ディスコース分析・社会言語学的視点からの考察　目次

日本語版出版にあたって　9
謝　辞　12

第1章
概　要　17

- **1-1** はじめに　17
- **1-2** 目　的　20
- **1-3** 構　成　20

第2章
異文化コミュニケーションへのアプローチ　22

- **2-1** 本章の目的　22
- **2-2** 異文化コミュニケーションとは？　22
- **2-3** 文　化　27
- **2-4** 本章のまとめ　35
- **2-5** 参考文献　35
- **2-6** アクティビティ　36

第3章
異文化コミュニケーションの系図　37

- **3-1** 本章の目的　37
- **3-2** 文　化　39
- **3-3** 多文化主義　45
- **3-4** 異文化コミュニケーション　50
- **3-5** 本章のまとめ　56

- 3-6 参考文献　57
- 3-7 アクティビティ　57

第4章
言語と文化　59

- 4-1 本章の目的　59
- 4-2 言語的相対性　59
- 4-3 言語的に多様な社会における医療　66
- 4-4 コミュニケーション相対性　68
- 4-5 名前を持った言語　72
- 4-6 本章のまとめ　79
- 4-7 参考文献　80
- 4-8 アクティビティ　81

第5章
国家と文化　84

- 5-1 本章の目的　84
- 5-2 ステレオタイプ　84
- 5-3 平凡なナショナリズム　88
- 5-4 異文化コミュニケーションアドバイス　95
- 5-5 グローバリゼーションとトランスナショナリズム　99
- 5-6 本章のまとめ　106
- 5-7 参考文献　107
- 5-8 アクティビティ　107

第6章
職場での異文化コミュニケーション　109

- 6-1 本章の目的　109
- 6-2 ネイションの文化的価値　111
- 6-3 多国籍企業　119

- 6-4 言語ワークと文化ワーク　124
- 6-5 今後の課題と展開　129
- 6-6 本章のまとめ　133
- 6-7 参考文献　134
- 6-8 アクティビティ　134

第7章
販売のための異文化コミュニケーション　136

- 7-1 本章の目的　136
- 7-2 民族文化的ステレオタイプを売る　137
- 7-3 販売のための英語　142
- 7-4 グローバルな非言語？　146
- 7-5 本章のまとめ　152
- 7-6 参考文献　153
- 7-7 アクティビティ　153

第8章
異文化間ロマンス　155

- 8-1 本章の目的　155
- 8-2 グローバル化する恋愛　155
- 8-3 愛の力で世界は回る　160
- 8-4 花嫁通販サイト　166
- 8-5 本章のまとめ　173
- 8-6 参考文献　174
- 8-7 アクティビティ　174

第9章
異文化コミュニケーションと排除　176

- 9-1 本章の目的　176
- 9-2 隠れた人種差別　176

- □ 9-3 訛りと職業　182
- □ 9-4 機会の促進　188
- □ 9-5 本章のまとめ　194
- □ 9-6 参考文献　195
- □ 9-7 アクティビティ　195

第10章
マルチリンガルな世界における異文化コミュニケーション　197

- □ 10-1 本章の目的　197
- □ 10-2 言語の習熟度　198
- □ 10-3 話せない立場に置かれるということ　202
- □ 10-4 言語の重要性　208
- □ 10-5 公共における言語制度　216
- □ 10-6 ビジネスにおける言語制度　223
- □ 10-7 本章のまとめ　230
- □ 10-8 参考文献　231
- □ 10-9 アクティビティ　231

第11章
異文化コミュニケーションの将来　234

- □ 11-1 本章の目的　234
- □ 11-2 異文化コミュニケーションの物質的側面　234
- □ 11-3 変わりゆく情勢　237
- □ 11-4 社会正義（ソーシャルジャスティス）　238
- □ 11-5 研究者の立ち位置　241
- □ 11-6 参考文献　241
- □ 11-7 アクティビティ　242

訳者あとがき　243
参考文献　245
索　引　260

装丁　濱崎実幸

日本語版出版にあたって

　最初に、本書は従来の異文化コミュニケーションの文献とは大きく異なるということを日本の読者の皆様にお伝えしたい。一般的なセルフヘルプ的書物とは違い、国籍が違う人々とどのようにコミュニケーションをすればよいかを説く本ではない。
　第2章で詳しく説明するが、異文化コミュニケーションの研究は、20世紀に経済大国として出現した日本に対する西洋のレスポンスとして普及した。よって、異文化コミュニケーションへの新しいアプローチ——国家と文化の同一化を批判的に考察し、毎日の生活の中の異文化を検証する——を日本の皆様とともに共有し構築できるのは最も適切だと考えている。とはいえ、本書は国家としての日本に対する書物ではない。私自体、来日は一度だけで、本書を書き上げる前に2～3週間ほど学会で訪れたのみ。しかし実際のところ、日本人学生、日本人コラボレーター、そして日本人の友人との対話がこの本のベースとなっている。
　これまでに私が出会い、協力関係を築き上げてきた日本人は、一般的な異文化コミュニケーションの教科書が説くような「伝統的日本人らしさ」のイメージとはかけ離れている。彼らの「日本人」アイデンティティはグローバリゼーションと移動という名の下に存在し、グローバルポップカルチャーや数々の旅行などに影響されている。彼らの人生は、移動する機会が多い人に限らず、出身地から一度も離れたことがない人々の人生にも大きな影響を与える現在のグローバル化の典型的な例とも言える。すなわち、グローバリゼーションと移動性はすべての人々の人生に関わりがあるのだ。
　この現実を踏まえ、異文化コミュニケーション研究は新しい前提の下に築き上げる必要があると私は考えている。まず、ある特定の国の人が他国の人と接触した場合に何が起こるか、という問いはもう有効ではないと強調しておきた

い。対照的に、多様性に満ちた現在とどうコミュニケーションを図るか、という問いが今重要となってきている。

　日本人読者に本書を読んで頂けることを心より光栄に思う。過去に教えてきた日本人学生の経験を念頭に置きながらオリジナル英語版を執筆し、もともと英語ベースのグローバル読者層向けだった本書には、日本で行われた研究や海外在住日本人を対象にした研究が多く含まれている。

　英語版の出版後も、グローバル化する日本人をテーマにした共同研究を高橋君江博士（国際基督教大学）と続けている。特にオーストラリアにおける日本観光業についての研究を重ね、客室業務員の日本語と英語の価値について考察した (Piller and Takahashi, 2014)。第7章でも述べるが、オーストラリアの航空会社で働く日本人客室乗務員は「言葉の仕事」を行うだけでなく、彼らのアイデンティティは高い価値があることが明るみになった。すなわち、内気で控えめな、フレンドリーでサービス精神旺盛なアジア的ホスピタリティーという文化的ステレオタイプを体現するという役割で日本人客室業務員が雇用されている。

　異文化の場面で、文化的他者を「歩くナショナルステレオタイプ」として扱う傾向はいまだに強いが、多様性が高まる社会では、このようなアプローチはビジネスにおける成功や社会包括に逆効果である。例として、1970年代から21世紀の間に起こったオーストラリアにおける日本人旅行客マーケットの台頭と崩壊を文脈に、「歩み寄り、闘争、孤立」を考察した (Piller and Takahashi, in press)。聞き取り調査の結果、オーストラリアに拠点を置く日本人観光業従事者の貢献や専門的知識は、地元観光局を含めオーストラリアと日本の観光会社の間であまり認識されていなかったことが明るみになった。それにより、多くのビジネスチャンスが逃されてきたことはもとより、今後もこの傾向が続く可能性が高い。

　マルチで多様、そしてときに分裂したアイデンティティが注目される時代にもかかわらず、移動する現代人が国家的・文化的ステレオタイプの狭間で人生を送ることはいまだに難しい。これを踏まえ、近年トランスナショナルな人々の声を社会に広めることを目的としたビデオインタビューサイト「Japanese on the Move」を制作した (Piller and Takahashi, 2012)。このサイトは「日本人アイデンティティ」に関わりを持つ50名のインタビューで構成されている。多くの参加者の「日本人アイデンティティ」は、日本が出生地であったり、育った場所

であったり、または日本語を学習したり文化を吸収することにより培ってきた。その一方、日本で生まれたり育ったりしたわけではなく、ティーンエージャーや成人になってから自らの意思と選択で「日本人アイデンティティ」を築き上げた人々のインタビューも掲載されている。

「Japanese on the Move」には他言語を学び、外国人と交流を持ち、未知なる外国へと移動し、多文化で多言語なグローバル人生に身を委ねた異文化パイオニア的な人々のインタビューも含まれている。現代日本人の異文化経験についての研究は多種多様であり、本書でも多く紹介している。そして、本書のオリジナル英語版の出版後も、重要な研究が発表され続けている。特に高橋（Takahashi, 2013b）が行ったオーストラリアに在住する独身日本人女性の研究は代表的な例だ。また、前世代の日本人がいかに異文化と関わってきたかを理解することにより学べることが多い。同じく高橋が行ったファッション会社ヤッコマリカルド（ワイエムファッション研究所）社長の渡邊万里子氏とのインタビュー取材は、団塊世代の日本人経営者がいかに異文化ビジネスを切り開いてきたかを考察し、のちに発表された記事からは重要なヒントを得ることができるだろう（Takahashi, 2013a）。

一冊の本を多言語に訳して頂けることは名誉であり、この貴重な機会を作り上げてくれた翻訳チームに心より感謝を申し上げたい。考案者でチームリーダーである高橋君江博士の献身的な取り組みは翻訳プロジェクトの軸であり、同博士の第一協力者である渡辺幸倫氏（相模女子大学）とともにすばらしい翻訳チーム（清水友子、田村亮、加藤明子、菅野素子、樋口くみ子、藤田ラウンド幸世、柳川浩三、羽井佐昭彦）を立ち上げてくれた。学問界では翻訳は「愛の労働（labour of love）」と考えられており、代償なしに行う生産的な仕事である。一人一人の翻訳者の方に、翻訳という異文化コミュニケーションを快く引き受けて頂いたことに、心から敬意を表したい。最後に、創元社社長矢部敬一氏、そして編集担当の橋本隆雄氏にも、感謝の念を申し上げたい。

イングリッド・ピラー

謝　辞

　本書は長年をかけて編纂されたもので、転々と移動する先々で執筆を重ねてきた。私が初めて異文化コミュニケーションの教科書を書こうと思い立ったのは、2001年から2004年にかけて、オーストラリアのシドニー大学で異文化コミュニケーション（文学修士）をコーディネートし、同名のユニットを言語学部で編成した時期だった。2005年から2006年にかけては、スイスのバーゼル大学英文学部で教鞭をとる中で、本書のプロポーザルを練りあげ、第１章を執筆した。
　その後、私はオーストラリアに戻り、マッコーリー大学で成人移民英語プログラム研究所（Adult Migrant English Program Research Centre, AMEP RC）の所長を務めている間に原稿を進めようと試みてきた（が、あまり上手くいかなかった）。ようやく原稿執筆を再開し、完成させることができたのは2010年にマッコーリー大学に再び戻ってきた後のことだ。それ以前は、一年間、アラブ首長国連邦（UAE）のアブダビにあるザーイド大学に赴任していた。
　私は、異文化コミュニケーションに関する書籍は、移動しながら異なる場所で書かれることがふさわしいと思う。そうすることで、私が共有したいと思う、直に聞き取った異文化コミュニケーションの事例をたくさん持つことができるようになった。これらの地域に住んでいる私の学生、同僚、友人たちと、他にもインターネット上で繋がり、幸運にも訪れることができた地域の多くの人々が、本書に様々な形で影響を与えてきた。それらの人たちすべてに感謝したい。
　本書の草稿を読み、忌憚のない意見をくれた、以下の人たちには特に感謝している。なかでもアレクサンダー・ドゥシェンヌ（Alexander Duchêne）と高橋君江（Kimie Takahashi）には感謝しきれない。他にも、アダム・ヤヴォルスキー（Adam Jaworski）、アラステア・ペニークック（Alastair Pennycook）、アネタ・パヴレンコ（Aneta Pavlenko）、クリスピン・サーロウ（Crispin Thurlow）、ドンメイ・プ（Dongmei

Pu)、エミリー・ファレル（Emily Farrell）、アーウィン・コラー（Erwin Koller†）、エスマット・ババイ（Esmat Babaii）、フランチェスカ・バルジエラーキアッピーニ（Francesca Bargiela-Chiappini）、ジョルジュ・ルディ（Georges Lüdi）、ホワメイ・ハン（Huamei Han）、中根育子（Ikuko Nakane）、ジャッキー・チャン（Jackie Chang）、ジェニー・ジャン・ジエ（Jenny Zhang Jie）、イジー・ネクヴァピル（Jiří Nekvapil）、ロイ・リーシング（Loy Lising）、リンダ・イエーツ（Lynda Yates）、モニカ・ヘラー（Monica Heller）、ソン・リー（Song Li）、スー・ルーバース（Sue Lubbers）、ヴェラ・ウィリアムズ・テテ（Vera Williams Tetteh）には大変お世話になった。

　また、シドニー大学とバーゼル大学にて私の講義「異文化コミュニケーション」を受講してくれた学生の皆さん、オーストラリア各地でAMEPの講師の方々に向けて開催した異文化コミュニケーション・ワークショップに参加してくださった方々、ヨーロッパ諸国・日本・中近東・米国内の諸大学で行われた私の講演に参加してくださった皆様に心より感謝の念を述べたい。私は、本書の読者層を考えるにあたって、皆さんから学び、皆さんのことを念頭に置くように心がけてきた。

　各地をまわる中で、仕事上および個人的な関係を保つのはかなり大変なことだった。それゆえに、ウェブサイト（www.languageonthemove.org）に適宜書き込んでくれた友人たちと同僚の皆さんのことは特筆しておきたい。このサイトは、異文化コミュニケーション、マルチリンガリズム、言語学習を専門的に取り扱った社会言語学のサイトとブログである。読者の皆さんもこのサイトを訪問してくれることを楽しみにしている。

　私の家族は、私とともに各地を移動してくれた。彼らの愛、サポート、忍耐は、私の疲れを吹き飛ばしてくれた。娘は私に、子供と遊ぶ時間を削る行為は、どんな場合でも許されないことを思い出させてくれた。「大人向けの本」を書くなんてとんでもないのだ。

　ナサとアバに、ありったけのありがとう（*sağol and Danke*）を！

異文化コミュニケーションを問いなおす
ディスコース分析・社会言語学的視点からの考察

第1章
概要

1-1 はじめに

　私は10年以上、異文化コミュニケーションのコースやワークショップを指導してきたが、この分野の文献に度々失望させられてきた。というのは、異文化コミュニケーションの教科書には、「私」や「私の生徒たち」のような存在がまったくと言っていいほど登場してこないからである。私は多くの国々に長期間滞在し、多くの言語を話し、また、国や言語や文化的背景が自分と大きく異なる人々と親しい関係を作ってきた。私のクラスの大部分とは言わないまでも、多くの学生にもそれが言える——多くは留学生か移民で、数カ国で育った者もいれば、インターナショナルスクールに通っていた者もいる。多くの学生の両親が国際結婚、または学生自身がパートナーとそのような関係にある。異文化コミュニケーションの文献の多くに対する私の失望は、言語的・文化的に多様な生活を送っていて、言語的・文化的に多様な人間関係に携わっている多様な背景を持つ私や私の生徒のような人々が、異文化コミュニケーションの文献ではめったに扱われることがない、という事実から来ている。従って、本書を書こうとした動機の一つとして、この分野を現実の生活にある異文化コミュニケーションに対応させ、それを反映するものにしたいという願いがある。現実の異文化コミュニケーションは、経済的・社会的・文化的なグローバリゼーションや、国境を越えた移動や留学体験の中に組み込まれている。異文化コミュニケーションの主な課題として、言語学習の問題、ステレオタイプに関する言説的問題、また、社会

包括と正義といった社会的問題がある。この問題を、オーストラリアで行われた高等教育における異文化コミュニケーションのケーススタディで例示しよう。多くの国々、特に英語圏で見られるように、オーストラリアの大学の教室はこの数十年間で異文化コミュニケーションの度合いが非常に高いスペースになってきている (Phillimore and Koshy, 2010)。これは学生の学習体験にとってどのような意味を持つのだろうか。

中根（2007b）が行った、日本人留学生がオーストラリアの大学の授業で直面する言語的・文化的問題の研究に登場する Aya を見てみよう。オーストラリアでは、一般的にアジアの学生、特に日本の学生は、よく内気で静かだと見られることが多い。研究者がオーストラリアにいる日本人学生に、授業での異文化コミュニケーション体験についてインタビューした際、多くの学生が、自分の英語に自信がないため発言をするのが怖いという感想を述べている。また、授業のディスカッションに関する慣習がよくわからないため、ちょうど良いタイミングをとるのが難しいとも述べている。つまり、いつ発言をすればいいのかがわからない、または、自分の番が来ても、多くは地元オーストラリア人のような、より声高に主張する学生に遮られるということである。多くの場合、講義、チュートリアル、少人数や自由討論の授業、学生による発表など、ある特定の授業形式で必要なことがどのようなものかを知らないため、タイミング悪く発言したり、間違えたことを言うよりも、黙っている方が安全だと思うことが多かった。従って、このような日本人学生の沈黙は、日本の文化的特質とはあまり関連がなかったことになる。学生の中には、例えば学生が教師に対して発言するのは不適切だと思い、意図的に沈黙していた者がいたことも確かである。とはいえ、中根（2007b）がインタビューで確認したように、ほとんどの者はもっと話したいと思っていた。彼らの参加を妨げていたのは、日本の文化ではなく、自分の英語力に関する自信の欠如であり、オーストラリアの大学の講義形式に対する理解不足であった。さらに、クラスメートが常に遮ったり、教師が発言の時間をとらなかったり、または、会話の内容が彼らにはまったくわからない地元の話題になるときなどは、沈黙は彼らがしたこと（「沈黙している状態」）というだけでなく、彼らに降りかかってきた（「沈黙させられる状

態」）ことでもある。このような環境では、日本人学生の沈黙と内気さは文化的ステレオタイプや定説であり、それは教室で比較的少人数である日本人学生だけでなくすべての人が実際の授業体験を通じて間違った解釈をすることにより絶えず強化されてきたものである。中根（2007b）は、学生と教師へのインタビューに加え、学生と教師が異文化コミュニケーションについて話したことの他に、実際にどのように彼らが異文化コミュニケーションを行っているかを理解するために、勉強風景をビデオ録画した。異文化コミュニケーションでの認識（「自分がしていると思っていること」）と行動（「実際に行っていること」）を明らかにすることは重要である。なぜなら我々の認識はいつも正しいとは限らないからだ。社会言語学者は、言語使用についての自己分析レポートを天気予報にたとえるのが好きだ――正しいときもあれば間違っているときもあるというわけだ。同時に、認識は行動を特徴づけ、反対もしかりである。Ayaは、研究者によって録画された授業のいくつかに登場する日本人留学生である。彼女は度々話す機会を求めるという点で、他の多くの日本人学生と違っていた――実際、彼女はクラスで2番目に多く発言していた。彼女の発言の平均時間は5.8秒で、クラス平均の6.1秒と非常に近い。しかしながら、Ayaの発言の平均頻度と平均時間をもってしても、彼女は自分が授業に参加するのに苦労しているという認識を改めることはできなかった。彼女の教師やクラスメートも、彼女のことを、授業に対する興味と積極さに欠ける「とても静かな」生徒だという認識を変えなかったのだ。これは実に、言語形式が単に言語能力ということではなく、それ以上のものを表像する、と誤解されてしまう異文化コミュニケーションの悲劇の一つである。Ayaのケースでは、沈黙が（まず正確に観察されていないという点に加えて）、英語力の欠如や、オーストラリアの授業慣習や地元の話題を知らないという理由から生まれてきたものではなく、誤って人格として判断をされたということなのだ。つまり無関心で消極的な学生だとみなされたのである。

1-2 目 的

　本書は、最新の批判的な異文化コミュニケーション学を、ディスコース分析や社会言語学的観点から紹介する。人の移動、観光、グローバルメディアの増加とともに、現在、異なる文化的・言語的背景の人々が今だかつてないほど交流している。文化的・言語的な交流、合併、混合が至るところで行われ、その結果、学界の内外で異文化コミュニケーションに対する関心が非常に高まってきた。本書は、一方で言語学習と言語能力、もう一方でステレオタイプとアイデンティティの言説的構築が、社会包括・社会正義と交差するコミュニケーションとしての異文化コミュニケーションへの理解を促すものである。

　本書では、この研究分野に2つの貢献を試みる。第一に、ディスコース分析と人類言語学に基づき、文化的アイデンティティ、文化的類似・相違を言説的構築と捉えることである。第二に、社会言語学、特にバイリンガリズム研究に基づき、異なる言語と言語変種の使用を異文化コミュニケーションの中心的な特徴として強調し、言語と言語変種の異なった価値と、話者が持つそれらの言語へのアクセスを明確にする。

1-3 構 成

　本書は、言語学を学んだか否かにかかわらず幅広い読者を想定しているため、各章や各項はもちろん、本書全体が以下の3段階の手順を繰り返す構成をとっている。

(1) この分野の最新の文献を通して共通基盤を確立する
(2) 新たな問いかけをし、新たな関連性を探し出すことにより、その共通基盤を批評する
(3) 様々なレベルの学生が実行できるような研究テーマを企画することにより、新しい視点を切り開く

　各章は、特定の問題を例示するため、いくつかのケーススタディをも

とに編成されている。
　章立ては次のような順になっている。第2章は重要な理論についての章で、「文化的相違」という概念を脱構築することが目的である。第3章では、異文化コミュニケーションの分野を歴史的・社会的な文脈の中に位置づけることにより、前章の主題を続ける。第4章と第5章は、文化という概念を他の2つの主要概念である言語と国家に関連づける。第2章～第5章は残りの章の基盤を成す役割があり、第5章以降は、行為者によって「文化が引き合いに出され、関連づけられる」文脈、場所、分野を中心に構成される。文化的相違の言説的構築が考察される最初のコンテクストは、第6章の国際ビジネスの世界である。文化的相違は、マーケティングに使用される民族文化的ステレオタイプの中で引き合いに出される。文化的相違はよく否定的に見られがちだが、マーケティングでは肯定的なつながり（第7章）や、文化間のロマンスももたらす。第8章では、ロマンスの世界的な循環について探究する。文化的相違に関する言説はあらゆる種類の目的で使われており、第9章は、排除と搾取を目的とするケースについて探究する。第10章はわずかに方向性を変え、相違の言説的構築から離れ、異文化コミュニケーションが組み込まれている言語実践と言語イデオロギーを考察する。第11章は将来の研究の方向性を描く。

第2章
異文化コミュニケーションへのアプローチ

2-1 本章の目的

第2章では、以下のような内容の習得を目指す。

- 異文化コミュニケーションを「誰が、誰のために、どのよう文脈で、どのような目的で、文化を引き合いに出し、関連づけるのか」という観点から考える。
- 「クロスカルチャルコミュニケーション（Cross-cultural communication）」、「異文化コミュニケーション（Intercultural communication）」と「言説間コミュニケーション（Inter-discourse communication）」の代表的な3つのアプローチがどのように使用されているかを理解する。

2-2 異文化コミュニケーションとは？

「異文化コミュニケーション」とは多くの人に多様な目的で使われているため、必ずしも皆同じ意味で使用されているとは限らない。まず、異文化コミュニケーション学の領域で行われた3つの研究を紹介する。言葉の定義から始めるよりも、その研究者たちが「異文化コミュニケーション」をどう理解し、どのような研究を行ったのか、ということを自分なりに考えながら読んでもらいたい。

第2章 異文化コミュニケーションへのアプローチ

■ 研究例1

　ロレンゾーニとルイス（Lorenzoni and Lewis, 2004）は、空港業務上で起こるサービス問題の対処の違いについてイギリス人とイタリア人スタッフを対象に研究を行った。「サービス問題」とは持物の紛失や座席のオーバーブッキングなどを含む。ある航空会社でアンケート調査を行った後、地上勤務職員、テレフォンオペレーター、キャビンクルーなどを含む37名のイギリス人と39名のイタリア人にインタビューを行った。アンケートには「お客様がサービスに満足されておらず、大声を上げたり感情的になっています。我慢するべきだと思いますか？」などの項目が含まれていた。両グループとも「対処」に関しては似た意見であり、ほとんどの回答者が「会社の規則内である場合なら変更手続きをする」と答えている。変更手続きが可能でない場合は、なぜ変更が不可能なのかの説明を行うということに関しても両グループとも「対処」は一緒だったが、それに対する「態度」の違いが明らかになった。例を挙げると、イタリア人スタッフは「同情に値するケース」を報告したが、イギリス人スタッフからはそのようなケースは挙がらなかった。「対処」への回答は両グループとも似ており、これは航空会社が行ったサービストレーニングの成果であると研究者は判断した。一方、スタッフの「態度」の違いはイギリス文化とイタリア文化から由来しているもので、トレーニングによって変化するものではないと指摘している。

■ 研究例2

　ベイリー（Bailey, 2000）が行った研究で、韓国系小売店スタッフとアフリカ系アメリカ人客との「接し方」に焦点を当てている。研究者はロサンゼルスにある数件の小売店を訪問し、観察を重ねた。一店舗にはビデオカメラを設置し、接客状況を4時間撮影し、さらに店舗スタッフと客にインタビューも行った。その結果、韓国人客との接客は、挨拶、取引、クロージングの3つのコミュニケーションによって成立していることが浮かび上がった。

キャッシャー：［客が入店］こんにちは、お元気ですか？

韓国人客：こんにちは。
韓国人客：たばこ！
キャッシャー：たばこですか？［カウンターの下にあるタバコに手を伸ばす］
キャッシャー：はい、どうぞ。［キャッシャーは現金を受け取りタバコを渡す：客は出口に向かう］
キャッシャー：さようなら。
韓国人客：ああ。（Bailey, 2000: 94）

　対照的に、アフリカ系アメリカ人客との対話はもっと複雑であった。上記の3つのコミュニケーション以外に、客が天気や最近のニュースなどの世間話や、家族や仕事に関しての個人的な話をする傾向が確認された。さらに、観察結果によると、韓国人スタッフから世間話を始めることはなく、アフリカ系アメリカ人客の個人的な話に対応することもめったになかった。その後の聞き取り調査でわかったことは、アフリカ系アメリカ人客は店舗スタッフに無視されていると感じていたらしい。あまり関わりを持とうとしない態度に不満を持ち、その原因は韓国人のアフリカ系アメリカ人に対する人種差別的な態度によると述べていた。一方、韓国人店主とレジ担当者は、購買時に個人的な話をするのは「押し付け」であり、マナーの悪さであると考え、アフリカ系アメリカ人客の教育の低さ（または育ちの悪さ）が原因と話している。ここで一つ注目しておきたいことがある。研究者によると、何年もアフリカ系アメリカ人地域で商売をしているにもかかわらず、また、何年も韓国系小売店で買い物をしているにもかかわらず、韓国人小売店スタッフとアフリカ系アメリカ人客は自らの対話スタイルを相手に合わせることはしなかったという結果が出た。両グループが自らの対話スタイルを変えない理由は、現在の関わり合い方は過去から続くお互いへの偏見によって象られているためと研究者は指摘している。

■研究例3

　ガラシンスキとヤボースキー（Galasiński and Jaworski, 2003）の研究は、

観光地に住む人々が旅行記などでどのように表現されているかを検証した。1997年に発行されたイギリスの新聞ガーディアンに掲載された旅行記コーナーの記事をデータとして収集した。研究によると、旅行記を担当したジャーナリストは、主に3つの方法を用いて観光地に住む人々を表現している。まず、一般的表現用語を使い、「地元民」か、国またはエスニックグループのメンバー（例：「ロシア人」「ドミニカン」）、または社会集団のメンバー（例：「女性」「子供」）と表現する方法である。それらのグループは同質とみなされ、識別可能な属性を持つと表現されている。「マデイラ人はつつしみ深く、感情を表に出さない敬虔なカトリック信者です」が一つの例である。2つ目の方法は、現地で見かけた、またはたまたま話しかけた少人数に絞り、その人たちをその観光地の典型的・代表的な存在として表現するやり方だ。例えば、ある中国の旅行記の中で、ホームレス男性との遭遇がこのように記されている。「綿の靴を履き、黒のフェルト帽をかぶり、パット入りの上着を着たホームレス男性が近づいてきた。突然その男性はコートを開くと、ヒレのような指のサイズほどしかない物が右肩に付いていた」。観光地に住む人々の典型的表現方法の3つ目は、「観光客のヘルパー」、特に「手厚い歓迎をする人」として紹介することだ。例えば、あるイタリア旅行記の中に次のような一文がある。「一人で旅行したが、礼儀深く暖かい歓迎を受けた」。研究者はこの3つの表現方法は、ある特定の地域を「観光地」として作り上げる効果があると述べている。このように表現されることにより、その地域は複雑な社会の中で生きる人々が住む場所というよりも、人や文化が標本のように扱われ、観光客が安全に訪れることができる場所へと変容する。これらの表現により、観光地に住む人々は観光客が注視する「アトラクション」と化すのだ。

　以上の研究は、空港業務、小売店接客、新聞記事という平凡な状況での異文化コミュニケーションについて検証している。毎日の生活に関連性が高く、異文化コミュニケーションは至るところで起こるということを理解して頂けただろう。異文化コミュニケーションは私たちの身の回りにたくさんあるが、実際に異文化コミュニケーションとは何なのだろうか。先に述べた3つの研究は、研究目的も異文化コミュニケーション

に対する理解も大きく異なっている。まず、1つ目の研究では、「文化」を「国家・国民（イギリス人、イタリア人）」と同様とみなし、文化背景の違う航空サービス従事者の態度と言語行動を比較した。2つ目の研究では、文化背景が違う小売店スタッフと客の購買時の対話に焦点を当てた。「文化」はエスニシティと人種（「韓国系移民」「アフリカ系アメリカ人」）に類すると考えられている。また、3つ目の研究では、他者がどのように表現されているかを考察し、文化的属性とはいかに言説によって構築されているかを明るみにしている。よって、この研究では「文化」は社会的変数ではなく、言語、ナラティブ、いわゆる「言説」の産物と考えられている。

　スコローンら（Scollon and Scollon, 2000, 2001）は以上の3つのアプローチを「クロスカルチャルコミュニケーション（Cross-cultural communication）」「異文化コミュニケーション（Intercultural communication）」「言説間コミュニケーション（Inter-discourse communication）」と定義している。「クロスカルチャルコミュニケーション」アプローチを用いた研究の特徴は、異文化グループの推定をもとに、言語実践の比較を考察する。「異文化コミュニケーション」の枠組みの中で行われる研究のほとんども異文化グループの推定に基づき行われるが、「クロスカルチャルコミュニケーション」と一つ異なる点は、文化背景が違う者同士が実際に接触している状態で言語実践を考察するということだ。スコローンらは最後の「言説間コミュニケーション」を以下のように説明している。

　　言説間コミュニケーションアプローチは、グループ属性やアイデンティティに対する先験的概念を一旦横に置き、どのような状況で文化などのコンセプトが対人イデオロギー交渉に関連したカテゴリーとして生産されるかを考察する。（Scollon and Scollon, 2001: 544）

　異文化コミュニケーション関連の文献を読むときには、その研究が比較的なのか、対話的なのか、または言説的なのかを見極められる力が大切だ。実際には「Cross-cultural communication」「Intercultural communication」「Inter-discourse communication」という専門用語が的確に使われていない

のが現状である。本書では、先行研究を紹介する場合は、論文に表記されている用語を用いると同時に、先に述べたスコローンらの用法に当てはめていく。さらに、3つの用法の違いに注意する必要がなく、分野全体を指す場合は「intercultural communication（異文化コミュニケーション）」と表記する。

　本書では上記3つのアプローチの価値に関して次の提言をしていく。ますます繋がりつつある世界で、社会に関連性の高い研究を行うためには、文化に対しての固定観念を疎む必要がある。言説間コミュニケーションと多くの異文化コミュニケーション研究では、文化に対する事前仮定がもとになっていない。本書では、文化がどのように引き合いに出されるのかを言及する傾向があるコミュニケーション学の中で広く使われている「異文化コミュニケーション」という用語を使用する。また、バウマン（Baumann, 1996: 11）に習い、人々に発動された場合の「文化」には引用符を用いる。分析コンセプトとしての文化には引用符は使用しない。

　「文化」とは取り扱いの難しい用語である。異文化コミュニケーションを十分に理解するためには、まず、文化という言葉がどう使われているかを考察する必要がある。次のセクションで文化の概念について言及したい。

2-3　文 化

　　文化とは英語の中で最も理解するのが難しい2つか3つの単語の一つである。(R. Williams, 1983: 87)

　クローバーとクラックホーン（Kroeber and Kluckhohn, 1963）は1952年に出版された論文の中で156の文化の定義を提示している。それから半世紀以上経った現在に至るまで、カルチュラル・スタディーズ（Cultural Studies）という新しい学問分野が誕生し繁栄したことにより、文化に対しての興味や論議がますます深まっている。文化の定義リストを今日作成するとしたら、間違いなく2倍か3倍の量になるだろう。ここで、私

自身の「文化」の定義を紹介する前に、まず３つの例を紹介したい。

　１つ目の例は「文化」という項目を含んだ３つの国家を紹介するウェブサイトだ。国名を含んだドットコムサイトはマーケティングの道具であり、特に観光や海外投資家を狙った場合が多い。その国に関する情報を発信し、国家ブランド化のツールとして機能している。それらのウェブサイトと政府の繋がりは少なく、私が選択したウェブサイト（中国、エクアドル、ロシア）上では、政府との関係は不透明である。China.comは香港ベースのB2B（企業―企業間）ビジネス会社（www.alibaba.com）によって運営されている。Ecuador.comとRussia.comは米国シアトルに拠点を置くB2C（企業―消費者間）eコマース企業が運営している。それらのサイトでは「文化（Culture）」という項目が設置されている（China.comでは「History & culture」）。

　China.comの「History & culture」をクリックすると、下記のような情報が出てくる。

　　　Historical Sites［歴史的な場所］
　　　A Treasured Past［秘蔵の歴史］
　　　Chinese Imperial History［中国帝国の歴史］
　　　Traditional Holidays［伝統的な祝日］
　　　Art & Handicraft［文化と手工芸品］
　　　Theater & Music［劇場と音楽］
　　　Cultural Heritages［文化遺産］

　Ecuador.comにある「文化」をクリックすると、下記の情報が掲載される。

　　　History of Ecuador［エクアドルの歴史］
　　　Ecuador Flag［エクアドルの国旗］
　　　Language in Ecuador［エクアドルの言語］
　　　Translation［エクアドルの歴史］
　　　Ecuador Music［エクアドルの音楽］

Ecuador Dress［エクアドルの服装］
Ecuador Cuisine［エクアドル料理］
Art in Ecuador［エクアドルのアート］
Sport in Ecuador［エクアドルのスポーツ］
Events in Ecuador［エクアドルのイベント］
Ecuador Recipes［エクアドルのレシピ］
Ecuador Money［エクアドルの通貨］
Shopping in Ecuador［エクアドルでショッピング］
Ecuador Newspapers［エクアドルの新聞］
History of Ecuador［エクアドルの歴史］
Ecuador Radio［エクアドルのラジオ］
Ecuador Television［エクアドルのテレビ］

　Russia.comの「文化」セクションには下記の情報が含まれている。

Art Galleries［アートギャラリー］
Russian Theatres［ロシアの劇場］
Language［言語］
Newspapers［新聞］
Art in Russia［ロシアのアート］
Russian Money［ロシアの通貨］
Russian Recipes［ロシアのレシピ］
Russian Radio［ロシアのラジオ］
Russian TV［ロシアのテレビ］

　２つ目の例は旅行案内に関するウェブサイトに掲載されている「文化」という項目だ。www.internationalsos.com[注2]は企業に対して医療アシスタンス、国際ヘルスケア、セキュリティーサービス、委託カスタマーサービスに関するアドバイスを提供し、企業の旅行者の健康・安全リスクの管理サービスを請け負う。このサービスに含まれるのが、「カスタマイズされた目的地特有の重要なセキュリティーと医療と文化に関する情

報」である。目的地特有の情報は「エマージェンシー（緊急事態）」「電話でのお問い合わせ」「ボルテージとプラグ」「経済情報」「カルチャー・アドバイス」「大使館とビザ」「国情報」「天気と時差」「ご当地オンライン・ニュース」などのセクションに分かれている。下記のブラジル旅行者向けの「カルチャー・アドバイス」は非会員でも閲覧できるようになっている。

■一般情報
○他のラテン系南アメリカ人と同様に、ブラジル人は旅行者が自国で慣れている距離よりももっと近い距離で対話する傾向がある。
○人差し指と親指で「オーケー」のサインは卑猥な意味があるため、使用を避けること。
○自宅に招待してもらった際は、次の日にお花やお礼状を贈るのが適切である。紫色の花は喪に服すという意味があるので、贈るのは避けたい。
○ブラジル人は挨拶と別れの際に握手をする。
○自国で購買したお土産は訪問先で好ましいギフトである。
○カジュアルな装いは大丈夫。
○カトリック教会はブラジル社会で重要な役割がある。

■ビジネスについて
○男女とも出会いの最初と最後に握手をする。
○女性は頬と頬を合わせながら挨拶のキスを交わす傾向がある。
○交渉のペースは遅い。個人的関係を構築することが大切。
○ブラジル人幹部に連絡する最適な時間帯は10時〜12時と15時〜17時。
○商談は食事中に行われず、コーヒーが出てきてから始まる。
○女性にとってビジネスライクな服装は大切であり、保守的な装いが望ましい。マニキュアも大切。

■チップについて
○チップは10%が常識。

○ガソリンスタンドのスタッフ、床屋、ウエートレスやウエーターにもチップを払う。
○駐車監視員には1ブラジルレアルほどのチップが適当。
○タクシー運転手はチップを期待してはいないが、一般的にチップとしておつりをもらわない人が多い。

■ **一般的な営業時間**
○月曜日〜金曜日：8時30分〜17時30分

　3つ目の例はネットで話題となった2006年9月初頭のガーナ共和国のニュースだ。ガーナ政府はアクラ・カンファレンス会場で開催予定だった国際ゲイ＆レズビアン学会の開催禁止を発令した。会場運営側はそのような学会の予定は無かったと発表した。この件は国際ニュースとして報道されたが、実のところ学会が実際に企画されていたのか、また学会運営者は誰だったのかはいまだに明確になっていない。ここで学会が本当に企画されていたか否かは置いておき、国内外で論議を巻き起こした政府発表の禁止令の一部を紹介する。

　　ガーナ人はユニークな人々で、同性愛者が行う不自然な性行為を忌み嫌う文化、モラル、伝統を持っている。ガーナ政府は文化とモラルと伝統を暴力的に踏みにじる行為を容認しない。

　その後、同性愛がいかにアフリカ人らしくない行為とみなされているかを数名のレポーターが説明している。
　以上の3つの例は、今日最も「文化」が引き合いに出されるコンテクストから抜粋した。1つ目の観光マーケティング（一般的に国家マーケティング）では、「文化」とは国の資産の一部として扱われる。2つ目の国際ビジネストラベル業界では「異文化」とは支障や困難の源と表現される傾向があり、国際的な企業やその雇用者の管理が必要となってくる。3つ目は国家管理の問題であり、「文化」は市民権として扱われている。これは、覇権的概念「ガーナ人の文化」を掲げることにより、少数派市

民に平等の権利を否定した、という意味を持つ。この実例は同性愛者の市民権を剥奪するための「文化」の使用方法だが、移民者、先住民マイノリティ、宗教少数派グループや女性の権利も「文化」という名の下に迫害されるケースが多いことを注記したい。

　本書の趣向を紹介するために、ここまで「文化」の使用方法に焦点を当ててきた。前記した「誰によって、誰のために、どのような目的や文脈のもとで、いかに文化が引き合いに出されるのか」という問いが異文化コミュニケーション分野における最も主要な考察議題と考えている。上記の3つの例は、内容、範囲、ステータスの定義を考える上でとても役に立つ。

　まず内容に関してだが、「文化」を形成する物は一体何なのだろうか。「国の資産としての文化」とは、一般的に認識されている「ハイカルチャー（High culture）」に深く関係している。ハイカルチャーには歴史、美術、劇場、音楽などが含まれる。「国の資産としての文化」は、民話や伝統（例：手工芸品、伝統的な衣装、伝統料理、音楽）などのポピュラーカルチャーも指す。さらに、私たちが毎日の生活の中で親しみがある、国旗、国語、紙幣、新聞、ラジオ、テレビなども「国の資産としての文化」として象られることがある。「課題としての文化」としては、営業時間、チップ、祝日などが「文化」として紹介されると同時に、人との付き合い方や非言語コミュニケーション（非言語的な挨拶の側面、服装、容姿、距離感、対話のペース、ギフト交換）も文化の困難な側面として扱われがちだ。最後に、ガーナの例で説明したように、「国籍・市民権としての文化」とは、ある特定のアイデンティティを示唆する実践がよく挙げられる。往々に差別のもととなる「文化」の例を挙げると、服装（例：イスラム信者が使用するヘッドスカーフや顔を隠すベールに対しての論議）や喋り方（例：移民者が移民先の国語を習得していないなどの批判的世論）がある。

　上記の「文化」を扱った例に、含まれる人々と含まれない人々がいる、ということに注目してほしい。先ほどの3つ目の例では、同性愛者は「ガーナの文化」から排除された。また、ハイカルチャーが持ちうる排他的性質は明らかである。もしミュージアム、劇場、コンサートホールなどの場所に「文化」が存在すると考えると、「文化」へのアクセスは、

そういった場所に出向くことができる中流・上流社会の人に限られてくる（R. Williams, 1961）。対人関係の文化が持つ排他的性質は一目瞭然ではないが、2つ目の例にあった均質化目的リストを振り返ってみることでより明らかにしたい。そのリストでは、すべてのブラジル人があたかも同一の特性を持っているかのように紹介され、地方出身か、都会育ちか、ヨーロピアンか非ヨーロピアンか、土地を持っているかなどの社会的地位を示唆する情報はまったく無視されている。この「文化」の内容が擁する排他的性質は2つ目の定義要因である「範囲」と関連している。包摂と排除は、文化の定義の範囲を考察することによって明らかになる。

　前記した多様な「文化」の実例は、特に関連性がないように見えたことだろう。しかし、3つの実例に共通している点がある。それは、国家が「文化」の基本的単位ということだ。まさに各実例の文化の理解の範囲が国家である。逆にこのことはそんなに驚くべき事柄ではない。例えば、国家名＋ドットコムのウェブサイトはその国をクローズアップしたものであるゆえ、国家が「文化」の対象単位となるのは明らかだ。しかし、企業のウェブサイトを比較してみると、国家名＋ドットコムにおける「文化」の普遍性が浮き上がってくる。「文化」は国家をマーケティングするのに大変重要で、その重要性は他のビジネスよりも高いと言える。2つ目の例にあった「カルチャー・アドバイス」はやはり国が対象であり、町、地域、業界、セクターまたは社会的グループに特定はしていない。3つ目は国家管理に関する問題なのでやはり国家が文化の単位となっている。国家や他の社会性質（エスニシティや宗教）をベースにしたグループを異文化コミュニケーション学の分析対象に用いるのは論理的また実質的な問題がある。これについては第5章で詳しく述べる。

　3つの例に共通する「文化」のステータスとは実体性であり、その存在は前提とされている。絶対格名詞句である「ブラジル文化」「中国文化」「エクアドル文化」「ガーナ文化」または「ロシア文化」はそれらの存在の前提を引き起こす（Levinson, 1983: 167-226）。前提とは提案であり、否定下で一定だ。これはどういうことか。「フランスの王様はハゲている」という語用論でよく使われる例を通して説明する。もしこの言説を否定し、「フランスの王様はハゲていない」としても、絶対格名詞句は

「フランスの王様」の存在を前提し続ける。これと同様に、「文化」の内容（例：「中国文化は歴史的地域や秘蔵の過去などない」）を否定したとしても、「中国文化」のステータスは前提され続ける。

　「文化」を動詞として考えると、まったく違った「文化」のステータスにたどり着く。「文化を行う」、もっと細かく言うと、「ブラジル文化、中国文化、エクアドル文化、ガーナ文化、ロシア文化を行う」という表現になる。もし文化を動詞として捉えると (Street 1993)、そのステータスは「存在」から「プロセス」に変わる。「文化」が存在するという考え方は本質主義の基本で、文化は人が保有する物、または、人に属すると考えられている。構築主義は文化をプロセスと考え、文化は人が行うこととして考察する。文化のステータスに関する2つの見識は、異文化コミュニケーション論で両方とも存在する。異文化コミュニケーション学は実に学際的 (multidisciplinary) な学問であり、大学の授業として広い分野で教えられていて、例としては考古学、ビジネス、コミュニケーション学、カルチュラル・スタディーズ、教育学、言語学、マネジメント学、心理学、社会学などがある。しかし、学際的ではあるが、必ずしも異なった分野相互間の研究が行われているという意味ではない。異なった分野に属する学者たちの対話は非常に限られている。対話の妨げになっているのは、まさに上記で述べた互換性のない文化のステータスへの見解である。文化を物 (product) として考察する研究者の代表はヘールト・ホフステード (Geert Hofstede) で、「文化」は「思考のソフトウェアであり、メンタルのプログラミング」(Hofstede and Hofstede, 2005) と説いている。ホフステードの研究は異文化コミュニケーション学に多大なる影響を与えた。第5章でさらに詳しく紹介する。

　一方、人類学者や社会学者は非常に対象的な考えを持つ。

> エスノグラファー（民族誌学者）が用いる文化という用語は、コンセンサスに不可欠な一つのポイントを提供した。文化は実際に存在する物ではなく、抽象的な分析概念でしかない。行為を引き起こすわけではなく、抽象を要約するだけであり、規範的でも予測的でもない。(Baumann, 1996: 11)

まとめると、文化には多様な意味が存在し、使用方法、内容、範囲とステータスの次元で使われ方が違う。このセクションでは、文化を理解・定義する上での問題点を日常的な例題を使い説明を試みた。文化の異なった見解は論理的・実質的な影響があると先に述べたが、第6章でさらに詳しく紹介する。

2-4 本章のまとめ

本章では、以下の要点を主張した。

○ 文化は異文化コミュニケーションの外、またはそれ以前に存在しない。実際、異文化コミュニケーションは、異なる国のグループやエスニックグループの概念が構築される領域である。
○ 文化とは思想的概念であり、社会的カテゴリーや境界線を生産（また再生産）するために使われる。よって、文化の違いが引き合いに出されるのはなぜか、どのように構築され、それによってどのような影響があるのかを理解することが、異文化コミュニケーションを批判的に考察する主要な目的としなければならない。

2-5 参考文献

スコローンら（Scollon and Scollon, 2001）はこの章の軸となった3つのアプローチ（「Cross-cultural communication」「Intercultural communication」「Inter-discourse communication」）を詳しく紹介している。筆者（Piller, 2007b）はカルチュラルアイデンティティ、差異、相似は言説的構築という見解を紹介している。サーランギ（Sarangi, 1995）は異文化コミュニケーション学の見地から文化へのアプローチの大要を紹介している。ブロマールト（Blommaert, 2005）は批判的・民俗学的なディスコース分析の入門編を提供している。

2-6 アクティビティ

■毎日異文化コミュニケーション──自分の経験を振り返える

個人またはグループで、日記を書いてみよう。まずは文化が引き合いに出された例を書き留めてほしい（あらゆるテキスト、例えば口頭、筆記、コンピューター上での対話で、公式なものでも個人的なものでも構わない）。下記の質問項目を念頭に置き、システマティックに情報収集し記録しよう。

○誰が話しているのか。話している人・筆者は特定できる人または機関か。どのような役割を持って話したり執筆しているのか。
○誰が意図した観客なのか。他に聞いている・読んでいる人はいるのか。リアクションはどうだったか。
○どんな状況だったのか。例えば、対話者同士はどんな関係だったのか、いつ何時にどこで、どうやって対話・接触が起こったのか。
○どのような形で起こったのか。なるべく正確に誰が何を言ったのか、または書いたのかを記録しよう。そして文化を内容、範囲、ステータスの側面から考察してみよう。
○文化を引き合いに出す目的は？

注

1　www.china.com; www.ecuador.com; www.russia.com。これらのサイトは2006年9月4日に最終アクセス後、デザインが変更された。2010年終盤にchina.comは「歴史と文化」のリンクを「Life & style」に変更した。Ecuador.comから「文化」のリンクが消され、他のサブカテゴリーが昇格した。Russia.comは国のプロモーションサイトではなく、メールオーダー花嫁とお見合いサイトの入口に変わった。
2　2006年9月4日に最終アクセス
3　http://english.ohmynews.com/articleview/article_view.asp?no=315045&rel_no=1 2010年10月15日に最終アクセス

第3章
異文化コミュニケーションの系図

3-1　本章の目的

　　ラテン語を学ぶ生徒は何世代にもわたって皆、カエサルの『ガリア戦記』（紀元前 59-51）の冒頭を暗記しなければならなかった。

> Gallia est omnis divisa in partes tres, quarum unam incolunt
> Belgae, aliam Aquitani, tertiam qui ipsorum lingua Celtae, nostra
> Galli appellantur. Hi omnes lingua, institutis, legibus inter se differunt.
> （ガリアは3つの地域に分かれており、一つがベルギー人の住む地域、もう一つがアキテーヌ人の住む地域、そして3つ目が、我々はガリア人と呼び、自らをケルト人と呼ぶ人々の住む地域である。彼らは皆それぞれ言語、習慣、法律が異なっている[注1]）

　カエサルによるベルギー人、アキテーヌ人、ガリア人に対するこの記述を、次のクルド人についての現代の記述と比較してみよう。

> 自分たちの言語と文化を持つスンニ派のイスラム教徒のほとんどが、大半はクルド人であるが、トルコ、イラク、イラン、アルメニア、シリアの広く隣接した地域、一般的にクルディスターンとして知られる南西アジアの山岳地帯に住んでいる[注2]

　カエサルが人々や部族——現代の言葉で置き換えるならばエスニック

グループ——を記述する際に重視したのは「lingua（言語）」「institutis（習慣）」「legibus（法律）」であった。そこには文化という言葉が見当たらないが、現代の記述の方では「language and culture（言語と文化）」という、エスニックグループを説明する際に頻繁に使われる言葉が使用されている。逆に、習慣や法律という言葉がエスニックグループに関する現代の記述では言及されていないのが特徴的である。私たちが現代の記述でよく目にする「customs（習慣）」が institutis の最良の訳ではない可能性を考慮すると、この違いはより顕著である。私が元の英語訳を引用したウェブサイトでは、institutis のイタリア語訳が istituzioni、ドイツ語訳が Einrichtungen となっており、そのどちらも英語の「customs（習慣）」というよりはむしろ「institutions（制度）」に近いものであった。

　私はこの例を次の2つのことを理解する出発点として使いたい。1つ目は、カエサルが仲間のローマ人に対して exotic（エキゾチック）なエスニックグループを描写するのに最も重視したもの、すなわち制度と法はもはや description of an exotic／foreign ethnic group（エキゾチックな／外国のエスニックグループの描写）というジャンルにおいて重要ではなくなったことであり、2つ目は、今日ではあまりにも頻繁に使われるため英語のキーワードのように考えられている文化という言葉（Bennett et al., 2005; Williams, 1983）が、カエサルの語彙にはまったくなかったことである。現代英語の「culture（文化）」は語源的にラテン語の cultura に由来するが、このラテン語は、かつては人間の農業への関わり、栽培や育成、耕作、畜産を意味していた（Kramsch, 1998: 4）。

　では、どのようにして、文化という観点からエスニックグループ、とりわけ自分たちを除いた他のエスニックグループについてこのような言い方が生じたのだろうか。文化というものがあるグループの社会生活の中心的特徴として登場したのはいつであり、なぜなのか、また制度が中心的特徴から消えていったのはいつだったのだろうか。どのようにして私たちは、学者から実業家、ジャーナリスト、政治家に至るすべての人が、文化的な違いや異文化コミュニケーションについて多くの関心を寄せるようになったのだろうか。このような「culture（文化）」の歴史的探求が有益なのは、「文化に対する考え方の歴史が、私たちの日常生活の

状況の変化に対する思考と感情における反応の記録であり〈中略〉その基本的要素は総合的な質的評価をしようとする試み」(R. Williams, 1982: 295)だからである。

　私がここで述べたい重要な主張は、文化、文化的な違い、異文化コミュニケーションという言説が、植民地化政策のプロセスの一部として19世紀、20世紀の歴史的文脈の中で起こったということである。現在の異文化コミュニケーションの重要な点は、グローバル化の形態であり対応である。すなわち、異文化コミュニケーションの言説はそれ自体がグローバル化の側面であると同時にグローバル化への対応なのである。さらに文化、文化的な違い、異文化コミュニケーションという言説は、世界に起こる不平等問題と深く関連していて、しばしば不明瞭な力関係や実質的な違いに資するものである。ここで、文化、多文化主義、異文化コミュニケーションという３つの関連した用語に焦点を当てることによって異文化コミュニケーションの歴史を簡単に辿ってみたい。

　本章では、以下のような内容の習得を目指す。

○文化的な違い、多文化主義、異文化コミュニケーションに対する現代の関心が組み込まれている歴史的、社会経済的文脈を概観できる。
○文化、多文化主義、異文化コミュニケーションの詳細な理解につながるイデオロギーや物質的利害について批判的に関わることができる。

3-2　文化

　英語の culture という言葉の最近の優位性を説明するためにその言葉の短い歴史を紹介することから始めるが、私の説明はウィリアムズ (R. Williams, 1983) とベネット (Bennett, 2005) に基づいたものである。Culture は前述したように農業的な意味（畜産と栽培や育成）を持ち、15世紀にフランス語とラテン語から英語に借用された言葉である。16世紀初頭以降、この意味は比喩的に人間の成長、特に感覚的、精神的、知的発達へと拡張され、それは「she neglected the culture of her understanding（彼女は理解するという人間的成長を怠った）」(Johnson, 1759; R. Williams, 1983: 87) の使用におい

て見て取れる。19世紀後半から20世紀初頭にかけて、この意味からより抽象的な意味が発達し、知的活動、芸術的活動の作品や営みのことを意味するようになった。しかし我々の目的に沿った最も重要な意味は、19世紀にドイツ語の影響を受けて発達した。相当するドイツ語のKulturは、18世紀に「historical self-development of humanity（人間の歴史的自己開発）」という意味を発達させ、それは18世紀のヨーロッパ文化で頂点に達した単線的プロセスとして見られていた。対抗運動として、ヘルダーとヨーロッパのロマン主義運動がより一般的に民族文化や大衆文化を強調し始めた。ヘルダーは複数形のKulturenを使うことを主張した最初の人であり、それは「異なった国々や時代に特有の変化する文化だけでなく、国内における社会的、経済的集団に特有の変化する文化」をも意味したのだ（R. Williams, 1983: 89）。このようにcultureに関するこの新しい意味が英語において生じ、それが文化人類学という新しい学問の中核をなす分野になったのは、ヨーロッパロマン主義が起こった時代的背景に対するものだったのである。文化が連続変異を形成し、人類が未開から文明へと発展する過程のどこかの特定の地点にそれぞれの文化が位置づけられるということは、初期の文化人類学の重要な仮説であった。比較文化研究はこの連続変異の様々な地点を説明しようとする目的に役立った。オックスフォード大学の文化人類学の最初の教授陣の一人であるエドワード・タイラー（Edward B. Tylor）による『*Primitive Culture*（原始文化）』（1871）は、この新しい意味で使われた英語のcultureの初期の例として頻繁に引用された。

　　民俗学研究の分野として文化的発達の問題を取り上げるにあたって、最初に対処すべきことは測定手段を得ることである。文明の進歩や後退を測定する確かな基準線のようなものを求めると、実際の部族と国家、過去と現在を分類する際にそれが明らかに重要だとわかるだろう。文明は異なったレベルで人類の中に現存するので、私たちは確かな例によって文明を評価し比較できるようになる。ヨーロッパやアメリカの教養ある世界は、自分たちの国々を社会的連続性の一方に位置づけ、未開の部族を他方に位置づけることによって基準

を設け、その他の人類を未開或いは文化的生活のどちらにより近いかに応じて境界線の間で位置づけるのである。分類のための主な尺度は、特に金属加工、道具や船の製造、農業、建築などの工芸や科学的知識の広がり、道徳規範の明瞭性、宗教的信仰や儀式、社会的政治的組織などの有無や発達度合いの高低である。このような事実の比較にしっかり基づいて、民族誌学者は少なくとも文明を測るおおまかな尺度を設定できるのである。オーストラリア人、タヒチ人、アステカ人、中国人、イタリア人といった人種が文化的序列において正しく位置づけられているということに反対意見を唱える人はほとんどいないだろう（Tylor, 1920: 26f）。

現代国家の発展、産業革命、19世紀の植民地主義と20世紀における植民地主義の拡張、グローバル化という文脈の中で、学問分野としての文化人類学が出現し、「人々や時代や集団或いは人類全般の特定の生活様式」（R. Williams, 1983: 90）としての文化という新しい中核的意味が広がっていった。タイラーの学問的関心は、移動の増加によって異なる人々に対する意識が高まり、そうした人々の征服や搾取が道義上正当化される必要があったという時代的背景の中で捉える必要がある。すなわち未開から文明への道筋が発展であるという前提とともに彼らの文化的劣性という考え方が植民地主義に対する道義的正当性を与えたのである。文化の新しい意味によって、植民地主義は正当化されただけでなく、文明化していく努力としての道義的義務、すなわち「白人の責務」とみなされた。この題名を冠したキップリングの詩はフィリピン＝アメリカ戦争初期の1899年に人気雑誌に掲載された。その戦争で、アメリカはスペインを退けてからフィリピンに対する植民地支配を獲得しようとした。そうした文脈の中で、この詩はアメリカのフィリピン植民地政策を正当化するものとして広く読まれたのである。

『*The White Man's Burden*(白人の責務): *The United States and the Philippine Islands*』（Rudyard Kipling, 1899）[注3]

あなたが育てた最良の子供たちを送ろう
あなたの息子を異国に送ろう
捕えた者たちの必要に応じるために
重い馬具や用具で働くために
おどおどした野蛮な民のために
征服された、無愛想な民のために
半ば悪魔、半ば子供のような民のために

白人の責務を担おう
忍耐強く我慢して
恐れという脅威を隠し、
優越感をひけらかさないようにしよう
包み隠さず簡単な言葉で
百回でも言ってわかり易く
彼らの利益を求め
彼らの利得のために働こう

白人の責務を担おう
平和のための野蛮な戦いだ
飢えた者の口を一杯に満たし
疫病を食い止めよう
彼らのために求めた目的が
その目的達成が近づいたとき
怠惰や未開人の愚行に目を光らせよう
あなたの希望を無に帰さないように

白人の責務を担おう
王様による派手で安っぽい支配ではなく
奴隷や掃除人のような骨折り仕事なのだ
日常のありふれたことなのだ
あなたが足を踏み入れることのないような港を

あなたが歩くことのないような道を
命を懸けて作っていこう
そして死をもって完遂しよう

白人の責務を担おう
古くからの白人の報酬を得よう
あなたがよりよくしてあげた彼らの非難を
あなたが守ってあげた彼らの憎悪を
あなたがご機嫌をとった大勢の人たちの叫びを
（さあ、ゆっくりと！）光の方へ
「わしらが愛したエジプトの夜を
なぜ解放したのかい？」

白人の責務を担おう
あなたは卑下する必要はない
大声で自由を叫ぶ必要もない
あなたの疲労を覆い隠すために
あなたが叫ぼうとも囁こうとも
あなたが去ろうとも残ろうとも
無口で無愛想な人々は
あなたの神とあなたを敬うだろう

白人の責務を担おう
子供時代を終え、
そっと差し出される月桂冠
気持ち良い恨みなき賞賛の声
さあ、男らしさを求めよう
尊い知恵で冷たく縁取られた
報われない年月を経た後で
仲間の評価を求めよう

19世紀に登場した、文化に対するこの新しい視点、すなわち異なった人々が異なった文化を持ち、それが最も優れているヨーロッパ文化とは平等ではないという視点は学問の世界、特に新しい分野の文化人類学や詩の世界に限ったことではなかった（McClintock, 1995）。文化的違いや文化的優位性は、ヨーロッパ人や北米人が世界について語るときの中心的言説となったのだ。キップリングの詩は人気雑誌に掲載され、当時英詩は今日より広く読まれ、極めて高く評価されていた（McClintock, 2003）。実際、「White man's burden（白人の責務）」という考えはとても人気を博し、宣伝にさえ使われたほどである。例えば、1900年頃からの Pears' Soap（ペアーズ石鹸）の宣伝では、白いこぎれいな制服姿の白人船長が手を洗い、その背景にはコンテナが積み込まれている港と公海に浮かぶ複数の船、そして白人の植民省職員の前でおとなしい裸の黒人がしゃがんでいる姿が描かれていた[注4]。劣等文化をよくしたいという衝動は、「the cultured of all nations（すべての国の教養がある者）」が選択するものとして市場で売り出されている石鹸へとつながっていく重要な要素なのである。その宣伝の見出しは次の通りである。

　　啓蒙への最初のステップ／白人の責務は／清潔が美徳だと教えること。ペアーズ石鹸は　／地球の暗い部分を照らす強力な要素／文明はすべての国の教養のある者の間で進化し／最も高い地位を占める理想的なトイレ用石鹸だ

　ここまで、異文化コミュニケーション研究のベースとなる文化という言葉が持つ広範な意味の起源を概観してきた。それはすなわち「異なった国々や時代に特有の変化する文化」である。この意味が19世紀から20世紀初頭に初めて登場したとき、そのような文化が未開から文明へと至る尺度の様々な地点に位置するものとして考えられてきたのが常である。文化をより良いものやより悪いものとして見る評価は今日まで続いており、第9章では、文化的違いについての言及と人種差別との関連性を現代の視点からより深く探求していく。しかし同時に、もう一つの言説が登場した。それは異なった文化や文化的違いという概念に基づくものだ

が、それぞれの文化を他方より劣っている/勝っていると考えないものである。この視点は、多文化主義として広く一般的に知られているものであり、そこでは文化的違いは価値を高め、賞賛に値する多様性として捉えられている。

3-3 多文化主義

　文化差異に対する非進化論的な視点のルーツは文化人類学に見出すことができ、その多くはフランツ・ボアズ（Franz Boas, 1858-1942）の研究に遡る。タイラーと同様、ボアズは文化人類学のパイオニアの一人であり、「the father of American anthropology（アメリカ文化人類学の父）」とよく評される人だ。ボアズの研究は「メルティングポット（人種・文化のるつぼ）の中で違いが消滅するとされていたアメリカ社会に対する批判」の重要な土台となった（Bennett, 2005: 67）。文化の多様性を賞賛する姿勢は一般的に多文化主義と呼ばれるものである。以下で、多文化主義という用語の歴史を簡単に紹介し、続いてアメリカ南部ノースカロライナ州へのインド人移民に焦点を当てた事例研究の文脈の中で多文化主義を位置づけていく。

　オックスフォード英語辞典（OED）によると、「multicultural（多文化の）」という形容詞は「multiculturalism（多文化主義）」という名詞に先行するものであった。この multicultural という単語の定義は OED では、「多くの文化的集団からなる社会の、或いは社会に関する、という形容詞で、特にそこではそれぞれの集団の特徴的な文化的アイデンティティが維持される」となっている。その形容詞が OED で最初に引用されたのは、The American Journal of Sociology の学術論文からのもので1935年に遡る。それは「辺境の人というのは二文化または多文化の状況から生じる」というものであり、その単語は明らかに批判的であった。OED で multiculturalism という名詞が最初に引用されたのも学術雑誌からであり、それはスイスに関するもので1957年に遡る。そこでは「スイスにおいてそうであるように、ここでの生活を成功させる秘訣は、豊かな多文化主義を伴う多言語主義である」と記されており、極めて肯定的な響きが窺

える。その形容詞と名詞はどちらも1970年代以降に学問以外の場所でも広く使われるようになった。最初は主にオーストラリアやカナダの社会に関するものであり、そこでは多文化主義を「同化政策に代わる確固たるものとして自分たちの社会を特徴づける社会的信条であり、少数派民族グループに対する市民権や文化的アイデンティティを認める政治を意味するもの」と捉えている (Ang, 2005: 226)。20世紀最後の数十年間における多文化主義の勢いは、1980年代初頭の文化や社会に関するキーワード集には入っていなかったが (R. Williams, 1983)、22年後に出版された同様のキーワード集には入っていた (Bennet et al., 2005) という事実からも裏付けられる。

　このように文化的違いに対する肯定的な意味合いは、1960年代の政治的な脱植民地化、公民権運動、その他の改革運動や抗議運動といった新たな風潮の中で広まっていった。同時期に、1950年代以降の移民労働者の移住先 (主に日本、北米、西ヨーロッパ) では移民による民族の多様性が主流派の目にはますます顕著になってきた。こうした多くの文脈において、multicultural は「multiethnic (多民族)」や「multiracial (多人種)」を表す婉曲表現となり、「多文化主義の議論の大半が西洋の白人社会における非白人移民コミュニティの存在に関するものであることを示唆する」ものであった (Ang, 2005: 226)。多文化主義における文化や異文化コミュニケーションという言葉は、民族性や人種の代わりに使われるようになった。この事実は、第9章でさらに考察する。

　文化という言葉は民族性と人種の婉曲表現として多民族社会における多数派グループだけでなく、少数派グループによっても使われてきた。1960年代以降、人種、民族性、性別、性的志向により主流から追いやられている現実を認められたいと思っている多くのグループが、アイデンティティ政治として知られるようになった動きの中で自らの利益のために勢力を盛り返そうと自分たちの「culture (文化)」に目を向けた。

　　　イデオロギーや政党で単独に組織するより、むしろアイデンティティ政治の方が、より大きな文脈の中で、端に追いやられた特定の有権者の権利拡張に影響を与えることが多い。その有権者たちはより

大きな自決権を目指して、極めて圧倒的な評価を払拭させるべく自分たちの特殊性を理解してもらう方法を主張し、改善を求めるのである。(Heyes, 2002)

　これらの用語を補完するため、ここでノースカロライナ州のインド人の事例研究を使って説明する (Subramanian, 2000)。まずノースカロライナ州へのインド人移民の歴史的、社会経済的背景から説明し、次に「culture（文化）」がこの文脈の中でいかに有効利用されたかを議論し、多文化主義に対する示唆やその価値を探求する。
　ノースカロライナ州は、世界で最も大きなハイテク研究開発センターの一つである Research Triangle Park（RTP）があることでよく知られている。RTP は、1959 年にデューク大学、ノースカロライナ州立大学、チャペルヒル・ノースカロライナ大学のいわゆる三角地帯に設立された。50 周年記念の年である 2009 年には、研究開発分野の仕事に携わる約 39,000 人を雇用する 170 社以上の会社の本拠地となった。彼らの83％が、IBM、GlaxoSmithKline、Cisco、Nortel といった多国籍企業で働き、その分野もバイオテクノロジー、コンピューター、化学、環境科学、IT、器機開発、材料科学、マイクロエレクトロニクス、製薬、公衆衛生、テレコミュニケーション、統計学と多岐にわたる。RTP はソビエトのスプートニク 1 号打ち上げが米国を技術的にも科学的にもパニックに陥れた年の 2 年後、冷戦のピーク時に設立された。RTP や国内における同様の研究構想に職員を配置するため、米国政府は地元の訓練工を若干雇ったが、その大部分を移民に頼ることを選択した。インドはそうした研究者の主な供給国の一つとなった。1966年から1977年の間に、インドからおよそ 20,000 人の科学者、40,000 人のエンジニア、25,000 人の医者が米国に移民した。この流れが変わったのは1976年に移民法が厳しくなってからである。頭脳流出の一部となった数多くのインド人科学者は、独立後のインド国家発展計画の直接的な申し子であり、その計画とは経済的自立と貧困の軽減を達成するために自国の科学者の数を増やし、技術研究組織の数を拡張することを目指したものであった。技術研究組織の学生たちは大半がインド社会の一番高いカーストの出身であった。この

背景はインド系アメリカ人の「culture（文化）」を理解する上で必須である。というのは、（ノースカロライナのインド系アメリカ人文化の）重要な属性、すなわち第一級の市民権要求を支えてきた属性は、専門的職業階級の地位だったからである（Subramanian, 2000: 106）。

> インド人は、現在、最も裕福な米国のマイノリティ集団の一つである。彼らは、その特徴がアメリカ多文化主義の論理にぴったりフィットした「マイノリティのモデル」として登場してきた。彼らはhard-working（勤勉）で、自分たちのコミュニティ組織や活動を持ち、自分たちの物質的利益をサポートする政治的保守主義を支持する。また彼らが明白な人種的言及を避けるような文化的用語で自分たちを定義しようと試みてきたことは極めて重要なことである。インド人技術者の米国への移民と平等を正式に施行する公民権法制定が偶然重なったことによって、文化に関わる政治の勢いが高まってきた。第二次世界大戦後の人種的イデオロギーへの不信感と公民権運動が〈中略〉こうしたインド人のアイデンティティ形成に大きく寄与した。そして地域、言語、宗教という構成要素を伴った「culture（文化）」が、インド人移民のアイデンティティの明確な特徴として、人種という言葉の代わりに使われるようになったのである。(Subramanian, 2000: 107)

従って、母国と居住国の両方での階級がノースカロライナ州のインド人技術者の経験における重要な要素であったことがわかる。2番目に重要な要素は人種である。米国の文脈においては人種が社会構造の重要な側面であり、レイエス（Reyes, 2007）は、3つのアイデンティティという観点からアジア系アメリカ人の位置づけを説明する。つまりアジア系アメリカ人は、アフリカ系アメリカ人やヨーロッパ系アメリカ人とは異なり、「not real American（本当のアメリカ人ではない）」、すなわち永遠の外国人として位置づけられるかもしれないと述べている。またアジア系アメリカ人は、厄介なマイノリティにも模範的マイノリティにもなり得る。厄介者としてはアフリカ系アメリカ人と関連づけられ、模範生としては

ヨーロッパ系アメリカ人、すなわち名誉白人として見られるのである。

　こうした複雑な人種的位置づけにおいて、ノースカロライナ州のインド人技術者は人種的枠組みに組み込まれることを避けるのに成功した。特にこれが意味することは、彼らがアフリカ系アメリカ人やヒスパニック系移民と関連づけられた厄介なマイノリティの位置づけを避けることができたということである。これらのマイノリティや他の問題視されている移民グループから自分たちを切り離すために、一連の文化的組織を構築することによって自分たちのユニークな「cultural identity（文化的アイデンティティ）」を巧みに使いこなしてきた。その組織というのは、宗教的組織（例えばヒンドゥー教寺院、シーク教寺院、イスラム教モスク）、国家的組織（例えばインド遺産協会、政治教育のためのインディアンアメリカン・フォーラム、インダス起業）、地域の言語研究会（Subramanianは1990年代後半のフィールドワークで12の言語研究会と出会った）、映画祭や音楽祭などである。

　この事例研究を通して、多文化主義とアイデンティティ政治に関して何が見えてくるだろうか。1つ目として、文化とは特定の歴史的、社会的、経済的文脈において出会い、混ざり合うという明らかな点だ。例にあったように、その文脈とは例えば独立後のインドの発展願望、冷戦、米国の特に米国南部の人種という政治問題、過去数十年にわたる科学研究開発ブームなどである。このように多文化主義は、それ自体で存在するものではなく、特定の文脈において存在するのである。2つ目に、「culture（文化）」は文脈に先行するものではないが、様々な社会経済的文脈によって創造されるという曖昧な点がある。つまり、混ざり合って「multi-culture（多・文化）」になるような本質的なアメリカ文化やインド文化はなく、代わりに極めて特殊なタイプのインド・アメリカ文化が創られているのである。

　この文化についての言及は大きな価値を持つ。1つ目として「culture（文化）」へのアピールが、白人が特権を持つ社会でインド人が非白人として受け入れられる一つの方法だということである。2つ目として、「culture（文化）」がグローバル化する資本主義での取り分を要求する手段を提供することである。インド人たちは、西洋における他の非ヨーロッパ系社会やマイノリティ集団のように、「自分たちのcultural traditions

（文化的伝統）の中で資本主義の倫理を見つけることによって、資本主義の歴史的流れに自分たちの要求をつきつける。〈中略〉彼らは、社会的移動性と資本主義の成功に必要な手段として文化的な違いを巧みに使う」のである (Subramanian, 2000: 113)。３つ目として、公民権運動によってやや可能となった「culture（文化）」の流動性というものが、人種的階級的不平等の存続を弱め、「culture（文化）」に対するアピールが民族的階級的結束を遠退けることにつながることである。このように多文化主義は、階級の特権を獲得する新たな方法となったのである。

> 中立的階級から離れ、多文化主義は新しい覇権を握る言説となる。〈中略〉公民権獲得後に市民権が人種的モデルから文化的モデルへと移行したことにより、階級の特権を保つための文化的用語を使うことでマイノリティのアイデンティティが改めて明確になってきた。この専門的な政治的利用が多様性を扱う国の努力と緊密につながっていることを考えると、多文化主義は、移民の多様な歴史によって細分化され、自分たちのエリート意識には特に気がつきにくいものなのだが、新しいタイプの階級的政治であるように思える。
> (Subramanian, 2000: 113)

　異文化コミュニケーションという言葉は多文化主義と極めて密接に関連づけられる。その２つの言葉は文化を同様に捉え、ほとんど同時期に出現した。しかし、多文化主義が国内の「cultural diversity（文化的多様性）」を主に扱うのに対し、異文化コミュニケーションは国際的な文化的多様性を扱うことを目的とし、次に述べる異文化コミュニケーションの特殊な系図へと向かうのである。

3-4　異文化コミュニケーション

　英語で人々が異文化コミュニケーションについて語り始めたのは、多文化主義という言葉の登場とほぼ同時期であった。「intercultural contacts（異文化接触）」という言葉が OED で初めて引用されたのは『Theology』

という論集の1937年の論文からであり、2番目は『Scientific American』の1955年版からである。オーストラリア国会図書館の「Historic Australian Newspapers コーパス（1803～1954年）」[注6]でその言葉が最初に出現したのはやや早く、『The Argus』の1934年の論文からである。それは、「オリエントとの異文化関係を促進する必要性」を主張する派遣宣教師についてのレポートであった。

「異文化理解に興味を示し、アメリカ政府の様々な機関が文化人類学者を雇うようになった」というOEDの1955年の引用は、異文化コミュニケーションへの興味を応用しようとする初期の注目を示している。OEDよると「cross-cultural（異文化間）」という言葉は、1944年に有名な文化人類学者ブロニスワフ・マリノフスキ（Bronislaw Malinowski）によって書かれた『A Scientific Theory of Culture（文化の科学的理論）』において初めて使用され、それは「比較研究法というのがあり、そこでは生徒が主に広範な異文化間の資料収集に興味を持つ」というものであった。また1940年代には、もう一人の有名な文化人類学者マーガレット・ミード（Margaret Mead）がOEDに引用され、それは「幸運にも幼少期にいくつかの言語を学んだ人たちは皆、極めて高いレベルの異文化理解を身につけている」というものだった。初期に使われ始めたこの２つの用語は部分的に重複していることがわかる。マリノフスキの引用が第２章で紹介した「cross-cultural（異文化間）」という相対的定義に即したものであるのに対し、ミードの引用における使用は、「intercultural（異文化）」の定義と並ぶ意味合いのものだった。

多文化主義と同様に、異文化コミュニケーションという言葉は学術出版物から始まり一般的に使用されるようになった。米国議会図書館で「cross-cultural communication」と「intercultural communication」をキーワード検索したところ[注7]、このキーワードに関連する本が最初に登場し始めたのは1940年代であることがわかった。2010年８月の検索では3,071件が見つかった。このうち半分以上（1,614件）が2000年以降に出版され、31.6％（969件）が1990年代、10.5％（323件）が1980年代に出版されたものだった。これは、「intercultural communication」と「cross-cultural communication」というキーワードで整理された所蔵が、1940年代に最

初に登場してから急激に増加してきたことを意味する（図3.1を参照）。

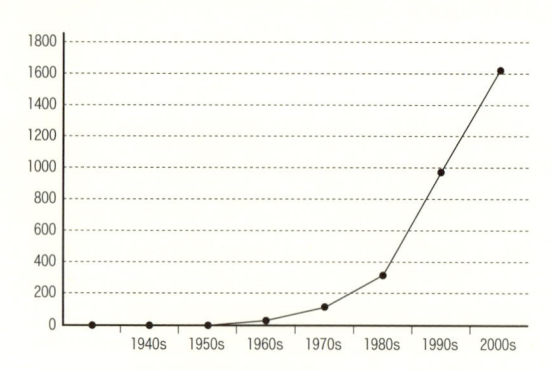

図3.1 米国議会図書館所蔵の異文化コミュニケーションというトピックに関する出版物件数

日付のない10冊の蔵書を除くと、米国議会図書館にある異文化コミュニケーションに関する最初の本は、アルゼンチン人による1944年の出版物（Romero, 1944）であり、その次に1947年の宗教研究に関する学会紀要（Bryson et al., 1947）へと続く。その次に続く異文化コミュニケーションに関する所蔵は1959年のもの（Bunker and Adair, 1959; Hall, 1959; World Confederation of Organizations of the Teaching Profession, 1959）であり、その後の出版点数は徐々に上昇し始める。初期の出版物はいくつかの極めて明確な枠組みに位置づけられる。

○軍関連（例えば、Geldard and Bouman, 1965; Gerber and Sinaiko, 1978; Kraemer, 1969）
○企業ビジネス、特に日米間（例えば、Barnlund, 1989; Carlisle, 1967; Hall and Hall, 1987）
○宣教師や宗教研究（例えば、Cooke, 1962; Jurji, 1969; Mayers, 1974）

これらの枠組みは今日に至るまで異文化コミュニケーションの出版物（例えば、Bosrock, 2006; Lowe, 2004; Timmerman and Segaert, 2005）の主流であったが、より多くの出版物が刊行されるにつれて、その枠組みは明らかに多様化してきた。

異文化コミュニケーション、特に3つの重要な活動の枠組みに対する興味が激増していった歴史的な社会経済的背景とは何なのだろうか。前述した多文化主義の事例研究でも見られたように、異文化コミュニケーションに対する軍事的興味を説明するには冷戦が大きな原動力になったことは明らかであり、その分野の初期段階での発展は米軍との関連においてなされたものだった。異文化コミュニケーション研究の第一人者であり、その分野で広くたくさん読まれた出版物（例えば、Asante and Gudykunst, 1989; Gudykunst, 1983, 1986, 1988a, 1988b, 1994, 2003, 2004, 2005; Gudykunst and Kim, 1984, 2002; Gudykunst and Mody, 2001; Gudykunst et al., 1985; Gudykunst et al., 1996; Kim and Gudykunst, 1988）の編著者であるウィリアム・グディカンスト（William B. Gudykunst）の最初の職は米国海軍であった。そこで彼は日本との異文化関係の専門家として軍に貢献したのだ。[注8]

　異文化コミュニケーション研究に関連した情報源は、米国国務省の外務職員局（Foreign Service Institute: FSI）である。リーズ・ハーウィツ（Leeds-Hurwitz, 1990）はそこを異文化コミュニケーション研究の源流と捉えており、前述した1955年のOEDの引用もここからのものだった。ハーウィツは、米国外交官が外国で任務にあたるための訓練機関であるFSIの特定の文脈が1940年代、1950年代に生まれた新しい学問分野の大前提にいかに影響を与えたのかを示した。FSIは、第二次世界大戦中に軍人用の様々な言語のトレーニングプログラムから生まれた。FSIに雇われた人類学者の一人であるエドワード・ホール（Edward T. Hall）は、その著書『The Silent Language（沈黙のことば）』（1959）と『The Hidden Dimension（かくれた次元）』（1966）がその分野の名著として広く知られているが、特に大きな影響力を持つようになった。また異文化コミュニケーションに対する彼のアプローチは、生徒の実用的な関心によって考案されたものだった。

　　FSIの受講生たちは一般論や自分の任務以外の国の特有な事例には興味を示さなかった。彼らは米国を発つ前に具体的ですぐに役立つ事柄を詳細に教えてもらうことを望んだのだ。〈中略〉彼らは実際に起きた詳細な出来事に注意を傾け、そこから自分自身の一般論を導

き出すことによって学習したが、理論的な説明は少々我慢して聞いていたものだった。（Leeds-Hurwitz, 1990: 263, 269）

　その結果、人類学者として教育を受けたホールは、文化の歴史的視点よりも詳細な文化的事例を重視し始めた。具体的には、彼は、近接学、時間、パラ言語、動作学が異文化状況において注意を要する重要な側面だと考え、それらがずっとその分野の多くの教科書の基礎となったのである。文化はこの理論的枠組みでは明らかな理由で通常国と同一視されるが、そうした異なった文化を持つ人々は空間の使用、時間の概念、イントネーションやピッチといったパラ言語現象の使い方、動作において異なるというのが基本的な考えである。生徒たちのニーズに合わせてこれらを簡単に扱えるようにするために、ホールと彼の仲間は、記述構造言語学者たちが言語を記述するために開発したのと同じ体系的方法で近接学、時間、パラ言語、動作学、そして特に発音を説明しようと試みた。

　しっかりと実施された詳細な文化的調査や分析によって、異なった言語の音声や音素データを比較するのと同様の方法で比較可能なデータが入手できる。このような研究の結果は極めて具体的であるがゆえに、言語を教えるのとほぼ同様に教えることが可能である。（Hall, 1960: 272）

　言語学は、言語構造の形成のために対比したり結びつけたりする個々の単位に重点を置く構造主義から離れて久しいが、異文化コミュニケーション研究ではまだその構造主義言語学の影響が続いているように感じられる。このように、異文化コミュニケーション研究はそれ自体が20世紀中頃の米国の軍事機関や外交機関で発達した分野であっただけでなく、異文化コミュニケーションに向けての極めて具体的な理論的、方法論的アプローチでもあったのだ。
　しかし、初期の異文化コミュニケーションという学問と米国の軍事・外交との間の明らかな制度的つながりを見ることはできるものの、冷戦そのものは文化という領域ではなく、共産主義と対抗する資本主義とい

うイデオロギーの領域で起こっていた。西側の観点からはテロとの戦いと呼ばれた、この冷戦に続く国際的紛争は、より明らかに敵を文化的視点で捉えることに基づいており、特に「the West（西洋）」と「Islam（イスラム）」との間では、「clash of civilization（文明の衝突）」(Huntington, 1993)として広く理解されている。例えば、「Canberra Paper on Strategy and Defense（戦略と防衛に関するキャンベラ紙）」は culture（文化）を現代の軍事戦略における重大な挑戦と捉えている。

> 21世紀において、本当の「Revolution in Military Affairs（軍事革命）」は自分自身の文化的枠組みを超越し、自分の文化的規準や前提を通して敵対者を見ることのできる能力となるだろう。(Lowe, 2004: 裏表紙)

　異文化コミュニケーション研究を応用しようとする動きは、異文化コミュニケーションの他の流れにおいても明らかだった。軍事・外交においては、異文化コミュニケーションを一方では世界平和をもたらす道具として考えながら、他方では軍事的優位性を得る手段として考えられている。また、ビジネス関連の文献では、異文化コミュニケーションの知見をビジネスでの優位性を獲得するために使用するという姿勢がより鮮明であるようだ。異文化コミュニケーション研究がビジネスの分野で増え始めたのは、日本の輸出の急増、特に米国では自動車製造といった重要な領域での日本からの輸入（Smitka, 1999）が国内経済に脅威を与えるという認識と偶然時が重なる。政治経済学者は日本の割当金の余剰や関税障壁を理由としてあげ、日本はそれらを取り除くようプレッシャーをかけられる。しかし、メディアにおけるビジネス研究やビジネス解説者は、日本経済の奇跡が日本の文化や日本人の特質の結果によるものだという見解を広く持っていた。その結果として「the Japanese challenge（日本の挑戦）」に対処できるようにその文化を理解しようという強い欲求が生じてきた。また偶然にもホールは、『Hidden Difference: Doing Business with the Japanese』(Hall and Hall, 1987) という著書によって、このような状況における重要な貢献をしたのだった。

異文化コミュニケーションに対する興味や関心は、このように国際関係への意識が高まった時期に最初に広まったが、19世紀とは異なりその国際社会がもはや劣っていないことが明白となった。ソビエト連邦の科学技術的成功、脱植民地化へとつながった旧植民地市民による不服従の成功、ドイツや日本や他のアジア諸国の経済的成功などがある。従って異文化コミュニケーションという言説への関心の高まりは、米国の国際競争と脅威への意識の高まりと同時に起こった。またその時期はグローバル化という言葉が最初に広く使われるようになったときでもあり、それは第7章で紹介する異文化コミュニケーションとグローバル化の相互連結へとつながるのである。

3-5 本章のまとめ

本章では、以下の要点を主張した。

- もし「culture（文化）」が（第2章で議論されたように）それ自体では存在しないとしたら、どのような文脈でそれが注目され議論されるようになったのかを探求することは有益である。やや挑発的に言うなら、どのような文脈で文化や文化的違いが議論され存在するようになったのだろうか。英語では、これは英国と米国の両国の急速な植民地拡張主義・帝国主義の時期である19世紀に起こった。
- 19世紀には文化的違いは進化の階層的観点から考えられてきたが、20世紀後半の様々な社会経済的、政治的発展によってヨーロッパの優位性という考え方が疑問視されるようになり、異文化コミュニケーションは、協力的（「良い異文化コミュニケーションはより大きな理解へとつながる」）にせよ競争的（「良い異文化コミュニケーションはトリックを使って相手を打ち負かすのに役立つ」）にせよ、文化的違いを乗り越える手段として見られるようになってきた。

3-6 参考文献

レイモンド・ウィリアムズ（Raymond Williams, 1983）の「culture（文化）」というキーワードについての論評はいまだに役立つ書物であり、ベネット（Bennett, 2005）によって入念に補足されている。外務職員局の異文化コミュニケーション研究に関するリーズ・ハーウィツ（Leeds-Hurwitz, 1990）による記述は、今なおその分野の初期段階を説明する最も信頼できるものとなっている。異文化コミュニケーションの古典を読みたい場合には、ホールの著書（例えば、Hall, 1959, 1960, 1966; Hall and Hall, 1987）がおすすめである。

3-7 アクティビティ

■異文化コミュニケーションの専門分野に特化した社会歴史的文脈

専門分野に特化した文献データベース（例：ビジネス研究のためのBusiness Source Premier、言語学のためのLLBA、心理学のためにPsycINFO）や「cross-cultural communication」や「intercultural communication」という言葉がキーワードや題目の一部として使われている文献を参照しよう。また、電子版による記録が始まる以前のデータベースは必ずハードコピーを参照してみよう。異文化コミュニケーションという専門領域のためにその量的・質的推移を記録しよう。量的推移を記録するには、図3.1のように時期に対する出版物の数を図表化してみるとよい。また、質的推移を記録するには、題目や要約（もし手に入るなら）をもとに「strands（構成要素）」や主題の関心が明白であるかどうかを確認しよう。

■異文化コミュニケーションの言語に特化した社会歴史的文脈

もし英語以外の言語の文献資料が利用でき、議会図書館のようなものが存在するなら、その言語で「intercultural communication」がどのように訳されているか（例えば、中国語の跨文化交展際、ドイツ語のInterkulturelle Kommunikation、日本語の異文化コミュニケーション）といった量的・質的推移を記録しよう。より広範な研究論文を書きたい場合は、英語圏の異文化

コミュニケーション研究と自身の言語による訳との間に、どのような個人的・組織的関連性があるのか調査することをおすすめする。

注
1　ラテン語の原文と英語訳はhttp://digilander.iol.it/jackdanielspl/Cesare/bellogallico.html から引用したものであり、その英語訳を日本語に訳した。2013年10月10日に最終アクセス
2　http://www.washingtonpost.com/wp-srv/inatl/daily/feb99/kurdprofile.htm 2013年10月10日に最終アクセス
3　http://www.fordham.edu/halsall/mod/Kipling.html より引用。2013年10月10日に最終アクセス
4　http://en.wikipedia.org/wiki/File:1890sc_Pears_Soap_Ad.jpg 2013年10月10日に最終アクセス
5　http:www.rtp.org　2013年10月10日に最終アクセス
6　http:newspapers.nla.gov.au　2010年8月12日に最終アクセス
7　http://catalog.loc.gov　2013年10月10日に最終アクセス
8　http://calstate.fullerton.edu/news/2005/116_gudykunst.html　2013年10月10日に最終アクセス

第4章
言語と文化

4-1 本章の目的

第4章では、以下のような内容の習得を目指す。

○ 言語とコミュニケーションの相対性の原則に習熟し、それらに批判的に取り組む。
○ 特定の言語と特定の文化の関連性をめぐる議論に批判的に向き合い、異文化コミュニケーションに関する文献の批評を通じてこれらの議論に加わる。

4-2 言語的相対性

長年にわたり[注1]、私は言語と文化に関する授業を2つの質問から始めることにしてきた。第一に、聴衆の中に、クモを恐いと思う人、クモを恐がっている人を知っている人がいたら手を挙げるよう求める。すると、たいてい半数以上の者が手を挙げる。第二に、どこからか、どういったわけかアヒルに見られていて、それを恐いと思う人、それを恐がっている人を知っている人がいれば手を挙げるよう求める。しかし、誰も手を挙げたことはなく、困惑した表情を浮かべたり、質問のおかしさに失笑したりする。大きな窓の前の机に座った男性が描かれた『ザ・ファーサイド』(アメリカの漫画)を見せると、大爆笑が続く。その窓は高層ビルのたくさんの窓に見下ろされ、その中の一つにアヒルがいる。この絵の

見出しには「アナティダフォビア（Anatidaephobia）：アヒル恐怖症——アヒルに見られていることに対する恐怖」と書かれている。

　クモが人間にとって危険なのは事実なので、クモに対する恐怖、クモ恐怖症は世界の言語の多くに通じる概念と言える。一方で、アヒルに見られることに対する恐怖、アヒル恐怖症は、漫画家が作り上げた概念から生まれた語であり、その漫画を知っているごく少数の人にしか知られていない。この例によって学生によく考えてもらいたいのは、よく知られた概念は実際の経験に結びつけられているということである。多くの人は実際にクモを恐れ、クモを恐れる人を知っている。一方で、解しがたい概念は同様には経験に結びつけられていない。私が会ったことがある人は誰もアヒルに見られることを恐れてはいないし、恐れている人を知っている人もいない。

　このように、言語は我々の身の回りの世界を体験するための概念を提供する。そして、異なる言語はときに、我々の身の回りの世界を知覚し体験するための異なる概念を提供する。前の世代の親族関係を表す語を例に説明してみたい。親族関係とこれを表す語は、言語と文化によって変化に富んでいる。その中でも、前世代の一連のメンバー——英語において「mother」「father」「aunt」「uncle」と呼ばれる人たち——に注意を向けてみたい。現代標準英語では、これら４つの語の明確な区別とこれらが指し示す関係性は、生物学的な関係性（「mother」「father」対「aunt」「uncle」）とジェンダーの関係性（「mother」「aunt」対「father」「uncle」）に直接結びついている。現代ドイツ語もまったく同じ意味の４つの語（Mutter, Vater, Tante, Onkel）を持つが、歴史的に言ってドイツ語にはもう一つの対比、家系による区別が存在し、英語の「aunt」と「uncle」はそれぞれ２つに翻訳される。「aunt」は「Muhme（母方のおば）」とも「Tante（父方のおば）」とも翻訳でき、「uncle」は「Oheim（母方のおじ）」とも「Onkel（父方のおじ）」とも翻訳可能である。法によって血縁が極めて特権的な意味を与えられている間、この区別は重要だった。実父確定検査が行われる以前、父方の親類は生まれた子との確実な血縁関係があるとはみなされず、母方の親類にはあるとみなされた。女性の法的地位が男性に比べ低かったことを考える際にもこの区別は重要である。例えば、女性は

非嫡出子の後見人を引き受けることができず、その場合、母親の兄弟が子供の後見人となった。このようにして、母方のおじは子供の人生に非常に影響力をふるった。しかし、血縁関係や女性の法的、社会的意味が変化し、文化が変化すると、それに伴い言葉も変化した。Muhme／Tante と Oheim／Onkel の意味が重複し始め、同じものを表すだけとなったそれぞれの組から1つの語が姿を消した。

現代標準英語と初期近代ドイツ語が互いに、前世代の近親者を指す4つないし6つの語の使い方に興味深い違いがある一方で、双方の組の語が家系図にうまく組み込まれる点でこれらは似通っている。初期近代ドイツ語の家系図モデルには2つの追加ポストが必要だったが、アナグ族が用いる親族体系に比べれば、これは微小な違いと言える。アナグ族は中央オーストラリアの先住民であり、人類学においては、彼らの言葉は普通、ウェスタンデザート語と呼ばれる。ウェスタンデザート語の親族を表す語は、親戚を分類する方法に加え、次の2つの点で英語と異なる。文脈における使われ方と、家族の構成員以外との関係にも用いられるという点である。

ウェスタンデザート語の親族体系に関する最初の形式的な説明がエルキン（Elkin, 1938-40）によって行われた。彼は、前世代のメンバーを表す2つの語、「ngunytju」と「mama」に注目した。ngunytju が母親とその姉妹、彼女らの世代のすべての女性をも指すことが明らかになった。そして、mama は父親とその兄弟を指し、彼らの世代のすべての男性に引き伸ばして考えられる。研究者は、父方のおばに対する語（kurutili）と母方のおじに対する語（kamuru）についても記録している。それにもかかわらず、この研究者や彼に続く世代の人類学者の注目は、ごく近い親戚と遠い親戚のような基本的な親族関係を区別する方法に欠け、前世代のどのメンバーも自分の「母親」や「父親」とみなす体系が有する変則性に向けられた。ある人類学者はこのシステムには兄弟姉妹の結婚を禁止する方法がないと推定し、レヴィ＝ストロース（Claude Levi-Strauss, 1969）のような有名な人類学者でさえ、それを「異常（aberrant）」とみなした。しかし、ドゥセ（Dousset, 2003）はそのような見方は2つの面を見逃していると論じている。つまり、(1)使用される文脈と(2)人間同士の関

係に無関連な意味である。使用される文脈に関してドゥセは、分類的な文脈（親族を表す語の分類法を作成する際、人類学者が倣っているもの）と、社会的な文脈（一般的な語で人々がどのように呼ばれ話題にされているのか）を区別している。

> 母親の兄弟はみな kamuru と呼ばれる。社会的な文脈においてはその人を mama（父親）と呼ぶこともできる。前世代のすべての男性が同一の社会カテゴリーの一部（同世代のグループ）だからである。しかし、彼を mama と呼ぶことは彼を（分類的な）父親と解釈することにはならない。そして、彼の子供を兄弟姉妹に変えてしまうことにもならない。（Dousset, 2003: 55）

　さらに、親族関係を表す語は人間同士の関係についてのみ用いられるのではない。アナグ族にとっては土地との関係が精神的に非常に重要であり、親族関係を表す語は、人間が持つ土地との関係や、土地との関係における精神的次元をも表し（Klapproth, 2004）、人間同士の親族関係という狭い意味をはるかに超えた幅広い意味を帯びている。ドゥセ（Dousset, 2003: 59）によると、ngnyutju と mama（その他、親族関係を表す語）は「ウェスタンデザート文化においては各世代の半族が宇宙の起源に重要な役割を担っていること」に大いに関連しており、「そこでは、これら対立する存在の協同が、宗教的生活、日常生活にとって主要な組織構造となっている」。
　現代標準英語、初期近代ドイツ語、ウェスタンデザート語の親族関係を表す語を例に示した通り、異なる言語が我々の身の回りの世界の認識や経験を異なる形で表現し、このように異なる表現方法によって、ある経験や認識が異なる言語話者にとって突出したものになる。この考察は、言語的相対性の原則として知られている。言語的相対性は、この考えの著名な提唱者、エドワード・サピア（Edward Sapir）とベンジャミン・リー・ウォーフ（Benjamin Lee Whorf）にちなんで、サピア―ウォーフ仮説とも呼ばれることがある。ネイティブ・アメリカンの言語研究のパイオニアであるサピア（1884-1939）は、1931年から1939年までイェール大学で

人類学の教授を務め、アメリカ言語学の始祖の一人とみなされている。ウォーフ（1897-1941）は、彼に学んだ一人で、むしろ趣味的な言語学者であり、学問から離れて、ネイティブ・アメリカンの言語に情熱を傾けた。保険会社での火災調査官を日常の生業としていたことで旅する機会にも恵まれた。ガンパーズとレビンソン（Gumperz and Levinson, 1996b）によると、彼らのネイティブ・アメリカンの言語研究は、聖アウグスティヌス（354-430）以来、西洋思想の中で議論されてきた考え方を新たに系統化した。サピアとウォーフの直近の先任者は、ドイツ・ロマン主義の思想家たち、特に、人間の言語は国民性を表すと論じたヨハン・ヘルダー（Johann Herder, 1744-1803）とヴィルヘルム・フォン・フンボルト（Wilhelm von Humboldt, 1762-1835）であり、言語的相対性という概念の系譜はヨーロッパの国づくりに密接に関連する。ドイツの伝統に知的・個人的な結びつきはあるが（サピアはドイツで生まれ、そこで教育を受けた人類学者、フランツ・ボアズに学んだ［3-3 を参照］）、サピアとウォーフによる言語的相対性の概念の再公式化は広範な知的伝統に影響されている[注4]。彼らの研究は、周縁化された彼らの時代のネイティブ・アメリカンの言語に対する取り組みの結果であり、「標準的平均的ヨーロッパ語（Standard Average European）」と呼ばれているものとの違いを記録したいという欲求の表れでもある。標準的平均的ヨーロッパ語という考え方の妥当性は、現代標準英語と初期近代ドイツ語の親族を表す語には相違点よりも類似点が多く、それら両方がウェスタンデザート語のものとは著しく異なるという事実によって裏付けられる。

　サピア―ウォーフ仮説に対して言語学者から様々な反響があり、いわゆる強い仮説と弱い仮説をめぐって議論が展開されてきた。強い仮説は言語を通じた文化が思考を決定するというもので、弱い仮説は言語を通じた文化が思考に影響を与えるというものである。ルーシー（Lucy, 1992）が指摘するように、強い仮説は明らかに誤りで、弱い仮説の方は正しいが、どちらも大した研究プログラムに成りうるとは言えない。仮説としてこれらはあまりにも一般的であるため、体系的な研究に従いやすい。普遍主義者が言語と思考の関係に反証するのは容易であるし、同様に相対主義者が上に述べた異なる親族関係を表す語のような例を多く

持ち出して、その関係を主張していくことも容易である。相対主義者と普遍主義者の間の理論的な議論は異文化コミュニケーションを学ぶ学生にとってさほど重要な問題ではない。重要なのは、異なる人々が異なる言語行動様式を備えているということである。サピアとマンデルバウム（Sapir and Mandelbaum, 1985: 159）が1924年に出版されたエッセイで指摘するように、言語とコミュニケーションの実践が相対的であるとの認識は非常に解放的なものである。

　　異なる言語における同じ基準で計れない経験の分析を無限に続けることは可能である。そしてその結果、経験の本質を客観的に理解する手立てとして、固定化した発話習慣を無警戒に受け入れていることにより、見えにくくされているある種の相対性がリアルなものになるだろう。これは概念の相対性で、思考形式の相対性とも呼ばれるかもしれない。アインシュタインの物理学的相対性ほどつかみにくいものではないし、ユングの心理学的相対性ほど安心感をかき乱すようなものでもない。〈中略〉しかし、おそらくこれらに比べ即座にはぐらかされてきた問題である。というのも、言語学における比較データの理解は必須条件だからである。言語学の研究の成果である思考形式の相対性こそが、おそらく最も解放的なものである。心に足枷をはめ、精神を無感覚にするのは、絶対不変の性質を絶えずかたくなに受け入れてしまう姿勢である。

　上に紹介したウェスタンデザート語における親族関係を表す語の研究史が示すように、他の言語と文化の専門的な学び手である人類学者でさえ、自分たち自身の言語や（職業的）文化の概念が提示する見方にとらわれてしまうことがある。家族の意味に対する異なる見方――そしてヨーロッパ人が自分たちとは異なる感じ方を理解できないこと――は、学問外においても、ヨーロッパ人によるオーストラリアの占領以来長い間、アボリジニの子供を家族から強制的に引き離すという悲劇的な結果をもたらしてきた。[注5]今日、その行為の残酷さと、「盗まれた世代（Stolen Generation）」の人々、その家族、共同体が被った苦痛に心を動かされな

い人は少ないだろう。しかし同時に、強制隔離政策を実行するにあたって、多くの植民者と白人オーストラリア人が実際、「正しいことを行った」と考えていたことも記録からわかる。彼らは、アボリジニの家族関係が妥当で健全なものとは受け止められなかったのである。

　植民者が非ヨーロッパ人の家族関係を理解できなかったことが、小説『Wanting』（Flanagan, 2008）おいて痛烈に表現されている。この小説は、英国によるタスマニア占領、特にフランクリン総督（1836-43）とその妻によるアボリジニの少女マシンナの家族からの強奪（これらはどの程度まで英国の教育によってアボリジニの人々が文明化されるかを見極めようとする社会的実験の一部である）をフィクションで描く——北欧の人間を世界の人種の頂点としオーストラリアのアボリジニを底辺とする連続体として捉えられた時代であったことに注意したい（第3章を参照）。子供のいないフランクリン夫人はバース海峡のフリンダース島を訪れる。そこは生き残ったタスマニアのアボリジニが移住を強いられてきた場所である。フランクリン夫人は、訪問者を出迎えるために踊りを踊る7歳の美しい少女マシンナに心を奪われ、その子を心から欲しいと思う（wants）。そこで彼女は、マシンナは孤児であるから、彼女を家族から引き離しホバートに連れて行くのが最善であると、自分自身と周りの者に言い聞かせようとする。現地のアボリジニ保護官は、フランクリン夫妻に科学的な目的のためアボリジニの頭蓋骨を差し出すよう求められた際、ボイルされ皮をはがれたマシンナの父親の頭蓋骨を差し出したのだが、生きた人間を彼らに引き渡すことには躊躇する。彼は、マシンナはイギリスの言葉では孤児であるが、アボリジニの言葉ではそうでないことを説明しようとする。

　　「だって、あのかわいい女の子には母親も父親も、家族もいないんでしょう？」［フランクリン夫人が尋ねる］
　　「彼女には家族がいるのです。ただ、肉親はいません。彼ら（＝アボリジニの人々）はそのことを我々より広い意味でそして複雑に考えているのです。我々にとっては、家族は糸のようなもので、彼らにとってはレースのようなものなのです」［保護官が答える］「だけどや

はり、彼女は孤児なのでしょう」
「我々の見解からすれば」保護官は言った。「彼女は孤児です」
(Flanagan, 2008: 68f.)

　「我々の見解」、フランクリンのイギリス的な見解がまかり通った結果、マシンナは家族から引き離され（彼女の家族もまた、先祖代々の土地から強制的に引き離された人々でもあった）、フランクリン家の一員となる。しかし、そこであらゆる不当な扱いと冷遇を受け、フランクリン総督が英国に呼び戻された際に捨てられることになる。歴史上のマシンナ同様、小説中のフィクションのマシンナも21歳の若さでアルコール中毒と孤独と失意の中で死を迎える。植民者が単一の世界観に固執したためにマシンナの人生を荒廃させたという事実は、人々の見方には言語的・文化的な相対性があり、それを受け入れる道徳的必要性があることを示している。世界を自らとは異なるレンズで見られないことは実際、「心に足枷をはめ、精神を無感覚にする」のである。

4-3　言語的に多様な社会における医療

　盗まれた世代の例が示すように、言語的相対性は、エキゾチックな言語についての風変わりな理論的観点などではない。言語的相対性が重大な課題を提示するもう一つの文脈は、トランスナショナルな医療問題である。西オーストラリア、パースに住む東アフリカの人々の精神衛生上の問題を理解するための研究において、ティルベリー (Tilbury, 2007) は「鬱病」という語に相当するものが面接を受ける相手の言葉にはないことに気づいた。しかし、西洋主導的な精神衛生の用語で言う、不眠、胃の疾患のような肉体的兆候も加わった、欲求不満、不確かさ、絶望、恥、いらだち、孤独、無力さ、ショック、怒り、制御不能さ、裏切りをひっくるめて表現される感情は、「鬱病」以上のものであった。著者は、アフリカのホーン岬からの移住者に対し、生物医学的な「鬱病」という見方を当てはめることは、4つの点で彼らから力を奪ってしまうことになると論じている。まず、「鬱病」という語は、文化的状況を考慮に入れ

るというより、感情の状態を普遍化するものである。次に、当事者によって説明されるネガティヴな感情は、明らかに社会的に埋め込まれたものであるのに、「鬱病」が個人の問題として片づけられている。当事者の一人は自分の感情が個人的な状態というより社会的なものであることを次のような比喩を用いて説明した。

> たしかにアフリカでもネガティヴな感情を経験したことはあるが、原因が異なるのでここで感じているものとは異なる。アフリカでは、それは個人的な問題だった。しかし、ここでは自分のことを、翼をもがれた鳥のように感じてしまう。アフリカで私をサポートしてくれた人はここには誰もいない。(Tilbury, 2007: 446f.)

　第三に、この問題の性質がこのように誤って診断されると、社会と健康のサービスも誤った解決策を提供することになる。実際、当事者のネガティヴな感情は、経済的なストレスであったり、職を見つけられないこと、雇用上の問題、家族の問題、人種差別を経験したことによるいらだちであったりするので(第9章を参照)、「鬱病」への典型的な反応——カウンセリングと薬——ではまったく役に立たなかった。第四に、傷口に泥を塗るかのように、新しい移民や難民に対し「鬱病」という普遍化された診断を下し、個人の問題に帰してしまうことは、移民に反対する議論を正当化することにもなりうる。

　ティルベリー(Tilbury, 2007)は、精神衛生の異なる概念化が「鬱病」を診断し処置する覇権的な方法に疑問を投げかけることになると論じているが、多文化的に精神衛生の問題を扱う医師は、「鬱病」に対して異なる見方を理解しようとするものの、精神衛生の全体的な枠組みは不問のままである。オーストラリアの田舎地域に暮らすアフガニスタンからの亡命者に対し、精神衛生のサービスを受けやすくしようというサービスがその好例である(Griffiths et al., 2005)。no more mualagh プロジェクト—— mualagh はダリー語で「宙に浮いているように深く悲しい感情」という意——は、「鬱病」についての多言語情報を充実させ、抗鬱剤の安全な使用を促すことによって精神衛生の効果を高めようという試みで

ある。研究チームによって採用された介入モデル（医療行為）は3つの前提に基づいている。第一に、医療従事者はアフガニスタン人の医療消費者から彼らの精神衛生に関する考え方を学ぶ必要がある。第二に、精神衛生の問題に対処するため、アフガニスタン人の医療消費者は互いに実務的な問題について学び合う必要がある。第三に、アフガニスタンの医療消費者は医療従事者からオーストラリアにおける医療従事者の役割と通訳者を介せることを知らされなければならない。これら相互のやりとりをベースに、研究チームは3つの医療資源を作成した。アフガニスタン人の患者に向けた精神衛生に関するダリー語の概況報告書、医療提供者に向けたアフガニスタン人の患者の特別な要求や期待を記す概況報告書、精神衛生の問題に関するダリー語の音声テープである（これはこの集団の中で、第一言語においても比較的識字率の低い人たちに向けられたものである）。

4-4 コミュニケーション相対性

　言語構造に相対性があることは、1つ以上の言語を知っている者にとっては疑う余地のないものである。しかし、例えば言語によって異なる親族関係を分類する方法は、パーティーの話の種には向いているだろうし、言語学の入門クラスの教育的な練習課題にもしばしば用いられるが、形式的な相対性（「言語Aには概念Xに相当する語がない」）に焦点を当てるだけでは、より根源的な相対性、すなわち、人間は様々な方法で言葉を用いて様々な活動をするということ、を見逃しがちである。すでに 4-2 において、ウェスタンデザート語の親族関係を表す語を用いて、このコミュニケーション相対性の検証を試みた。「コミュニケーション相対性 (communicative relativity)」という用語は、私の知っている限り、フォーリー（Foley, 1997）によって導入されたが、その概念自体は社会言語学者で人類学者のデル・ハイムズ（Dell Hymes）の研究に始まるものである。

　ウォーフに見られるような言語的相対性は二次的なものであり、それが根本的な社会言語学的相対性（言語の社会生活との示差的な関わり

に関するもの）に依存していることに注意が必要である。例えば、言語の記述では、ある種の認知スタイルや抽象的な発想などを紹介することがある。しかし、言語が人々の行動に影響を与える可能性は、コミュニケーションの場面においてどのようなレベルとパターンで用いられるかにかかっている。〈中略〉人間は、同じレベルで、同じ状況で、同じ物事について言語を用いるわけではない。ある人間は他の人に比べ、より意識的に言語を用いている。（Hymes, 1974: 18）

　ハイムズは、コミュニケーション相対性は異なる物事を行うのに異なる言語を用いる多言語話者に最も顕著に表れると主張する。例えば、私は今このとき、極めて標準化された国際的な形式で、国際的な聴衆に向けた異文化コミュニケーションについての本を執筆するために英語を用いている。私は同じ目的のために他の言語を使うことができないが、それにはいくつかの理由がある。まず、私が子供時代に使っていたバイエルン方言は話し言葉であり、書き言葉の伝統を持たないからである。私が学校で学んだ言語である標準ドイツ語は学問的な書き言葉の伝統を有し、私もそれにかなり堪能であるが、ドイツ語で異文化コミュニケーションを教えたことはなく、この分野に関する文献のほとんどすべてが英語で書かれていたため、このテキストをドイツ語で書くことはできない。さらに、高いレベルまで読み書きを学んだもう一つの言語であるラテン語でも不可能であるし、ラテン語でこのような本を読む読者もいないだろう。最後に、私は、比較的堪能なその他３つの言語、フランス語、ペルシャ語、スペイン語で多くのことができるが、本を書くとなるとそのうちのどれも用いることはない。

　言語の機能的な区別は多言語話者の場合に顕著であるが、一言語話者にも見ることができる。すなわち、大学の教科書を執筆するために用いられる英語は、フェイスブックの状況更新を打ち込むための英語とはかなり異なるということである。その英語もまた、５歳の子供同士の口げんかで使われる英語とはかなり異なる。こういった事柄のリストは無限に続く。英語は、他の言語同様、文脈における活動であり、これらの活動は、個人や共同体とどのような関わりを持っているかによって異なっ

てくる。つまり、教科書を書くことは、英語話者の中でも比較的少数が行うことであるが、その一方で、遊び場での口げんかははるかに影響力が強く、我々の文化的アイデンティティを形作るものである。

　コミュニケーション相対性を1788年以降のヨーロッパ人の入植者とオーストラリアのアボリジニの関係を再び例にして考えてみよう。4-2で紹介した例では、問題の核心は白人のオーストラリア人が自分たちと異なる親族体系を理解することを拒んだことにあった。一方にヨーロッパの言語、もう一方にアボリジニの言語を対比させ、それらが「ヨーロッパ文化」と「アボリジニ文化」に関連した役割を担うものと考え、分析することもできる。しかし、ヨーロッパの入植以前、オーストラリアはテラ・ヌリウス（何者にも属さない大地）だったという考えに最も顕著なように、英国によるオーストラリアの占領とアボリジニの追い立ての話は、言語的相対性に加えてコミュニケーションの相対性を理解できなかったことによるものだと考えられる。テラ・ヌリウスという考え方は、英国のオーストラリア占領を法的・道徳的に正当化する材料の一つとなった。1788年の侵略以前にアボリジニがオーストラリアに住んでいたことは明白であるにもかかわらず、ボーケ総督による1835年のテラ・ヌリウスの宣言から1992年のマボ判決^{注6}において初めて先住権の主張が認められるまでの間、アボリジニは原始的で野蛮な存在と考えられてきたために、土地の所有権を持っているとはみなされなかった。ヨーロッパ人にとって、アボリジニが土地の所有権を持たないと考える根拠の一つになったのは、彼らが文書化された所有権の記録や権利証書を持っていなかったことだった。それは、ヨーロッパ人が、異なる人々が土地の所有権を伝達する方法に、コミュニケーションの相対性があることを認識できなかったことを意味する。もちろん、土地の権利や人間が土地を所有するという考え方自体が相対的なものである。おそらく、人間の地球との関係における支配的言説が所有権ではなく監護権に関するものであったならば、近年の環境災害も避けられたのではないだろうか？

　『*Papunya School Book of Country and History*』（Papunya School, 2001: 8）には、精神的なつながりを含めた、土地との強力な結びつきがアナグ族によってどのように伝えられていたかが説明されている。

Tjulkra（白人）がオーストラリアに来たとき、彼らの間では、アボリジニの異なる部族が全大陸を所有していることがわからなかった。どの人間がどの土地を所有しているかを示す紙片など存在しなかったため、白人は土地がテラ・ヌリウスだと決めつけた。〈中略〉Tjulkraは、法が始まる前からアボリジニが歌や物語やダンスや絵によって自分たちの土地の所有を記録してきたことを理解できなかったのだ。

　この本は、アボリジニが自らの視点を放棄させられたことを伝えるものの一つで、アボリジニの作家と画家によって文章と挿絵が加えられている。また、1955年から1963年にかけて南オーストラリアのマラリンガで英国の秘密核兵器の実験が行われ破壊がもたらされたが、このことに関するアボリジニによる初めての報告が2009年にオーストラリアで出版され賞賛を浴びた（Yalanta and Oak Valley Communities and Mattingley, 2009）。コミュニケーション相対性に関してもう一つの例となるのは、これらの本がたいてい子供向けの本として扱われていることである。書店で歴史のセクションではなく子供の絵本のセクションに置かれ、歴史書ではなく子供向けの本の受賞に値すると考えられているのだ。2009年7月、メルボルンの書店の子供の絵本のセクションで、私は後者の本を手に取った。軍事的侵略、強制追放、人間の破壊、土地の破壊とそこで進行する環境汚染を扱った本が、ふわふわした動物や、歯の妖精やおしゃべりな機関車とともに冒険に出かけるわんぱくな少年についての物語と同じ棚に置かれることを奇妙に感じた客は私だけだろうか。実際、2009年においても、アボリジニがそのような恐怖を物語ったところで、オーストラリアで主流を占める非アボリジニの人々が重大に受け止めることはあまりない。同じ書店で、白人オーストラリア軍人のマラリンガの回顧録（Cross and Hudson, 2006）は適切に歴史のセクションに置かれていた。コミュニケーション相対性が提示するもう一つの側面は、大量破壊兵器の開発と実際の使用によってもたらされた惨害に関するこれらの証言が、比較的小さい国内市場を持つ国の比較的小さい出版社から、おそらく現代においては最も影響力の小さいマスメディアで本として出版されているということである。

4-5 名前を持った言語

　言語的相対性の研究は、Xという言語とXという文化の間に直接的な関係性があるという暗黙の了解によって強化されている。つまり、親族関係を表す英語を分析することで、我々は英文化についての何かしらを理解できるということである。しかし、コミュニケーション相対性に関する上の議論は、文脈におけるコミュニケーション活動に焦点を当て、コミュニケーションの実例が持つ相対的な影響力について詳述しつつ、その関係に疑問を投げかけたはずだ。このセクションでは「特定の言語と特定の文化の間の関係とは何か」という疑問に取り組みたいと思う。手短に答えると、その関係は相対的だということである。世界中のすべての言語に当てはまる唯一の関係性など存在しないということだ。英語は非常に多様であるため、多くの社会言語学者は英語を複数形であるEnglishes[注7]について論じ始めている。何種類もの英語が存在するだけでなく、アングロサクソン系の文化、ヒップホップ文化、国際的なビジネス文化、ダブリンのストリート文化など、英語が使われる文化も多様であるということである。特定の種類の英語とそれが使われる特定の文化の関係は各々のケースによって明らかに異なる。さらに、英語とその文化の関係は、他の言語と文化の関係とも異なる。英語のように、様々な文脈において、様々な習熟段階で、様々な人に用いられ、幅広く話されている言語と、わずかな領域でほんの少しの人にしか話されない言語を比較してみれば、明白な例となるだろう。英語における言語と文化の関係は、2010年の段階で南オーストラリアのフリンダース山脈で約20人に話されているアドニャマサナ語とはまったく異なるわけだ。[注8]

　特定の言語と特定の文化の関係は相対的である。しかし、異文化コミュニケーションに関する文献の中では、特に、公用語とそれが適合すると思われているその国の文化に関しては、普遍的な関係が仮定され主張されている。言語X＝文化Xという関係の誤謬について、異文化コミュニケーションの文献の例に基づいてさらに詳細に検討してみたい。

　前に指摘したように、異文化コミュニケーションの研究は幅広い分野で行われ、それら多くが実際の言語に注意を向けてこなかった。しかし、

異文化コミュニケーションにおける言語の役割を限定的に扱う場合、言語的相対性は重要な役割を果たし、そしてこの考え方は、国の言語は国の文化の上に直接的に位置するという仮定によって補強される。このことは、幅広く読まれている『Intercultural Business Communication』（Chaney and Martin, 2004: 96）からの以下の２つの例が示している。その「Language」という章に、「言葉のスタイル」と「エスニック集団」を一致させる表がある。「言葉のスタイル」という見出しの下にある情報はすべて、それに関連する「エスニック集団」に結びつくことをその配置は示唆している。ここで「ドイツ語」「日本語」という項目について詳しく議論してみたい。「ドイツ語」という見出しの下に、作者は次のような説明を記している。「ドイツ語では、頻繁に動詞が文末に置かれる。口頭コミュニケーションにおいて、ドイツ人はすぐに要点に達しない」。言語学的に述べると、この説明は、動詞が文末に来ることと「要点」が置かれることに関連性があるという誤った前提に基づいている。実際のところ、ドイツ語の動詞の位置は単に構文（つまり文法）の問題であって、厳密に規則に支配されているのだから、動詞が「頻繁に」文末に来るという記述は正確ではない。その規則とは、主節において動詞はたいてい第二の構成要素であり、従属節において動詞の位置は節の末尾に移動するというものである。対して、「要点」——言語学の用語で言うテーマ——の位置は、語用論的な選択の問題である。文、あるいはテキスト全体のテーマは、多くの方法によって表現され、動詞やその位置に縛られるものではない。実際、テーマはしばしば文法的に表現されるが、そうされなくてもよい。ドイツ語では、動詞と異なり自由に動かせる構成要素の配置が要点を示すのによく使われる方法である。そのため、文法的に述べると、文や節の動詞以外の要素の位置がドイツ語で要点を示すより有効な手段と言える。要点を示す非文法的な方法には、話し言葉におけるイントネーション（重要な部分に強調を置く）や、書き言葉における大文字、その他の字体によって強調する方法などがある。要点は、多くの方法で表現されるし、構文の境界を越えて、文中のどこにでも（言語メッセージの外側にさえ）表れる。

　同じ表の「日本語」という項目ももう一つの好例となるだろう。その

見出しの下に、作者はずいぶん曖昧に「"はい"という語は様々に異なる意味を持つ」と述べている。この項目が暗示するのは、多義性・多機能性が、日本語とステレオタイプ的に曖昧とされるその特徴に特有のものだということだろう。しかし実際は、単語が様々な意味を持つのはどの言語においても特別なことではない。多義性──単語が複数の意味を持つことはすべての自然言語の特徴である (Harris, 1998)。日本語やその他の言語とまったく同様に、英単語も「本質的な意味」、中心的・辞書的意味とは真逆の意味を表すことがある。マイクロソフト社のウィンドウズ・コンピューターを閉じる、つまり「終了」させるために押す「スタート」ボタンを思い浮かべてみるとよい。英語の "no" という語も好例である。キューリック (Kulick, 2003) が性的な文脈におけるその使用法を示すように、日本語の "はい" に相当する語と同様、この語も様々な意味を持っている。"no" によって意図された意味と理解された意味は、性的な文脈だけをとっても、大きく異なる可能性がある。例えば、サドマゾ的状況では、"no" は "yes" を意味することがある。話し手が "no" を意味して "no" と言っているのに、受け手はそれを "yes" の意味と捉えたと主張することもある。そして、その理解がセクシャル・ハラスメントやレイプ訴訟における適当な弁明として考慮されることもある (Ehrich, 2001 も参照)。

『Intercultural Business Communication』の「言語」の章のこれらの例は、ともにドイツ語、日本語の特徴とドイツ文化、日本文化の関連性を述べるためのものであるが、今示したように、言語学的に誤解に基づいた方法が採られている。実際の言語的事実が正しかったとしても、与えられた情報の断片的特徴によっては、意味のある方法でこれらを事実として使用することはできない。ならば、異文化コミュニケーションの教訓を与えるかのように見せかける、このような例から何が得られるだろうか。これらの例はドイツ語とドイツ文化、そして日本語と日本文化の間の何かしらの関係を言わんとしているが、実際のところ、文化に関する国家的視点に従うものである。それは、ドイツ語、日本語がドイツ文化、日本文化に一致し、さらにそれらがドイツ、日本という国民国家に一致するという等式を築き上げる。これらの例は、読者に異文化コミュニケー

ションについて何か教えるというよりも、標準語とでも言うべき言語の特定の型、いわば標準形を自然に感じさせることに加担している。社会学者のピエール・ブルデュー (Pierre Bourdieu) は、特定の言語に対するこのように単純化された見方を批判している。「言語学者（異文化コミュニケーションを扱う著者を含む）が行うように、詳しい説明もなく、言語というものについて語ることは、政治的単位において公用語を公式に定めることを暗黙のうちに認めてしまうのと同じことである」(Bourdieu, 1991: 45)。「ドイツ文化」の上に「ドイツ語」、「日本文化」の上に「日本語」を位置づける引用のような例は、平凡なナショナリズム（この問題については第5章で詳述する）以外の何物でもない。それらは言語と文化の関係を説明しているのではなく、むしろ、それら自体が説明を要するものである。第5章で文化＝言語の等式の問題に戻る前に、ここではいかに「自然に」言語が国家に結びつけられてきたかを、ドイツ語、トライ語、ツォンガ語の歴史に関する3つの例を用いて説明してみたい。

「(国家の) 名前を持つ文化」は異文化コミュニケーションの文献の中での先験的な前提であり、言語についても同じことが言える。つまり、「英語」「ドイツ語」「日本語」など「(国家の) 名前を持つ言語」はすべて先験的な前提であり、「文化」と国家、民族をしばしば同一視する姿勢と同じところから出たものである。18世紀以降、ナショナリズムがヨーロッパ（のちに世界中）の人々のアイデンティティ形成に与えた強い影響力を考えてみればよい。歴史的に、言語名はたいてい「(我々の) 言語」を指す一般的名称に由来する。例えば、ドイツの言語（またはその「文化」、国）を表すドイツ語は Deutsch である。この語は「お国言葉の」や「非ラテン語の」を意味するラテン語 theodise に由来する。8世紀頃から、「tam latine quam theodise（ラテン語とお国言葉の両方で）」という決まり文句が、ラテン語と中欧、西欧のまだ標準化されていないお国言葉の両方で宗教書が入手できることを示すために用いられた (Schmitt, 1970)。これらお国言葉と言語変種がいわゆる方言の鎖、つまり、相互に理解可能な話し方の連続体を、隣接する村や町から来た人間の言っていることが理解できるレベルから、離れた土地に住む者同士が、互いに意思疎通できなくなるレベルを含む。それが中世ヨーロッパの言語的状況であり、植民

地時代以前は世界のその他の地域のほとんどがそのような状況であっただろう。国民国家の出現によって、それらの鎖が解体し始め、国境を隔てて隣接する村に住む者同士が意思疎通するすべを失った。お国言葉に関して述べると、Deutsch という語がドイツの国語に用いられるようになったのはかなり後のことである（19世紀までそのような国は存在もしなかったのだから！）。この語が様々なドイツ部族のお国言葉を意味し始めたことは、ドイツ語で「ドイツ」を表す Deutsch と、英語でオランダの言葉を表す Dutch が類似していることの説明にもなるだろう。それらはとても似ているため、例えば、17世紀と18世紀のドイツ人移住者によって特徴づけられたペンシルヴァニアの一地域が「Dutch」カントリーであるのと同様に、混同しやすい。

　ある言語変種に特定の名前をつけず、単に「（人間の）言葉」、「我々の言葉」などと呼び、それがどこから始まってどこまで続くかを気にしないのが、国家が生まれる前の自然な状況だった。しかし、ヨーロッパの布教者や言語学者が非ヨーロッパ世界の言葉を分類し記述し始めるまでの間に、ヨーロッパの歴史的事実は忘れ去られていた。現地人が自分たちの言葉に名前をつけず、自分たちの言葉を話す者と話さない者をきちんと認識していないということは、彼らにとっては、原始状態、文明の欠如を示す標識となった。

　オセアニア語——ポリネシア、メラネシア、ミクロネシアで話されている言語——の調査において、リンチら（Lynch et al., 2002: 21f.）は、これらの言語が布教者や言語学者によって名づけられてきた過程を概説している。競合する布教者や探検家たちは、「言語」を表す現地語や地名、特に宣教所が置かれた場所の名前などをもとに、一つの言語に異なる名前を割り当ててきた。顕著な例として、作者たちはパプアニューギニア・ニューブリテン島のガゼル半島に住むトライ族の言葉に10もの異なる名前をつけた。面白いのは、その一つ kuanua である。この言葉は「向こうに」を表す、隣接するデューク・オブ・ヨーク島の現地語なのだが、メソジストの布教者は固有名詞として理解したようだ。

　名前を持った言語の創作について詳細に述べるため、トランスヴァール共和国のツォンガ語の歴史を紹介する。Ethnologue[注9]によると、ツォン

ガ語は、Changana、Gwamba、Shangaan、Shangana、Shitsonga、Thonga、Tonga、Tsonga、Xichangana、Xitsonga としても知られ、今日、南アフリカ、モザンビーク、スワジランド、ジンバブエの4カ国に分かれた地域において、3,669,000人に話される言語である。はるか昔から様々な形で話されてきたが、アーリントン（Errington, 2008: 113-116）の説明によると、名前を持った言語としてのツォンガ語はつい最近の19世紀に出現した。1872年、パリ宣教会の支援を受けたポール・ベルソー（Paul Berthoud）とアーネスト・クリュ（Ernest Creux）の2人のスイス人宣教師は、トランスヴァールに到着し、隣接地域で活動した際に学んだソト語で改宗活動を始めた。トランスヴァールの人間が誰もソト語を話さないことがわかったため、ベルソーとクリュは自分たちの信仰を当地の言葉で広めようと積極的にその言葉を学んだ。その地域では、互いに理解できない数多くの種類の言葉が話されていることに気づくのにさほど時間はかからなかった。しかし、彼らにはトランスヴァールの多言語主義を認めることができない現実的な理由がいくつかあった。まず、彼らは2つ以上の言語を学び記述することができなかったためと、2つ以上の言語で宗教教育書を印刷するための資金を持たなかった。第二に、その地域に対する主張を強め、近接地域で活動するライバルの宣教師たちの介入から守るため、彼らはトランスヴァールを一つの単位として見る必要があった。そのため、ツォンガ語を記述し、ある意味作り上げる仕事に取り掛かった。

> 今となってみれば、ベルソー宣教師らは書き言葉であるツォンガ語とその歴史を作り上げるために、歴史的、言語的現実に背く仕事をしてしまったと考えられる。しかし、彼らは読み書きのできる改宗者とともにそれを社会的事実にすることには成功を収めた。一度その土地の状況と言語的・文化的差を知的に掌握してしまうと、彼らはツォンガの人々に読み書きを教えることができたし、ツォンガ語自体を教えることさえできた。（Errington, 2008: 116）

宣教師たちはツォンガ語を作り出しただけでなく、読み書きの形式や

使用法を独占し、結果ツォンガ語のあり方まで確立した。首尾よくやったために、彼らがツォンガ語を作り上げたという事実は曖昧にされてしまった。アーリントン（Errington, 2008: 116）から引用すると、後の宣教師はその言語を「最も信頼に値し完璧な［ツォンガ］精神の表れの一つ」、「この部族の生活における最古の原理……何世紀にもわたってツォンガ族をまとめ上げる強力な絆」などと説明することに何も問題を感じていないことがわかる。ツォンガ語とツォンガ文化の結びつきは、明らかに言説的な作り事である。しかし、このプロセス自体は珍しいものではない。名前を持った言語は作り物であり、いったん作り上げられると、言語がいかにそれに関連する文化の直接的表現であるかということが絶えず主張される。ひとたび言語が事実として受け止められ、名前をつけられ、文法書と辞書に記述され体系化されると、その言語と文化の関係は自明のものとなるわけだ。

「一言語、一国家」のスローガンに表現される、特定の言語と特定の国家との強い結びつきは、フランス革命に起源を持ち、それ以来フランス政府の言語政策などに影響を与えてきた（Spolsky, 2004）。しかし、フランス語もツォンガ語と同様にフランス国家に先行するものではなく、フランス国家から独立して存在するものでもないことには注意が必要である。多くの言語がそうであるように、フランス語はフランス国家によって作り上げられた。そのことをエリック・ホブズボーム（Eric Hobsbawm）は次のように説明する。

> 国語というものは従って、準人工的な構築物である。現代ヘブライ語［やツォンガ語］同様に、それはときとして事実上考案されることもある。国民文化の原始的礎であったり国民精神の母体であったり、ナショナリストの神話がそうあるべきと考えるものとは真逆のものである。それはたいてい、方言に格下げになった、実際に使われる数えきれないほどの慣用表現の中から、標準化された慣用表現を考案しようとする試みにすぎない。（Hobsbawm, 1990: 54）

イディッシュ語の研究で有名な学者マックス・ヴァインライヒ（Max

Weinreich, 1894-1969）は、「言語とは陸海軍を持つ方言だ」と皮肉を述べたことでよく引き合いに出される。それを言い換えて、「方言とは敬意を得られない言語である」とリッピ・グリーン（Lippi-Green, 1997: 43）が付け加えている。「名前を持った言語」の構築性については、社会言語学の分野においては言い尽くされてきた。「（派閥的目的のためではなく）公用語や標準語の歴史を学んだことのある者で、異なった結論を出したものはいない」とジョセフ（Joseph, 2004: 120）は述べている。しかし、今日までのところ、異文化コミュニケーションの手法は概して社会言語学のこの中心的な洞察を無視する選択をしてきた。それにより、知的誠実さを犠牲にしてきた。異文化コミュニケーションの研究が、国家＝言語のステレオタイプの再生産以上のことを達成したいのであれば、特定の言語を当然のものとして扱うことをやめるべきだ。名前を持った言語は、ある種の独立した変数として異文化コミュニケーションより前に存在するものではない。実際は、名前を持った言語は異文化コミュニケーションにおいて言説的に構築されたものである。言語Xの構築は、必然的に利害関係と結びつき、覇権主義的なものである。つまり、それは他の話者を排除し周縁化する一方で、特定の話者の利益に結びついているのである。一般的に言って、これが政治力と主導権の本質である。国家権力と有力団体の成功は、一見最もらしく、覇権主義的に特定の集団を構築することにかかっている。そうして、不利な立場に立った者に、不利な状況と疎外された状況を受け入れさせるわけだ。名前を持った言語は政治文化にとって強力な材料であり、「物事の原因や解決策になり、国家的自己を顧みる材料になり、国家のテクノロジーにもなりうる」（Ayres, 2009: 3）。しかし、覇権主義的政治文化に加担することは、異文化コミュニケーション研究の役割ではなく、それがどのように機能しているかを理解する手助けになることにある。

4-6 本章のまとめ

本章では、以下の要点を主張した。

○ 言語の形式は相対的であり、異なる言語は異なる世界観をコード化する。異なる見方を受け入れられず理解しようとしない姿勢は、植民地主義の中心的特質である。逆に、他者の現実をも受け入れようとする能力と姿勢が異文化間能力の特質である。
○ 形式的な言語的相対性は、コミュニケーション相対性という、より根本的な差異によって補強される。どのような方法で誰がいつ何を伝えようとするかは、常に異なる。コミュニケーションの不平等性は、コミュニケーション相対性のカギとなる側面である。つまりコミュニケーションの方法が相対的であることに加えて、それによって影響を及ぼすことができるチャンスも不平等だということである。
○ 名前を持った言語は自然発生的なものではなく、国家の発明品であり道具である。特定の言語と特定の文化の間の直接的なつながりを想定する異文化コミュニケーションに関する助言は、特定の種類の言語を支配的な言語として作り上げ、維持し、特定の国民文化に強く結びつけようとするもう一つの言説的実践に他ならない。批判的な異文化コミュニケーション研究は、社会言語学を取り入れることにより、特定の言語の言説的構築が異文化コミュニケーションにおいてどのように利用されてきたかを理解する目的を持つ。

4-7 参考文献

クラムシュ（Kramsch, 1998）は言語と文化の関係に関する概念をわかりやすく紹介している。ハイムズ（Hymes, 1996）はコミュニケーションの相対性と不平等性に関する必読の書である。植民地主義の実践としての名前を持った言語の創作はアーリントン（Errington, 2008）によく説明されている。アイレス（Ayres, 2009）は、ウルドゥー語が作り出され、パキスタンのナショナリズムに使用されたことに関する興味深い事例研究である。

4-8 アクティビティ

■言語的相対性

2人以上のチームで活動しよう。少なくともそのうちの1人は英語を最も強い（あるいは唯一の）言語として使用する者とし、そのうちの1人はその他の言語を最も強い言語として使用する者にする。1枚の紙（またはワープロ文書）を2つの欄に分け、その一つにdisgust（いらだち）と見出しをつけ、もう一つにdisgustに相当するその他の言語の翻訳を書く。disgustとそれに相当する語の感情がどのように生み出されるのか、そして、その感情はどのように表現されるのか、その感情表現をどう定義できるか（また、十分に表現されうるか）、議論し比較してみよう（独自の取り組みがあれば、2つ目の課題に取り組むだけでもよい）。次に、「I felt disgusted」とそれに相当する翻訳をオンラインで検索してみよう（引用符を加えると完全に一致したフレーズを検索できる）。それぞれの言語のトップ20の検索結果の中でいらだちという感情の原因となるものは何だろうか。そこに何か違いはあるだろうか。

■言語的相対性

アガー（Agar, 1994）の「Situations」と題された章を読み（時間があれば全体を読む）、ウィーン文化における「最も濃厚なポイント（rich point）」と捉えたユーモアの観念であるシュマー（Schmäh）をどのように理解しているかについてメモを取ってみよう。あなたがよく知っている言語文化内での「rich point」について考え、著者のシュマー（Schmäh）に関する理解と説明に倣い、あなたの言語と文化になじみのない人に対してブログ記事でそれを説明してみよう。

■コミュニケーション相対性

知っている言語と言語変種を用いて、できることとできないことは何だろうか。あることができるのに、他のことをできなくさせている要因は何だろうか。一つは読者自身の語学の堪能さによるものだろうし、一つは言語や言語変種の社会的評価によるものだろう。ある言語、別の言

語を用いてできることの幅を広げるために、何ができるか考えてみよう。

■ 名前を持った言語

英語の「no」には真逆の意味（4-5を参照）も含めて様々な意味があるが、異文化コミュニケーションの中で「英語のnoという語には様々な意味がある」という記述に出くわすことはめったにない。これは「英語のnoという語には様々な意味がある」という記述が「日本語の『はい』という語には様々な意味がある」という記述より正確でないためではなく、英語を話す西洋人が「間接的で謎めいている」というステレオタイプが存在しないためだ。概して、自分たち以外の文化的背景を持つ人の言語の多義性に注目を向けてしまう。このようにステレオタイプ化するのではなく、自分たちの文化内部の多義性によって生じた誤解に注意を促すポスターを作成してみよう。あなた自身が誤解に巻き込まれた体験を資料として用いてもよいし、誤解が生じた経験について家族や友人にインタビューしてもよい。多義性が意図的に用いられ誤解を招いたケースはあるだろうか。

注

1 実際長く使い続けているので、この例を自分自身で考え出したのか、他のテキストから引いてきたのか定かではない。おそらく後者であろう。そうだとしても、この本を書いている間にこの話の情報源を特定することはできなかった。読者によって情報が寄せられ、後の版で訂正することができたら幸いである。
2 世界の言語における親族関係とその表現方法についての人類学的研究についてはフォーリー（Foley, 1997: 131-49）を参照。
3 中世ドイツ語、初期近代ドイツ語における親族関係を表す語の詳細についてはジョーンズ（Jones, 1990）を参照。
4 包括的概要についてはガンパーズとレビンソン（Gumperz and Levinson, 1996a）を参照。
5 以下のウェブサイトに概要と資料が掲載されている。http://reconciliaction.org.au/nsw/education-kit/stolen-generations/
http://www.humanrights.gov.au/publications/bringing-them-home-stolen-children-report-1997　2013年10月13日に最終アクセス
6 以下のウェブサイトにさらに詳しい情報と幅広い資料が掲載されている。

	http://www.mabonativetitle.com　2013年10月13日に最終アクセス
7	例えば、以下のジャーナルを参照。
	World Englishes or The Routledge Handbook of World Englishes（Kirkpatrick, 2010）
8	http://en.wikipedia.org/wiki/Adnyamathanha　2013年10月13日に最終アクセス
9	http://www.ethnologue.com/show_language.asp?code=tso　2013年10月13日に最終アクセス

第5章
国家と文化

5-1 本章の目的

第5章では、以下のような内容の習得を目指す。

○ 異文化コミュニケーション体験や異文化コミュニケーション関連文献の中でナショナリズムがどう作用しているかを理解する。ナショナリズムを、異文化コミュニケーションにおけるヒューリスティックデバイス（発見的装置）として、批判的に考察する。
○「平凡なナショナリズム（banal nationalism）」の概念を詳しく理解し、その知識を使って「文化的価値」と「文化的スクリプト」といった概念や、文献に見られる異文化コミュニケーションのための助言（アドバイス）などを批判的に検証すること。

5-2 ステレオタイプ

多くの読者が認識していると思うが、異文化コミュニケーションのための助言（intercultural communication advice）というのは、書店や図書館の本棚を一画を占める、広く定着したジャンルである。また、言うまでもなく、インターネットやワークショップなどでもおなじみである。私の本棚にも、様々なタイトルの本が並んでいる。例えば、『*Beyond Chocolate: Understanding Swiss Culture*（チョコレートの向こうにあるもの：スイス文化を理解する）』（Oertig-Davidson, 2002）、『*Don't they know its Friday?*

Cross-cultural considerations for business and life in the Gulf（彼らは今日が金曜日だということを知らないのだろうか？　ペルシャ湾岸諸国におけるビジネスと生活のための異文化理解）』(J. Williams, 1998) といった本や『*Xenophobe's Guide*（外国人嫌いのためのガイド）』(Bilton, 1999; Hunt and Taylor, 2004; Yang, 1999) などがある。このガイドは、国別のユニークな国民性や行動に焦点を当てたシリーズの一冊である。ウェブサイトには、国籍別の外国人嫌いのガイドの一覧がある（アメリカ人、オーストラリア人、オーストリア人、ベルギー人、カルフォルニア出身者、カナダ人、チェコ人、デンマーク人、オランダ人、イギリス人、フランス人、ドイツ人、ギリシャ人、ハンガリー人、アイスランド人、アイルランド人、イスラエル人、イタリア人、日本人、ニュージーランド人、ポーランド人、ロシア人、スコットランド人、スペイン人、スウェーデン人、スイス人、ウェールズ人）。また、http://www.kwintessential.co.uk/cross-cultural/cross-cultural-courses.html や http://www.cyborlink.com/、http://www.executiveplanet.com/ といったウェブサイトも異文化コミュニケーションへのアドバイスを提供している。これらのサイトでは、異文化コミュニケーションについてのアドバイスを国家というカテゴリーで分類している。そこに書かれていることを読んでいると、誰もがおそらく知っているであろうと思われる、くだらない国民性についてのステレオタイプのジョークを思い出す。国民性についてのジョークの中には、おそらく多くの人が、お気に入りのもの（大嫌いなものかもしれないが）があるだろう。ここでは、異文化コミュニケーションアドバイスの中からいくつか例を引用する。

■例1

　イギリス人、フランス人、アメリカ人とメキシコ人が飛行機に乗っている。その飛行機は重量オーバーのため、墜落しようとしている。彼らは、荷物を飛行機から投げ落としたのだが、それでも飛行機はまだ重量オーバーであることがわかった。究極的なヒロイズムに駆られて、イギリス人は「神よ、女王陛下を守りたまえ！」と叫びながら飛行機から飛び降りる。フランス人は「フランス万歳！」と叫び、続いて飛び降りる。アメリカ人は「アラモを忘れるな！」と叫んで、メキシコ人を飛行機か

ら突き落した。

　このジョークは、国民性のステレオタイプをもとにしており、ジョークを理解するためには、国民性のステレオタイプとは何か知る必要がある。このジョークの例では、国家ステレオタイプはユーモラスな効果を生み出している。イギリス人、フランス人、そしてアメリカ人のステレオタイプの究極の単純化に笑いが生まれるということだ。では、次にスイスの新聞に掲載された、中国人の旅行者やビジネスマンに対応するためのアドバイスを書いた記事について考えてみよう。

■例2
　「No」は「Yes」という意味で、「Yes」には意味がないのが中国人のコミュニケーションスタイルである。例を挙げよう。

　　　スイス人：コーヒーかお茶はいかがですか？
　　　中国人：No, thank you.（ありがとう、でも結構です）
　　　スイス人：本当にお召し上がりになりませんか？
　　　中国人：No, thank you very much.（本当にありがとう、でも結構です）
　　　スイス人：でも、こんな寒い日にはコーヒーかお茶で体が温まりますよ。
　　　中国人：いいえ、お手をわずらわせたくないんです。

この中国人は、最初に答えたときからお茶を飲みたかったのだが、それを直接「欲しい」というのは中国では失礼なのだ。飲み物をすすめたとき、手助けを申し出たとき、そしてプレゼントをあげるとき、中国人は常に「No（結構です）」と言うだろう。これ以外のすべての質問に対しては、中国人は「Yes」と答えるだろう。(Muller, 2006)

　次の例は、日本貿易振興機構（JETRO）が作成した「西洋」のビジネスマンが日本でビジネスをする際、または、日本人の同僚と国際ビジネスをする際のアドバイスをまとめた小冊子からの例である。

■例3
　フランス人が100のことを言うのに、150のことを言葉で表現する。一方、日本人は70のことを言って、聞き手に100のことをを理解してもらおうと努力する。(JETRO, 1999: 9)

　例1のジョークと同様に、例2と例3が「意味を成す」のは、人間の性格を国民性のステレオタイプというものに簡略化しているからである。最初のジョークとこれらの異文化コミュニケーションへのアドバイスはまったく異なっているように見えるかもしれないが、3つの例には共通点が一つある。それは、どれもステレオタイプを引き合いに出すことで、意味を成すということだ。これらの例は、典型的な国家についてのステレオタイプである。単純化されたイギリス人、フランス人、アメリカ人、メキシコ人を指さして、笑いを誘おうとしている。また、例2では、スイス人と中国人、例3では、日本人とフランス人を取り上げて、異文化コミュニケーションについて教えようとしている。異文化コミュニケーションのためのアドバイスのようなものやジョークに好んで使われる国民性のステレオタイプは、完全に一方向から見ただけのものであり、いろいろな国の人々のアイデンティティの他のいかなる側面も反映していない。これらの例の中の国民性は、階級や性別、民族性、地域的背景、生活文化習慣、彼らが持つ他の個人的な側面を一切考慮しないものである。これらのジョークや、異文化コミュニケーションアドバイスの意図するところは国家アイデンティティ（国家についてのステレオタイプ）がすべてなのである。
　先に述べた3つの例が共通の効果を持つのは、国家のステレオタイプが共通に信じられているためである。国家に付随することが現代のアイデンティティに大変重要なことであるという考えは繰り返し作り出され、維持される。表面上は、このジョークと異文化コミュニケーションアドバイスは、まったく違った目的を持つように見える。ジョークの中心的な目的は、ユーモアを作り出し人々を笑わせることであり、一方、異文化コミュニケーションアドバイスのそれは、より円滑なコミュニケーションスキルを示し、国家の違いや多様性というものを認識することを助

けることである。しかし、このようにまったく違った目的を持っているように見えながら、実際にはアドバイスもジョークも、追加的な、そしてはっきりとしない働きがあるのだ。これらは、国家をキーカテゴリーとして保ちつつ、国家への所属を提示することで、アイデンティの他の側面を踏みつぶしている。そして、結果として、アイデンティティの他の側面を見えなくする、つまり、平凡なナショナリズムの例なのである。

5-3 平凡なナショナリズム

　平凡なナショナリズム（Banal Nationalism）は、「すでに確立された西欧社会の国々の再生産を可能にするためのイデオロギー的な習慣（ideological habits）を見えなくするもの」として、社会心理学者のマイケル・ビリッグ（Michael Billig）によって提唱された。多くの人々は、ナショナリズムを過激思想やドイツのナチやユーゴスラビアの崩壊といった国家への傾倒の極端な形だと考えている。しかし、ビリッグはナショナリズムとは、既存の国々のその土地特有の事情・様相であり、それは、日常的なことの中で、何度も何度も繰り返されて、ほとんど気づかないものであると指摘している。それゆえ、「平凡な」ナショナリズムと呼んでいるのである。人々を一つの国家で特定するのが、平凡なナショナリズムなのである。平凡なナショナリズムの例は至るところにあるが、それと認識されないことが多い。平凡なナショナリズムの言説は、国家機関から直接生じるのが一般的である。しかし、これらは国家機関とは関係ない主体によって取り上げられ、例えば、前述したジョークや異文化コミュニケーション指南といったパッと見ではナショナリズムとはまったく関係のないように見える幅広い言説の中に取り込まれている。このコンセプトを例示するために、2つの平凡なナショナリズムの例について詳しく議論しよう。一つは、学校教育という文脈で、もう一つは食品のパッケージと消費者に向けた広告業界のものである。

　平凡なナショナリズムの言説は、国家機関が実行することの中に埋め込まれていることが多い。子供たちが国家的なイデオロギーに順応していくその過程として、学校教育はその最たる例と言える。私たちが、国

家の一員となり、自分自身を国家として考えるよう教えられるのが学校である。アメリカの多くの公立学校で行われる、The Pledge of Allegiance（忠誠の誓い）が、よく引用される例である。この忠誠の誓いは、朝礼の一部となっており、直立し、国旗の方を向き、胸に右手をあて、次の誓いを暗誦するのである。

> 私はアメリカ合衆国国旗と、それが象徴する、万民のための自由と正義を備えた、神の下の分割すべからざる一国家である共和国に、忠誠を誓います。

世界の反対側、オーストラリアでは、多くの公立学校が週に一回、学校集会を行う。そこでは学校に所属する人が集まり、スピーチを聞いたり、パフォーマンスや表彰セレモニーを見たりする。そして全員での国歌斉唱が、この学校集会の中心的なパートである。さらに、他の例として、インドネシアの公立学校では、国旗掲揚の儀式を、毎月曜日と毎月17日に行う（毎月17日は8月17日の国家独立記念日を記念するものである）。パササン（Pasassung, 2004: 182-3）は、この国旗掲揚の儀式について次のように説明している。

> 国旗掲揚儀式に参加することは、学校に所属する人すべての義務である。これは、インドネシア全土の学校の公式かつ定期的な活動の一つである。式では、Pancasila（パンチャシラ建国5原則）という、唯一神への信仰、インドネシアの統一、民主主義と社会的公正を含む国家の哲学的な5つの基礎的考えと憲法前文が読み上げられる。国家的な英雄に追悼の意を表し、彼らのために祈ることも、この式の重要な部分である。式の参加者は、式の監督者（たいてい校長である）の後に続いて、パンチャシラの中の5つの項目を繰り返さなければならない。また、式では、この監督者にスピーチをする時間が与えられる。

このように、世界中の多くの学校において、国家アイデンティティへ

の誘導は「隠れたカリキュラム（hidden curriculum）」の一部を担っている。「隠れたカリキュラム」という言葉は、教育社会学の中で使われ、価値観、人間の性質、社会生活上、行動上期待されていることを学校教育の中で繰り返し教え、植えつけることを指す。しかし、明確な教育として教えられることではないこともある（このコンセプトの概要については Margolis, 2001 を参照）。先に述べた儀式的な活動に加えて、国家社会への順応も、世界の多くの学校における教育内容の一部である。例を挙げるとすると、生徒に読み書きを教えるときに使われる国の抒情詩、音楽や朗読の練習で教えられる国歌などが例として挙げられる。また、その国の言葉を教育活動における正式な唯一の言語媒体とすることで、その言葉を安定強化することも例として挙げられるだろう。国家への社会順応がどのように読み方や書き方の教育の中に取り入れられているかの詳細を解説するため、例4を見ることにしよう。例4は、シャーの時代もイスラム共和国となってからも、何世代にわたって多言語国家であるイランの小学校や、ペルシャ国外にあるペルシャ民族の人のための学校で使われる、ペルシャ語入門書の中の2ページ分の日本語訳である。右側のページは、ペルシャ語がアラビア文字で書いてあり、そのため右から左へ読むのだが、国とペルシャ湾のおおまかな地図があり、そして次のような抒情詩がある。

■例4

母なる大地

我々の国はイランである。
我々はイランに住んでいる。
我々はイラン人である。
イランの大地には、多くの都市や村がある。
都市に住むイラン人もいる。
村に住むイラン人もいる。
どこに住んでいようと、イラン人はイラン人である。
我々の母なる大地はイランである。

我々は、我々の母なる大地を愛している。

　左のページには、Farzandan-e Iran-im（私たちはイランの子供）という抒情詩がある。この抒情詩の後に、イランの様々な民族グループの民族服を着た子供たちの絵があり、子供たちは、輪になって踊っている。この絵は、国家民族の多様性とその統一を表しているのである。

　　イランの子供たち
　　私たちはほほ笑む花である
　　私たちはイランの子供
　　私たちの国は私たちの体のようなもの
　　私たちは、賢く、
　　注意深く、警戒心を持たなければならない
　　イランを守るため
　　私たちは強くなければならない
　　イランに繁栄あれ！
　　イランを自由に！
　　イランよ、私たちの心に喜びをもたらしてくれ
　　イランの子供たち！
　　Abbas Yamini Sharif[注3]

　国家アイデンティティを生み出す「私たちはイランの子供」という詩のパワーは、1989年にバハラム・ベイザイ（Bahram Beyzaie）監督によって作られたイラン映画『バシュ』（英語タイトルは The Little Stranger：小さなよそもの）[注4]で美しく表現されている。バシュ（Bashu）は南部イラン出身で、イランイラク戦争の間にみなしごとなった10歳の少年の名前である。彼はペルシャ湾沿岸の自分の家から逃げ出し、トラックをヒッチハイクし、2,000キロ近くもペルシャを北へと旅した。結局、北部イランの小さな村にたどりつき、小さな穀物倉庫に隠れていた。そこで、彼は村の女性に発見される。二人は、社会、文化そして言語的な隔たりで、互いを見つめ合うだけ。アラビア語を話す、トラウマを負った黒い肌の少年と、

少年にはまったく意味がわからないギラキ語を話す明るい肌の色の、生まれた村から外に出たことがない農婦で母親の女性。女性は、その小さな少年を動物でも捕らえるかのように捕まえようとした。彼女は少年に、一体何者なのか、動物なのか、なにか悪い化けものなのかと、彼女の言葉で質問した。少年は逃げようとしながら、悲鳴を上げた。とうとう女性は少年を追い詰めたとき、少年は抒情詩「私たちはイランの子供」を唱え始めた。このとき初めて、女性は少年が人間であることを認識したのだ。ペルシャ語入門書の中の国家的な抒情詩が、二人のきずなとなったのだ。二人ともイランの公用語であり、その詩が書かれた言語であるペルシャ語の知識は限られていたが、彼らは強い結びつきを形成し、女性はバシュを家族の一員として受け入れる。

　学校教育は、国家によって広くコントロールされており、それは生徒を国家社会に順応させるための目的達成手段であるという事実は、特に驚くべきことではない。しかし、平凡なナショナリズムの言説は、もっとそんなことが起こりそうもないところにも広がっている。ビリッグ (Billig, 1995) の例でも、テレビの毎日の天気予報は特に説得力がある。毎日の天気予報は、あたかも国境が天気のパターンにとても重要なもののように、その国の地図の上で示されることが普通である。また、平凡なナショナリズムはスポーツの中でも広く研究されている（例として、Bishop and Jaworski, 2003; J.C. Ong, 2009; Skey, 2006）などがある。スポーツ競技会は、一般的に国家の競争という枠組みを持つ。多くの観客は、より妥当な基準であるスポーツマンシップやゲームにおけるプレイの素晴らしさよりも、自分の国籍に基づいて、自国の選手を応援することが多い。また、平凡なナショナリズムの別の領域は、消費者広告にも見つけることができる。消費者広告では、国家のイメージと商品、サービス、消費活動一般が、効果的に結びつくように利用されている。同時に、消費者広告で国家的なイメージを使うことは、日常のありふれた空間の中での国家イメージの存在を増加させ、それゆえ、国家の所属物であるというイメージをたえまなく補強し続けている。図5-1の写真は、スイスのバーゼルにある店先の様子である。これらは、公共の建物というよりも商業用であり、国家シンボルの数は特筆すべきものがある。赤と白のバナ

図5.1 スイスのバーゼルの町並み

ーはスイスの国旗スイスクロスを表しており、黒と白のバナーは、バーゼルの司教の杖で州の象徴である。クレジットスイス銀行（Credit Suisse）の地方支店の比較的小さなサインも、また平凡な国家の印象づけの例である。毎日のようにここを通る人たちにさえ、ほとんど気づかれない光景として、国家の印象づけが行われているのだ。

　消費者広告に付随する平凡なナショナリズムの言説は、私たちの日常生活にも広がってきている。私はオーストラリアの食品パッケージに現れるオーストラリアという国のイメージの数々に焦点を当てて研究を行っている（Piller, 2010a）。そのうちの一つが、我が家の朝食のテーブルにも数え切れないほど登場しているコーンフレークの箱である。このコーンフレークの箱には、青い背景にポエムが誇らしげに印刷されていて、ポエムの周りには、いくつかのオーストラリアの象徴が並んでいる。青がオーストラリアの国の色であることは広く認められている。「a true blue Aussie」という表現は、「本物のオーストラリア人」を意味する。ポエムの中の単語は、オーストラリア国旗を背景とし、ポエムの中に出てくるすべてのオーストラリアのアイコンがその周りを取り囲んでいる。

国家のイメージと商品を関連づけることは、スイスや、他の多くの国同様、オーストラリアで広く用いられている広告戦略である。商品名サニタリアムというコーンフレークはその一例と言える。このコーンフレークの箱や、そして多くの類似商品のパッケージを通して、国家のシンボルが、スーパーマーケットの棚や朝食のテーブルといった毎日の生活に入ってくる。そして、こういった場所で、国家のアイデンティティを思い出させるものとして、流通し続けるのである。

　まとめると、平凡なナショナリズムの言説は、国家という枠組みを超えた広い世界に住んでいる人々をも、自分自身が特定の国家のメンバーだと考えるようにさせるのだ。平凡なナショナリズムの言説は、私たちが自分自身を、その国家の手法で認識するよう教育をする。例えば、インターネット上で発信される国歌や国家に関するビデオやイメージへのコメントに示されているように、我々の感情の構造の一部となるのだ。例として「I Am Australian（私はオーストラリア人）」という歌の演奏に関して書き込まれたコメントを見てみよう。これらは皆、国家アイデンティティに対する深い感情を表現している。[注5]

BlueD0g：オーストラリア人であることを誇りにしている。いつも同じような震えが背骨に走り、涙が浮かぶ。今すぐふるさとに帰りたい。オーストラリアが恋しい！

xoxog0ssipgilxoxo：どこに行こうとも、オーストラリア人である限り、いつもオーストラリア人であろうとするだろう。オーストラリアを自分のふるさとと呼べることに誇りをもっている。

BBFCPlayer16：私はオーストラリア人。〈略〉なんて愛すべきのんびりとした人たちの集まりなんだろう。それは私たちがみなオーストラリア人だからだ。

　このようなコメントをしている人々のコミュニティへの感情は本物であることは明らかであるが、彼らが属しているそのコミュニティはイメ

ージでつくられたものだ（B. Anderson, 1991）。これは、ある国のメンバーが自分自身をイメージしたものであり、そして、また他のグループのメンバーによるその国のイメージである。しかし、そのグループそのものが巨大すぎて、「リアル」なコミュニティとは言い難い。言い換えると、自分のグループのメンバー全員を知っている者などいないということだ。批判理論学者は、特定の人物像――ここでは国家を意味するが――へ社会的な順応として、どのようにアイデンティが社会的に構築されるのか、そしてそれが、どのように本質的に社会の中の力関係に結びつくのかについて広く論じてきた。我々が「国民」となり、特定の国家アイデンティティというイデオロギーと共存することにより、「私たちはどんな人生でも自由に選んでいるという幻想の下に存在している」（Widdicomble, 1998: 200）。

このセクションでは、国家アイデンティティは、広く世間に流布しているものであるが、推論的な解釈にすぎないことを示してきた。この考え方は、多くの現代社会学の基本である。しかし、国家アイデンティティが動かぬ事実として扱われる傾向にある異文化コミュニケーションの文献の中で、この基本的なことが認識されることはほとんどない。実際、多くの異文化コミュニケーションアドバイスは多様性や相違に対しての柔軟性を持たせるという役割を果たしていない。これを踏まえ、次のセクションでは異文化コミュニケーションアドバイスを平凡なナショナリズムの例として検証していく。

5-4 異文化コミュニケーションアドバイス

3-4 では、現在の異文化コミュニケーションの研究はアメリカ軍や外交関係者の海外任務に向けてのトレーニングの必要性から生まれたことについて触れた（Leeds-Hurwitz, 1990）。実用的な事柄に焦点が当てられた結果、文化と国家と言語を合成したものを扱った異文化コミュニケーションの研究が多い。非常にシンプルな同一視である。オーストラリア文化は、オーストラリア文化の表現媒体であるオーストラリア英語が使われているオーストラリアに、中国文化は、中国文化の表現媒体である中

国語が使われている中国国内に、ザンビア文化は、ザンビア文化の表現媒体であるザンビア語が話されているザンビア国内で見つけることができる、という考え方が主流だ。読者の中でも、これらの国々についてよく知っている人は、ここに書いたことが馬鹿げていることにお気づきだろう。オーストラリアについて言えば、オーストラリアは、移民率が非常に高い国で、2001年の国民統計で16％の移民が家庭内では、英語以外の言語を話す。しかも、都市部のシドニーやメルボルンでは、さらに高い数値が出ている。中国に関しては、2つの国が「中国」であることを主張している。一つは「中華人民共和国」の中国本土、もう一つは「中華民国」の台湾である。さらに、中国人の海外移住が続いているため、東南アジア全土に、そして最近では世界中に、祖国を離れた中国人たちのグループが確立されている（A. Ong, 1998）。ザンビアについて言えば、ザンビア語と呼ばれる言語は実際には存在しない。そして、ザンビア共和国は40以上のそれぞれが独自の言語を持つ異なった民族の故郷でもある。しかし、ほんの一握りのザンビア人が英語を話せるだけで、読み書きができる人はさらに少ないにもかかわらず、ザンビアの公用語は英語である（E. Williams, 2006）。

　これらの例から、文化を国家や言語と同一化させることは間違っていることがわかる。にもかかわらず、異文化コミュニケーションアドバイスの書物では、この同一化が基本となっている。文化と国家や言語の同一化は言説的に行われる。最も明らかなものは、異文化コミュニケーションアドバイスの書物のタイトルのあちこちに見られる。「文化」と「国家」を一緒にしているケースだ。この例の中には、ホールの古典的著書『Hidden Differences: Doing Business with the Japanese（隠れた違い：日本人とビジネスをすること）』（Hall and Hall, 1987）、または『Beyond Chocolate: Understanding Swiss Culture（チョコレートの向こうにあるもの：スイス文化を理解する）』（Oertig-Davidson, 2002）、「Communication with Egyptians（エジプト人とのコミュニケーション）」（Begley, 2003）、「Conflict management in Thai organaizations（タイの団体での問題：衝突マネジメント）」（Rojjanaprapayon et al., 2004）、「The Chinese conceptualizations of face: emotions, communication, and personhood（中国人の面目に対する概念：感情、コミュニケーション、人柄）」

(Jia, 2003)といった最近の著書も挙げられる。国家を文化の範疇で考えるもう一つのやり方は、異文化コミュニケーションのアドバイスを詳しく載せたウェブサイトにも見られる。そこでは、ほとんどの場合、コミュニケーションにおけるアドバイスが国名か国旗のリストの形で整理されている。あるサイトでは、エントリーページに世界地図があり、北アメリカ、ヨーロッパ、アジア、南アメリカ、アフリカ、オーストラリアとオセアニアといった大陸の名前がその周りに書いてある。例えば、南アメリカをクリックすると、左上に明るい感じで Welcome to South America（南アメリカへようこそ！）と挨拶が書かれたページへと変わる。バナーの上には「異文化コミュニケーション（Cross-cultural communication）」とあり、大陸のタブが引き続きそのページにも現れる。南アメリカのスクリーンの多くを、南アメリカ大陸にある国々の国旗のイメージが占めており、国旗にはその国の名前が注として付けられている（このウェブサイトでは、中央アメリカの国々は北アメリカ大陸のページの下に分類されている）。国旗はアルゼンチンからベネズエラまで、国の名前のアルファベット順に並んでいる。この中で、たった2つの国（ブラジルとチリ）だけがクリックでき、その国についての簡単な情報がある国別のサイトに進むことができる。その情報のトピックは、「好ましい公共マナー」「ビジネスの服装」「会話とネットワーキング」「会議、プレゼンテーション、交渉術」「ディナー作法」、そして「その他」である。ブラジルとチリのみが、国別サイトを持っていることから、その他の南アメリカの国々の国旗や国名のリストは、不必要なものであると考えられる。全般的に、国旗と国名のアイコンに伴ったコミュニケーションにおけるアドバイスは、コミュニケーションのスタイルが国家に基づいたものであるという印象を生み出している。

　異文化コミュニケーションについてのアドバイスが国ごとに編成されていることから想定できるように、その国の特有の情報が及ぼす影響は、一つの国には一つのステレオタイプに当てはまるまったく同質な人々が存在し、皆同じ行動をするというイメージ形成だ。例えば、先に述べたウェブサイトの「中国」のページには次のような情報が含まれている。

○ ジェスチャーや、変な表情を最小限に抑えること。中国人は、話すときに手を使わず、手を使って話す人を嫌がる。
○ 体の接触を避けること。中国人は、知らない人に触れられることが嫌いだ。
○ 姓に敬称をつけて呼ぶこと。例えば、Mr、Miss、Madam など。そして姓をつける。
○ 多くの中国人は英語名を持っている。これは、北米人たちが彼らを呼びやすくするためである。
○ これらの英語名は、往々にして変な名前だ。中国人は、自分の英語の名前を他のよくある名前と区別したがる。
○ 中国について勉強せよ。文化や、歴史、地理について学ぶとよい。中国人は、その努力を喜ぶ。

　これらの説明の中で、数量が示されているのは一つだけである（「多くの中国人」）。それ以外は、数量は示されていない。そのため、これらの説明は12億人の「中国人すべて」は統一されたグループで、同じような行動をし（例えば、話すとき身振り手振りを使わない）、そして、同じような感情（嫌がる、嫌い、喜ぶ）を持っているという印象を作り出す。我々は繰り返し平凡なナショナリズムの言説を聞かされているため、このような説明がいとも容易に受け入れられ、広がってしまう。私自身の中国出身の友人や知人について述べると、ジェスチャーをたくさん使う人もいれば、挨拶としてハグをする人もいるし、英語名を使っていない人もたくさんいる。また、中国人が自分たちの文化や歴史や地理を学ぶという努力に対して感謝する、ということはそんなに特別なことなのだろうか。私の経験からすれば、中国人以外でもほとんどの人々がこのような努力に感謝する。

　結論から言うと、多くの異文化コミュニケーション学問と異文化コミュニケーションアドバイスの文献が、あらかじめ定義された国家というカテゴリーを調査のベースにしている。この傾向は、異文化コミュニケーション領域の著者に顕著である。なぜなら、平凡なナショナリズムには浸透力があるからだ。異文化コミュニケーションの学問も、世の中に

広く流通している言説（平凡なナショナリズム）を批判的に分析するというより、むしろ再生産している。異文化コミュニケーションの文献において、国家を文化の土台として扱うという学問上の正当性は、オランダ人の心理学者ヘールト・ホフステード（Geert Hofstede）の研究に基づいている。ホフステードの研究は続く 6-2 で紹介する。ここでの私の主な関心と議論は、異文化コミュニケーションについてのアドバイスが、国家を文化の基礎単位とするという単一の、そしてエッセンシャリスト（本質主義）的な考え方を前提としていることが、平凡なナショナリズムにすぎないということである。これは、人々が持つ違いや多様性を正しく理解・評価する上で、有効とは言えない。インドネシアでの国旗掲揚儀式や、スイスのショッピングセンターがたくさんの国旗を掲げ崇めるような、平凡なナショナリズムの事例と多くの類似点があると言えよう。これらの考え方は、理論的にも現実的にも、不適当である。理論的に不適当な理由は、個々の多様性についての認識がないことである。私たちは単に国家の一員ではない。また、それと同時に、人生の中の様々なポイントで、その他の多くのアイデンティティをも受け入れ、演じるのだ。現実的にそれらが不適当な理由は、グローバリゼーションとトランスナショナリズムが主流となる時代がやってきて、国家アイデンティティそのものが揺らいでいるからである。

5-5 グローバリゼーションとトランスナショナリズム

この章で示してきたように、国家とは、言説的構築（discursive construction）である。しかし、これは国家が重要ではない、ということではない。私はスイスのバーゼルに住んでいたことがある。バーゼルはフランスとドイツの国境沿いに位置する。ここでは食品の買出し（ドイツの方が安い）や、子供の友達の誕生日に行くとき（子供の学校の友達の多くはフランスに住んでいた）などの日常生活の中で、毎日のように国境の存在を実感させられた。また、国境の存在はドイツのパスポートを持つ私にとって、ドイツ国民というアイデンティティを思い出させるものだった。特に国境を越えるときのためにこのパスポートを車の中に常備する

必要があった。これらの国家アイデンティティを思い出させるものや国家への属性は、私のインド人の友人と比べると幸運な方であった。インド人の友人は、パスポートの提示だけでは国境を渡ることはできなかった。それどころか、私の友人はフランスやドイツに入国したいときは常に、まずスイスの首都ベルンに行かなければならなかった。そして、シェンゲン地方に行くためのビザをヨーロッパ連合加盟国の大使館のどこかで申請する必要があった。シェンゲン地方は、15のヨーロッパの国々の連合で、それらが一つの「ビザ地域」を構成している。そして、スイスはそのヨーロッパ連合には加盟していないのだ。ビザの申請には、申請料、書類手続き、様々な証拠の提示、大使館の外でも非常に長い時間列に並ばなければならない。当たり前のことだが、彼女は安い食品のためにドイツの食品店に行ったり、子供をフランスでの誕生日会に行かせたりするようなことはしなかった。このような国家の法律手続きによって、私と友人は、それぞれドイツ人またはインド人という国家アイデンティティを強力に構築させられたのだ。私たちはスイス人ではない、ドイツ人とインド人だ、ということが自分たちのアイデンティティの最も重要な面となったのである。おわかりのように、国家アイデンティティは確かに存在し、非常に強力なものである。しかし、この実在する国家アイデンティティは、異文化コミュニケーションアドバイスの文献の中で想定されているものとは、かなり違った機能を持つのである。異文化コミュニケーションにおいては、国家アイデンティティは、組織的な手続きのベースというよりも、個人のスピーチスタイルや行動、コミュニケーション方法などのベースになると考えられている。実際には、スピーチスタイル、行動、価値やコミュニケーション方法といった異文化コミュニケーションアドバイスの中心要素は、グローバリゼーションとトランスナショナリズムを背景として、どんどん国家というものから分離している。今日の世界では、官僚的な手続きの「パスポートアイデンティティ」は安全保障上の懸念の深刻化に伴って、強制力を増している。しかし、文化やコミュニケーション方法、価値観などは、より多くの人々が旅行をしたり、移住をしたりするに伴って、そして中和した文化が世界に広まることにより、より希薄なものとなってきている。

我々がどのように世界へ繋がっているのかという状態を考えると、一つの国家の文化というのは、それ単独では存在しないのだ。例えば、CNN トラベラーという雑誌記事の中でタイ人情報提供者がタイ文化について、アメリカ人のジャーナリストに次のように述べている。

> タイ人は、カウボーイ映画が好きだ。カウボーイと自分たちを同じだと感じている。私たちは『駅馬車』や『ワイアット・アープ』を見ながら育っている。私が初めて見た映画は、ジョン・ウェインの『リオ・グランデの砦』だった。「You must learn that a man's word to anything, even his own destruction, is his honour.（すべての言葉、そしてその人の破滅さえも、その人間の名誉であることを学ばなければならない）」。タイ人は映画のある台詞を引用した。(Taylor, 2006: 54)

この例も、平凡なナショナリズムの一つである。同じ点を指摘するために、いくつもの例を上げることもできる。読者の皆さんも、文化が絶え間なく変化するもので、また文化接触によって肥沃なものになるということを示す例を自分でも挙げられるだろう。私たち一人一人が、いわばいろいろな文化に属している、そしてこれらのすべての組み合わせが少しずつ違うものと仮定して、それゆえ、ホリデイら（Holliday et al., 2004: xv）のように、すべてのコミュニケーションが異文化コミュニケーションであると論ずることが可能である。人々は文化スタイルを超えて生活し（Rampton, 1995）、文化の融合の中に存在しながら（Pennycook, 2007）、第三の文化の一部でもある（Tokuhama-Episonasa, 2003）。そして、その融合は非常に高い分析価値を持ち合わせている（Meher, 2010）。そのような社会において、先に例を挙げたような国家に焦点を絞った異文化コミュニケーションについての均質化したアドバイスは、ステレオタイプだけではなく、時代遅れでもある。文化の異種交配、文化の融合、第三の文化、ハイブリッド文化を探求することは、文化は単一であるという多数派意見への挑戦だと受け止められることがある。しかし、ホリデイ（Holliday, 1999）が議論したように、この多数派意見も、やはり国家や民族をその出発点としているのだ。ホリデイはこの多数派意見を「大きな文化（Big cultures）」と定義し、今は「小さな文化（Small culture）」へ焦点が移行していると議論している。我々はしばしば「企業文化（company culture）」や「家族文化（family culture）」について話す。このようなグループも「小さな文化」志向のフォーカスなのである。「小さな文化」は、何かを行う際の、「ある社会的なグループの中で何かをする際の結合性あるふるまい（cohesive behavior）に関係している」（Holliday, 1999: 241）という特徴を持つ。私が先に議論したように、本質主義と文化の具体化に意義を唱えることにより、学界や一般社会で異文化コミュニケーションについて書かれてきたことや話題にされてきたことが疑問視されることになるとホリデイは主張している。

　グローバル化したトランスナショナルな世界では、すべてのコミュニケーションが異文化間のコミュニケーションであると考える学者も少なくない（Holliday, 1999; Holliday et al., 2004）。また、他の学者たちは、言説が時間、場所にとらわれず世界をめぐるようになるとともに、異文化コミュニケーションというコンセプトがもう完全に意味がないものになっていると結論している（Kramsch and Boner, 2010）。世界中をイメージ、言説、アイデア、ライフスタイルが流れているため、異なった文化的背景を持つ人同士のコミュニケーションが異文化コミュニケーションであるという固定概念は、疑問視されるようになった。そして、実際に人々もまた世界を移動するのである。前者は、しばしばグローバリゼーションというテーマとして議論されて、後者はトランスナショナリズムというテーマとして（または移民研究）で議論されている。ここで、アメリカ―メキシコ間のトランスナショナルな移民につての詳細なケーススタディを紹介し、国家がベースとなっている異文化コミュニケーション研究の示唆するものについて、さらに見ていくことにする。

　メキシコ移民は、アメリカにおける一つの均質なグループと考えられることが多い。しかし、私がこれから紹介する研究のタイトルには、「メキシコ人移民」という言葉も「アメリカ合衆国」という言葉も出てこない。マーシア・ファー（Marcia Farr, 2006）の15年間の長期的な取り組みは「Rancheros in Chicagoacan」というタイトルがつけられている。タイトルの「ランチェロス（Rancheros）」は、彼女が研究を行ったトランス

ナショナルな人々が自分たちをそう称し、Chicagoacan は彼らが住み着いた場所の名前である。ランチェロスの文字通りの訳は、rancher（牧場主）であり、アメリカ大陸での牧場主の出現は、ヨーロッパ人の移住と、その中でも特に牛の牧場の発展に関連している。北アメリカのカウボーイとランチェロスは「文化的ないとこ」なのである。ランチェロスは西メキシコの農村住民の中でよく知られたグループである。西メキシコでは、彼らは大地主とも原住民の小作農とも違っている。ランチェロスは自分たちの文化規範と風習・慣習を持っている。ランチェロスがメキシコの農村住民の中で他とは違う副次的なグループであるという認識を喚起させることが研究者のリサーチ目的であった。グループの中での個々のアイデンティティや言語習慣に関する研究者の主張を読むと、メキシコ人を一つの文化グループとすることがいかに無意味かがはっきりしてくる。さらに、ランチェロスそのものが単一のグループではないのだ。筆者は次のように指摘している。「ヒスパニックが多様ならば、メキシコ人も多様だし、ランチェロスもまた多様なのである」（Farr, 2006: 270）。ジェンダーは特にこの集団内のバリエーションの鍵である。そして、ジェンダーアイデンティティそのものが、移住というコンテクストの中で変わっていく。移住する際には、妻に家庭をまかせ夫が働きに出るということが一般的と考えられているが、実際は女性がシカゴの工場で給与をもらい雇用されるという事実が浮かび上がった。このことにより女性が家の中の責任と権威を持つことになる。責任と権威を持つのは、このコミュニィティにおいて、伝統的には男性である。このようなランチェロスの生活は、異文化コミュニケーションのウェブサイトにある偽科学的なものとは、はるかにかけ離れている。ウェブサイト[注9]では、メキシコ人とコミュニケーションするときにどのようにすればいいか、次のように書いてある。

　　メキシコ人は、個人主義の度合いが低く、ランクも30位である。このランクは、平均21位の他のラテンアメリカの国々よりも若干高い。この値は、この社会が個人主義（Individualist）というより集団主義（Collectivist）であることを示唆している。「グループ」、つまり家

族、親戚、またもっと広い範囲の関係のグループなどのメンバーとして、密接で長期間にわたり忠実であることからも、これは明らかである。集団主義文化における忠誠心は最も大切なもので、その重要性は、他の社会的役割や規則をはるかにしのぐ。個々人が、自分が属するグループのメンバーに対して責任を持つ。この強固な関係は、社会が育てているのだ。

研究者は、15年にわたり移民のランチェロス家族たちに密着し、それらの家族のメキシコまたはアメリカでの家庭を観察し、ほぼ200時間に及ぶ自然な会話を録音し分析した。ファーは自分の観察対象者の価値観が非常に複雑であったことを知る。先に述べた集団主義者についての言葉と直接比較すると、「franqueza（率直さ）」が、このコミュニィティで非常に大切なものであるということが見えてきた。率直さは、個人主義を表すものと考えられており、ある人を唯一の個人として確立し、自分自身を正当化することと同時に、家族の中での地位や居場所を守るという2つの目的を果たしている。

> ランチェロスの間で個人主義と家族主義の両方の重要性が確認されたことは、一般的にアメリカ人は個人主義で、メキシコ人は家族主義といった二分に対立しているとするステレオタイプを崩壊させた。メキシコ人が共同社会的（もっと極端に言うと服従的共同社会）だとする根拠のないステレオタイプは、すべての農民をインディアンとして一般化したこと、また逆に、インディアンをコミュニィティ志向の、自分たちとは異質な団体として、一般化したこと（もしくは、感傷的に考えたこと）から生まれようだ。（Farr, 2006: 269-70）

ランチェロスの移住先であるアメリカもまた、神話に出てくるような均質の国家ではない。多くのランチェロスは、人生のほとんどの時間を「el Norte（北）」とアメリカで呼ばれるシカゴ市街地周辺に住んでいる他のメキシカンスパニッシュの共同体の中で過ごす。この共同体は極めて結束が強い。この移民居住地域をランチェロスは Chicagoacan と呼んで

いる。これは、彼らが目指した街シカゴと彼らの出身地 Michoacan が混ざったものである。話をさらに複雑にするが、ファーの研究対象者たちは、単に Michoacan からシカゴへ移住しただけではない。彼らは、新しい居場所や新しいコミュニティを作っただけではなく、故郷と移住先の間を行ったり来たりして、ある一定の規則性を持った「re-migrate」という移動を繰り返し、トランスナショナルな生活を送っていたのである。

　本題に関わるところの結論を言うと、異文化コミュニケーション研究は、グローバリゼーションとトランスナショナリズムと連動しなければならない。そして、これらを探求の中心に置かなければならない。グローバリゼーションとトランスナショナリズムは異文化間の出会いの可能性を指数的に増加させただけではなく、私たちが異文化コミュニケーションについて調査する際に、どのようにアプローチするかという方法をも変化させた。グローバリゼーションとトランスナショナリズムによって、国家をもとにした異文化コミュニケーションのアプローチがいかに古臭いものかが、際立つようになってきた。より根本的だが、この2つの流れは、異文化コミュニケーションが何を意味するのかをもう一度考えさせる。グローバリゼーションとトランスナショナルな移動の結果、すべてのコミュニケーションが異文化コミュニケーションとなったのだろうか？　それとも、力のある文化の言説をそれが普遍的文化として他の文化に押し付けたために、異文化の違いが目立たなくなるという結果になったのだろうか？　異文化コミュニケーションは意味のある概念であり続けると私は考える。しかし、次のような新しい研究問題に焦点を合わせる必要がある。それは、どの文脈で、何の目的で、誰が、誰に、文化を関連づけようとしているのか？　異文化コミュニケーションに関するアドバイスの文献の大きな部分を占める平凡なナショナリズムを克服するために、先に説明したメキシカンスパニッシュコミュニティの研究のようなコミュニケーションとアイデンティティのエスノグラフィー研究が非常に重要性を持つ。異文化コミュニケーション研究において、平凡なナショナリズムから生まれてくる妄説は、文脈の中の言語、文化そしてコミュニケーションを研究することによってのみ避けることができる。

5-6 本章のまとめ

本章では、以下の要点を主張した。

○ 異文化コミュニケーションには、ステレオタイプが隠れていることが多い。異文化と遭遇する際に、私たちは互いにステレオタイプを通して近づく。バックグラウンドが違う人との交流を意味があるものにするためには、ステレオタイプ――意図された一般化――とは何かを理解する必要がある。ステレオタイプを「一般化の道具」として使うことは無駄であるだけではなく、他の人と交流する能力を損なうことになる。

○ 平凡なナショナリズムは、頻繁に使われるステレオタイプ化の手法であり、それらはしばしば気づかないこともあるが、日常生活の中で平凡なナショナリズムは至るところにありふれていて、我々は国家に属していると思いこませる。この国家社会化は、異文化と接触する場面に、我々が持ち込む障害の一部である。

○ 異文化コミュニケーションについてのアドバイス本における多くの部分は、平凡なナショナリズムの実体化以外のなにものでもない。このようなアドバイスは、異文化コミュニケーションについて教えようとしているが、国家的な見地から世界を見ているにすぎない。国家アイデンティティは本質主義的で均質であるステレオタイプにすぎない。

○ グローバリゼーションとトランスナショナルな移民の存在は、国家ベースのアプローチをベースとする異文化コミュニケーション学へ疑問を投げかけている。メディアが世界中の文化様式や文化価値を広めるに伴い、またより多くの人が、旅行したり旅行者を受け入れているという現実を考えれば、異文化コミュニケーションそのものを流動的リソースと考えることが最善であろう。そして、「どんな目的で、どんな文脈で、文化を誰に関連づけようとしているのか」を問うことが、意図的に行われるコミュニケーションの本質の理解を深めるのに重要である。

5-7 参考文献

　ビリッグ（Billig, 1995）の著作は読む価値がある。『The Handbook of Language and Globalization』（Coupland, 2010）もグローバリゼーションとコミュニケーションについてたくさんの視点を提供している。その中に収められた論考の一つで、マーハ（Maher, 2010）は、事実と架空のものとしてのグローバルな文化の流れと融合について書いている。ホリデイら（Holliday et al., 2004）は、異文化コミュニケーションの資料のコレクションであり、国家ベースのアプローチで、またはそれを超えて、異文化コミュニケーションについて考察している。

5-8 アクティビティ

■あなたの周りの平凡なナショナリズム

　一日の行動の中で気づいた平凡なナショナリズムの例を記録してみよう。可能であれば、デジタルカメラや携帯電話を使って、キャンパス、路上、公共交通機関、ショッピングモールなどで見つけた、国の名前、国旗、その他の国家イメージなどを撮影しよう。また、普段の生活の一部（例えば、仕事中、食事中、勉強に使う教材の中で、メディアなど）で、自分が「国家に所属している」と感じさせるようなものを記録する。データを収集した後に、自分が想定していた平凡なショナリズムの頻度と、実際のデータがどう違うか検討してみよう。データの中に見つけた、今までそれとは気づかなかった平凡なナショナリズムがあるか検討してみよう。また、遭遇した平凡なナショナリズムの事例の中で、誰が含まれていて、誰が除外されているのかを考えてみよう。

■異文化コミュニケーション関連ウェブサイトでの平凡なナショナリズム

　異文化コミュニケーションに関するアドバイスを提供するウェブサイトまたはスマートフォンのアプリを一つ選んで、文化のどの部分が、そのデザインの中に組み込まれているか分析してみよう。どのようにして、それは組み込まれているのか（例えば、地図、国名リスト、または国旗が分類

するためのものとして使われているか、など）を考えよう。もし、文化を規定するものが国家でない場合は、それは何か。もしこのアクティビティをより実質的な研究にしたいのであれば、クレスとヴァン・リーウェン（Kress and van Leeuwen, 1996）を読むことをおすすめする。

■生活の中のグローバルとローカルの分岐点

一日の中で発見した、グローバルなものとローカルなものについて、詳細な記録をつけよう。自分が使っているものはどこから来ているのか（例えば、洋服、食べもの、家具、本、コンピューターなど）。それらの多くは、複数のソースを持つだろう（例えば、洋服がある場所でデザインされており、素材は他の場所で生産された物で、縫製もまた他の場所で行われている）。あなたの生活の中の物のすべてのソースを特定することができるだろうか。考えや習慣などはどうだろうか。どこからそれらは来たのだろうか。記録に基づき、グローバルなものとローカルなものの分岐点について短いエッセイを書いてみよう。

注

1　http://www.ovalbooks.com/xeno/index.html 2013年10月12日に最終アクセス
2　いずれのリンクも、2013年10月12日に最終アクセス
3　Abbas Yamini Sharif（1919–89）は革新的教育者で、児童書も多く出版した。以下のウェブサイトには彼の自伝と詩（英語訳）が掲載されている。
　http://www.yaminisharif.net 2013年10月12日に最終アクセス
4　http://www.imdb.com/title/tt0096894/ 2013年10月12日に最終アクセス
5　http://www.youtube.com/watch?v=jD3SkTyXzcE
6　http://www.ethnologue.com/country/ZM 2013年10月12日に最終アクセス
7　http://business.uni.edu/buscomm/InternationalBusComm/Crosscultural.html 2013年10月12日に最終アクセス
8　http://business.uni.edu/buscomm/InternationalBusComm/world/asia/china/china.html 2013年10月12日に最終アクセス。
9　http://geert-hofstede.com/mexico.html 2013年10月12日に最終アクセス

第6章
職場での異文化コミュニケーション

6-1 本章の目的

　グローバリゼーションの状況下にあって、異文化コミュニケーションの問題は、現代のビジネスコミュニケーションの分野の至るところで議論されており（この分野がいかに急成長したかは3-4を参照）、経営学を修める大学院生にグローバルヴィレッジでのコミュニケーション能力をつけさせることの重要性は、もはや自明の理となった（Goby, 2007）。『The World is Flat（フラット化する世界）』（2006）は、グローバリゼーションを扱ったベストセラーだが、この本の著者であり、ニューヨーク・タイムズ紙のコラムニスト、トーマス・フリードマン（Thomas Friedman）はグローバリゼーションを手際よく三段階に区分している。グローバリゼーションの第一段階は、国際化を進める国々が主導しておこり、グローバリゼーションの第二段階は、国際化を進める企業が主導しておこり、グローバリゼーションの第三段階は、自らを国際化しようとする個々人が主導して起こる。異文化コミュニケーションへの関心は、グローバリゼーションへの反応であると同時に、その一つの局面でもある（5-5を参照）。このため、本章は異文化間のビジネスコミュニケーションを3つの異なる段階に沿った構成としているが、この構成はフリードマンの唱えるグローバリゼーションの段階にもうまく適合する。異文化コミュニケーションという研究分野が登場したのは、1940年代である。当時の研究者たちが関心を寄せたのは、コミュニケーション様式の国民性を国別に比較し、こうした比較に基づいて、実際のやりとりを予測することであった

(第5章も参照)。この段階は「異文化間ビジネスコミュニケーションの第一段階」とも呼べるものであり、この段階に最も影響力の大きかったのがオランダ人心理学者のヘールト・ホフステード（Geert Hofstede）である。ホフステードは、大規模な国別比較研究を行った。これは5つの文化的価値だけを一組にした国別の分析であり、この研究は現在でも異文化コミュニケーション研究に影響を与え続けている。1980年代に入ると、新たな研究動向が生じ、国際的な企業におけるコミュニケーションに研究者の関心が集まるようになった。「異文化間ビジネスコミュニケーションの第二段階」で研究の中心となったのは、中欧やスカンジナビア諸国の多国籍企業であった。「異文化間ビジネスコミュニケーションの第三段階」は最近の研究動向だが、ここで中心となるのは個人であり、特にコールセンター業務など、異文化間でのコミュニケーションを担当するために採用される人員が登場する。時代によって研究者の焦点はネイション、企業、個人と推移してきたが、その一方で、新たに生まれた焦点と既存の焦点が結びつき、今日では3つの焦点すべてが混在している。実際のところ、この3つの焦点は混在するだけでなく、重複し、互いが互いを特徴づけるものでもある。

　第6章では、以下のような内容の習得を目指す。

○異文化間ビジネスコミュニケーションの研究手法の概要をつかみ、それぞれの手法の形成が、いかにグローバル化の様態変化に促されたものであったかを捉えることができる。
○ネイションの文化的価値という考え方を理解し、異文化間ビジネスコミュニケーションに関する助言を与える文書に見られる本質主義や極端な一般化に対して、批判的に取り組むことができる。
○労働人口の多文化化によって、言語の面ではどのような課題が生ずるのかを識別し、現行とは異なる社内言語方針を取り入れた場合、相対的にどのような利点があるのかを評価することができる。
○企業の異文化コミュニケーションを、言語労働者の遂行する業務として理解できる。
○変化を続ける経済状況下にあって、異文化間ビジネスコミュニケーシ

ョンの変化の結果として、実際に、もしくは理論の上でどのような課題が生ずるか検討することができる。

6-2 ネイションの文化的価値

　異文化コミュニケーション研究の基盤には、ネイションが文化的差異の中心にあるという考え方がある（3-4 および第 5 章を参照）。この分野の研究はもともとアメリカで始められたものだが、この他にも、オランダ人の心理学者ヘールト・ホフステードの業績が重要である（Hofstede, 2001; Hofstede and Hofstede, 2005）。ホフステードは IBM の精神分析医として働き、この仕事を通じて 40 カ国 10 万人を超える IBM 従業員から集めたデータにアクセスすることができた。このデータは、従業員の態度を把握できるよう考案されたアンケート方式によって収集された資料だった。ホフステードは特に、集団的な価値観の違いに関心を持ち、1980 年に出版した著書の初版においては、この 10 万件強のアンケートデータをもとにして、まずは 4 つの価値志向を区別した（2001）。具体的には、権力格差（power distance）、個人主義（individualism）、男性らしさ（masculinity）、および不確実性の心理的回避（uncertainty avoidance）である。ホフステードはこの後、中国でのデータ収集を行い、第 5 の次元として、長期的志向（long-term orientation）を付け加えた。

　権力格差は、ある社会における不平等のレベルおよび権力配分の不均等が社会の構成員によって容認される程度の参照となる指標（インデックス）である。個人主義は、ある社会における結びつきのレベルを指し示し、個々人が独力で生きて行くことが期待されているのか、あるいは集団のメンバーとして行動することが期待されているのか、といったことをはかる指標である。男性らしさは、ある社会においてジェンダーロールが差異化されうる程度を示す指標である。不確実性の心理的な回避とは、ある社会が不確実性や曖昧さといったものをどの程度受け入れるのか、あるいは明確な規則を定めることにより、当該社会が不確実性や曖昧さをどの程度抑え込もうとしているかを示す指標である。最後に、長期的な志向とは、ある社会が節約や現状への忍従にどの程度価値を置

くのか、それに対して、短期的な目標——社会的義務の履行など——に合わせた調整にどの程度価値を置くか、を扱う指標である。[注2]

　IBMの従業員から集めたデータに基づき、ホフステードは各指標のスコアを50カ国[注3]および3地域（アラブ、東アフリカ、西アフリカ）にわたって計算した。ホフステードのウェブサイトをさっと見渡しただけでも、平凡なナショナリズムの典型的な特徴を読み取ることができる（5-3および5-4を参照）。左側のフレームにはネイションステート名が並び、これをクリックすると、その国の「スコア表」が表示され、その下に「文化の次元 (cultural dimensions)」の解説が続く。つまり、ネイションと「文化の次元」とは、一対一の呼応関係を持つものとして提示されている。文化の次元のナショナルな側面は、国ごとの体裁が、すべて右上に国旗をあしらった同じページレイアウトであることによりさらに強調されている。一例として、中国に関する記述は以下のようなものである。

　　ヘールト・ホフステードによる中国の分析では、長期的志向（LTO）が118で最も高位にランク付けされており、これは他のアジア諸国の文化にも共通する特徴である。この長期的志向は、ある社会の時間の捉え方と現状を忍従する態度、つまり、意志や力強さによってではなく、時間をかけて障害を克服するという態度を示している。〈中略〉中国人は他のアジア諸国と比べて個人主義（IDV）の志向が低く、平均24に対して20であった。このことは、共産党支配のもとで、個人主義の社会よりも、集団的な社会が強調されることに一因があろう。個人主義のランクが低いことは、家族であれ、親戚や姻戚関係であれ、広い意味での人間関係であれ、構成員（グループ）と緊密に関わるということに明らかである。集団主義的な文化において、忠誠心は絶対である。その社会は強固な人間関係を醸成し、誰もが同じ集団に属するメンバーに対して責任を負う。〈中略〉注記すべきは、中国は権力格差のランクが極めて高いことである。中国の権力格差は80にランク付けされるが、他の極東アジア諸国の平均は60であり、世界平均は55である。これは、社会内部における権力と富の不平等が高いことを示している。このような状態は、人々に

強要されているというよりも、むしろ文化的遺産として社会に受け入れられている。〈中略〉中国は公式には無宗教国ということになっているが、中国古代の哲学者孔子（紀元前500年頃）の思想と教えは、社会に広く浸透している。中国国内での宗教活動は可能だが、政府により厳しく統制されている。[注4]

　この例からは、ホフステードの研究に通底する３つの前提条件がうかがえる。第一に、すでに指摘した通り、国民国家が文化の中心として構想されている。表現を変えるなら、ある人物の居住する国民国家が、文化的志向の決定要因とみなされている。第二に、文化は、５つの文化的次元——いわゆる価値志向——に還元することができ、このような価値志向こそが異文化コミュニケーションの問題の中心にあることをホフステードの研究は示している。第三に、価値志向は測定でき定量的に判断可能なものである。

　ホフステードの研究は極めて影響力が大きく、現代の異文化コミュニケーション研究、ことにビジネスと経営学の分野での異文化コミュニケーション研究においては、その基盤を形作っているとも言えるが、その影響力は、社会言語学の分野で異文化コミュニケーションを研究する者にも及んでいる（Bowe and Martin, 2007; Clyne, 1994 など）。学術界の外では、ホフステードの業績はいっそう好意的に受け入れられており、膨大な数にのぼる異文化コミュニケーション指南の文章が、ホフステードの影響下に生み出されている。それと同時に、ホフステードは数々の論陣から幅広く批判されてもいる（McSweeney, 2002 など）。こうした批判のほとんどは、ホフステードのデータ収集と分析方法の具体的な内容に関するものであり、その研究の要旨に関しては概ねが賛同している。本章ではこれ以降、こうした具体的な批判のいくつかを紹介し、ホフステードの研究の問題点の核心は実際のところ——これは、彼の前提を共有するその他の異文化コミュニケーション研究のほとんどにも通じることではあるのだが——先ほど言及した３つの前提条件に関わるものであると論じていく。その前提条件とは、平凡なナショナリズム、文化を５つの価値志向と同一視すること、そして定量的アプローチである。

ホフステードの研究に関する学術的な記述は、ステレオタイプ化に反対する慎重な意見で装飾されていることがよくある。例えば、政治経済学の教科書から取った、次のような例である。

> どんなときでも、諸現象を統計ボックスに分類するのは非常に危険なことだが、ホフステードが識別したカテゴリーのほとんどは直感的に正しいとわかる。大方の者は、自国の背景事情を認識できるものだが、その一方で、慎重に、かつ態度の変化や状況の変化に十分配慮せずに、単純なステレオタイプを用いることの危険性もまた、認識している。(Dicken, 2007: 177)

いかにして「慎重」に「単純なステレオタイプ」を使用するのか、少々腑に落ちない点はあるものの、ここで重要な点は、まさにホフステードの国別記述が「直感的に正しい」という点である。直感的に正しいのも無理のないことだ。ホフステードの国別説明が「直感的に正しい」のは、まさに、我々が平凡なナショナリズムの言説と実践を通じて、このような説明になじんでいるためである。事実として、図表付きで説明された各国の文化的価値は、広範に流通している平凡なナショナリズムが具体化されたもう一つの事例であり、ホフステードの研究成果の強みもそこにある。しかしながら、「直感的に正しい」ものを学術用語で言い換えても研究とはなりえず、「直感的に引き付ける」からといって、それを研究実践における批評的な問いに代替することはできない。それでは、各国の「文化的特徴」に関する説明が「直感的に正しい」とすることの、何が誤りなのだろうか。答えは2つある。行き過ぎた一般化と本質主義である。この2つの問題について、以下で検討しよう。

行き過ぎた一般化というのは、ある国における一つのグループの調査（ホフステードの研究の場合、1960年代後半のIBM従業員）から得られた結果を、その国の全人口に当てはまるものとして一般化していることと関係している。同じ国とはいえ、例えばミドルクラスの男性で、かつ教育があり専門職についている都市居住者と、文盲の女性で土地を持たない地方居住者との間には、どのような共通点があると言えるだろうか。答えは

「ほとんどない」である。調査に協力した200〜300人の回答者を何百万人という国の全人口のものとして過剰な一般化が行われうるのは、文化を本質主義的なものと見る考え方に与しているためであるとしか説明がつかない。方法論的にみれば、ホフステードとその賛同者たちは、調査したサンプルの規模――66カ国、10万人のIBM社員から得た回答――を過大に評価したということになる。こういった数字にいったん疑問を抱くと、その魅力は途端に減じてしまう。マックスウィーニーは次のように述べる。

> 調査対象となった国々のうち、調査の回答数が1,000件を超えたのは6カ国（ベルギー、フランス、イギリス、ドイツ、日本、スウェーデン）だけであった。15カ国（チリ、コロンビア、ギリシャ、香港、イラン、アイルランド、イスラエル、ニュージーランド、パキスタン、ペルー、フィリピン、シンガポール、台湾、タイ、トルコ）では、回答数は200件に満たなかった。パキスタンにおける最初の調査に回答したIBM従業員は37名、二度目の調査の回答者数は70名であった。香港とシンガポールでは、1988年に一度だけ調査が行われたが、このときの回答者数はそれぞれ71名、58名であった。(McSweeney, 2002: 94)

ホフステードの調査のサンプル規模に関する批判に対して、彼は次のように反論する。必要とされていたのは、データを収集するグループの同質性であり、もし調査協力者が同質的であれば、最小のサンプル規模でさえも代表的なものとなりうる、と。こうした理屈が通るのは、ホフステードのように文化を本質主義的に捉える場合のみである。著書の宣伝文句で、ホフステードは文化を「心のソフトウェア〈中略〉精神のプログラミング」というキャッチフレーズで捉えてみせる (Hofstede and Hofstede, 2005: 裏表紙)。これに対して、文化人類学者の多くは、文化を人々が共有する社会現象だと考えるものだ (2-3を参照)。文化を本質的なものと捉える見方は、国民文化を人が帰すことのできる安定した属性とみなすが、これはジェンダーや人種がしばしば安定した属性だとみなされるのと同様である。

次に検討する事例は、異文化コミュニケーションをアドバイスする別のウェブサイトからとったドイツの国別プロフィールである。このウェブサイトは、ホフステードの研究に大きく依存している。

> 「ドイツ人の思考過程は、極めて周到なものであり、プロジェクトの各側面を非常に細かく検討する」
> 「ドイツ市民には謝辞を述べる必要はなく、謝辞は期待されてもいない。ドイツでは、反対意見が表明されない限り、すべて完璧とみなされる」
> 「一晩で、ドイツ人は、大量のビールを消費することができる注5」

上記では、特にドイツ的なものの存在である「心のソフトウェア」、すなわち「ドイツの思考過程」が前提となっている（言語学で言う「前提」については 2-3 を参照）。実際に、ドイツ人らしさというものは、心的特徴を超えて身体的特徴にまで拡大解釈されている（「一晩で、ドイツ人は、大量のビールを消費することができる」）。こうしたドイツ人らしさの心的身体的特徴は、ドイツ市民権と相互に結びついているものと考えられており、ドイツに居住しながらドイツ市民権を持たない多くの人々をすっかり忘れている（Hansen-Thomas, 2007; Piller, 2001b などを参照）。まさに、「ドイツ市民」を「ドイツでは」と同じものと見ることによって、ドイツ市民権を持たないドイツ居住者は、現代のドイツ社会の中で不可視の存在にされている。従って、この国別プロフィールは、ドイツのナショナルアイデンティティを血縁関係の法である「血統主義」（居住の法である「居住主義」ではなく）に基づいて相続されるものとする見方に盲従している。ドイツの市民権やドイツ人のアイデンティティに関するこうした特定の見方を異文化間のビジネスコミュニケーションへのアドバイスで再生産することは、ドイツ人のアイデンティティに対する一つの特殊な見方——支配的な見方——を普遍化することである。従って、たとえ意図せずになされたことであっても、現代ドイツに関わる政治ディベートの中心的課題、すなわち移民とその子孫の社会的、政治的、文化的および市民権に関わる権利の問題に関して、政治的立場を表明したことになる。

ホフステードの研究を擁護する者の中には、こうした重箱の隅をつつくような議論は、異文化間ビジネスコミュニケーションについての助言を記した文章が向けられるグループにとって意味がないと反論してきた。例えば、ホフステードのウェブサイトに掲載されたミカエル・ソンダーガードの意見文[注6]は、マックスウィーニーの批判（2002）をアカデミックな象牙の塔から寄せられたものとして斥けている。ソーンダーガード（Mikael Søndergaard）の主張するところによれば、ホフステードとその賛同者たち功績で重要なのは、自国以外の国々と取引をする際に、その実際の意味合いを企業の役職者が手がかりとするための枠組みを開発したことである。だが、本当にそうだろうか。1つの国を5つの文化の次元に分け、しかも根拠の曖昧なうわさ話的要素、例えば、すでに紹介した中国における宗教の記述や、ドイツおけるビールの記述のような要素で装飾されているものが、実務上誰かの役に立つだろうか。それとは逆に、世界中どこでも、文化と国民との関係が同じように機能するものと決めつけてしまうと、異文化コミュニケーションはあまりうまく行かないだろう。それは、そうした断定が、人の行うことや、人間の価値観、そして人間関係における文化的変異性を、見えなくしてしまうためである。

　例えば、ドイツの実業界では、トルコ人の経営する6万あまりの企業が、経済界の主力として活躍している。2004年には35万人を雇用し、300億ユーロの利益をあげた（Sollich, 2004）。こうした企業や実業家は、国を文化的、言語学的、あるいはコミュニケーション分析の基本単位とする本質主義的でかつ極端に一般化された異文化間ビジネスコミュニケーションにおいては、常に見過ごされている。文化と国とは本質的に結びついているという考え方に基づいた異文化間ビジネスコミュニケーションの研究と助言は、理論的に妥当でないだけではなく、実際に役に立つものでもない。異文化間ビジネスコミュニケーションに関する研究文献が国への帰属意識という公的なイデオロギーを再生産し続ける限り、平凡なナショナリズムの例証を増やすだけであり、差異と多様性を記述し、表現解釈するのではなく、その不可視化に手を貸し続けることになる。こうした国を中心とする思考は、国内の多様性から目を背けるだけでなく、各国間の相違を最大化することにより、がっちり強固なものに

なる。一例を挙げると、ホフステードは自身のウェブサイトに、次のような悲観的な文章を引用している。[注7]

> 文化は、シナジーを生み出すより衝突を生み出す源である。文化的な差異は、よくてイライラのもと、しばしば災難である。〈中略〉我々は、人は皆「心の奥底では」同じだという人間としての直感を持っているものだ。だが、人は皆同じではない。

　本質主義は国の特徴を国民が所有し、国民の心だけではなく身体に備わっている何物かであると考えるが、かつては、ジェンダーや人種に関してもこうした本質主義的な見方が横行していた。実際のところ、ホフステードを批判する者の中には、ホフステードの研究を19世紀の人種差別的な研究と比較する者もある。当時の学問は、人類学者が「発見した」人種のヒエラルキーを実証的に「証明する」よう体系化されていた。

> （ホフステードの研究は）人種的ヒエラルキーは知能の働きの相違であることを実験によって「実証」したサミュエル・ジョージ・モートンの『クラニア・アメリカーナ（Crania Americana）』（1839）との類似が認められる。〈中略〉モートンは、世界でも最大のヒト頭骸骨のコレクションを調査した。頭骸骨の頭蓋からは、かつてそこに収められていた脳の分量を正確に測定することができる。直径8分の1インチの銅製ペレットを用い、モートンは頭蓋の大きさ、すなわち脳の大きさを測定した。その結果を「人種」別に分類し、その「動かしがたく反駁できないデータ」が、知能には優劣があり、それは、白人を頂点とし黒人を底辺とするものであることが証明された。〈中略〉しかし、精緻な測定と比較によって導き出された結論は、いくつもの根拠の薄い前提に立脚していた。例えば、脳の大きさが知能と等しい、とする前提である。（McSweeney, 2002: 112）

　上記の引用を、国民の文化的価値観という考え方の根底にある誤った推論のうちの最後のもの、すなわち文化は5つの次元で計量できるとい

う考え方と結びつけてみたい。5つの次元はしばしば、西洋中心主義的であり、内部の者の視点に欠けると批判される。例えば、ゴダードはマレーシアを例に挙げながら、マレーシアでは権力との距離感を示す指標が高いとするホフステードの主張はまったく事実無根だとする（Goddard, 2006: 15）。なぜなら、マレーシアにおいて、社会との関係は権力ではなく「ホールマット（尊敬）」によって形成されるためである。さらに、文化によっては、5つの文化の次元が役に立たない構成概念であるというだけではなく、あたかも正確なものに見える計測値にも問題が多い。これはあくまでも個人的な見解ではあるが、文化的価値観を意味のあるものとして正確に計測し提示する、その態度は私にとっては何とも気味が悪い（「中国人は個人主義IDVランキングで他のアジア諸国よりも低く位置づけられているが、その値は平均24に対して20である」）。こうした反応は個人的なものかもしれないが、文化の次元を表す数値に通底する方法論的な問題の最たるものは、文化を定量的に表すことができるという点である。根拠の怪しい前提は、不可避のこととして、データの数量や統計分析の秀逸さとは関係なく、誤った記述や分析を生み出す。実際のところ、誤った前提という問題は、実際に分析が行われる、はるか前から始まっている。誤った前提は、誤った質問へとつながり、意味のない研究プロジェクトへとつながる。経済学者のエリック・ライネルトは次のように説明する。

> 他の人間を定量化可能なもののみを通じて理解しようとすれば〈中略〉多くの重要な点が見過ごされる。現実に、純粋に定量的な理解をもってすれば、人間と巨大クラゲの相違点は、人間の方が乾燥物質の割合がほんの数%多い、との主張も可能だろう。（Erik S. Reinert, 2008: 44）

6-3 多国籍企業

ホフステードと賛同者たちが、閉じて安定した同質的なものとして国民を想定するのに対し、異文化間ビジネスコミュニケーション第二段階の研究者たちは、国民を「グローバル化した実業家コミュニティにおけ

る多様性」(Charles, 2007: 266) と見る。彼らは異文化間ビジネスコミュニケーション第一段階の本質主義からはっきりと決別し、文化的なメンバーシップを構想するにあたっては、社会構築主義の考え方をとる。社会構築主義的（ポスト構造主義）アプローチの特徴は、「文化を所有する」のではなく「文化を行う」点を強調することにあり、そのことは、ブライアン・ストリート (Brian Street) の論文「文化は一つの動詞である」にも表明された通りであることは記憶に新しい (Street, 1993)（2-3を参照）。「異文化コミュニケーションを行う」プロセスへのこのような注目は、異なる方法論的な志向と同時に進むことが多い。前のセクションでも説明した通り、国民の文化的価値観の研究は、多くの人々からデータを収集し分析する定量的調査の手法に依拠することが多い（例えば、ホフステードの10万人を超えるIBM従業員調査）。選択式回答や大規模調査のような方法は、言うまでもなく、数多くの回答を回収できるという利点がある。だが同時に、こうしたデータには、ごく限られた数の一般的な項目が含まれているにすぎない。こうしたパラダイムに立つ研究者は、質問したこと以外には何も見つけることはできない。その反面、ポスト構造主義的なアプローチは、エスノグラフィー調査の手法を援用する傾向があり、例えば、調査参加者の観察、やりとりの録音、調査協力者との半構造化インタビューの他、これら3つの手法を組み合わせて使用する。こうした調査方法からは、「豊富な」データが得られ、ローカルな背景を持つ「厚い記述」が生成される (Geertz, 1973)。明らかに、こうした研究手法は特定のコンテクストを持つ異文化コミュニケーションの調査、例えば、企業を単位とした調査に適している。同時に、こうした研究手法は国民の文化を記述するのには適していないことも明らかだろう。

　異文化間ビジネスコミュニケーション第二段階における最も重要な問いは、そのやりとりの参加者は実際に何を志向しているのか、という点である。

> 部外者のカテゴリーを押し付けるのではなく、言語文化人類学は、調査参加者がその行動において文節化し、もしくは前提としている分析カテゴリーを引き出し、証拠に基づいて、調査参加者自身が分

析の中心となるカテゴリーを提案していると主張する。(Wortham, 2003: 2)

　従って、異文化間ビジネスコミュニケーション第二段階における主要な問いは、もはや異なる文化の人々がお互いどのように交流するのか、という点ではない。最も重要な問いは、所与のコンテクストにある人々——例えば、多国籍企業の従業員——がどのようなカテゴリーを志向するのか、すなわち、彼らにとって文化とは何を意味するのか、という問いである。差異とは何を意味するのか、コミュニケーションとは何を意味するのか、そして、こうしたカテゴリーが彼らにとって実際にはどれほど重要なのか、という点である。例えば、フィンランドの企業とスウェーデンの企業が合併してできた企業8社の合併後を追った研究において、ヴァーラら (Vaara, 1999, 2000; Vaara et al., 2005) は「文化」、より具体的にはフィンランドとスウェーデンとの文化的差異は、ある特定の言説生成コンテクストの外側には存在しないことを明らかにした。これら企業では、「文化」は、問題を説明するための言説リソースとして選択的に使われ、「組織のアクターたちは、文化的差異を言い逃れの方便として用いる。結果として、失敗や不首尾の経験は、しばしば意図的に文化的差異に帰される一方、成功は経営者の行動などその他の要因から説明される」(Vaara, 2000: 105)。

　従って、国民から企業への焦点移行に伴い、理論上および分析方法も移行した。こうした変化はさらに、「コミュニケーション」に対する考え方の移行も促した。これまでにも説明したように、異文化間ビジネスコミュニケーション第一段階は、態度、信条、価値観、価値志向、思考パターンに重点を置く。また、非言語コミュニケーションにも、比較的大きな重点を置く。だが、言語使用の役割に対する関心は、多言語使用、言語学習、言語習熟度も含めて、それほど十分に発展しているとは言えない(第10章を参照)。そのため、最もよく読まれている異文化間ビジネスコミュニケーションの教科書であっても、言語学を専門とする者にとっては、違和感や驚きを感ずるものもある。言語あるいは複数の言語をぞんざいに扱っているためである(例えば、Chaney and Martin, 2004; Gudykunst and Mody, 2001; Jandt, 2006; Lustig and Koester, 2005; J. N. Martin and Nakayama, 2003; J. N. Martin et al., 2001; Samovar et al., 2007; Ting-Toomey and Chung, 2004; Varner and Beamer, 2005）。これとは対照的に、言語学者は自然言語を人間のコミュニケーションの中で最も重要なものだと考え、異文化間ビジネスコミュニケーション第二段階の研究でも、言語選択や言語習熟度が、国際企業やその従業員などの社会的アクターにとって明らかに重要なものであることを示している。

　企業が国際化するときには、それが、国境を超えた合併によるものであれ、国際的な企業が新たな市場に子会社を設立する場合であれ、言葉の面では基本的に3つの選択肢がある（Vandermeeren, 1998）。まず、言葉の専門家である翻訳者や通訳者を雇用して、言語的に異なる背景を持つ従業員同士のやりとりを仲立ちすることが考えられる。この代替策として、専門の通訳や翻訳者ではなく、社内の人員で通常は子会社に籍を置く者に、親会社で使用されている言葉の話者との調整を任せることもできる。この場合、コミュニケーションは母語話者と非母語話者の間で行われる。3つ目の選択肢は、共通語を決めることである。この共通語とは、リンク語、つまり親会社子会社どちらの従業員の母語でもない言葉のことである（Gerritsen and Nickerson, 2009）。1つの企業が3つの選択肢を同時に使用する場合もあり、多くの場合は、これら3つが併存している。

　言語サービスの必要は、かなり大きな支出要因となりうる。ネクラとジショーヴァはこのことを、チェコ共和国で事業を行っているオーストリア、ドイツ、スイス企業の子会社約400社（調査の当時、チェコ共和国では2,000社を超える海外企業の子会社があった）を対象にした調査で裏付けている（Nekula and Sichova, 2004）。調査した半数以上の企業が、正式の企業言語方針を決めていた。言語方針の大半は、単一言語を正式の方針とするもので、その割合は、ドイツ語（55%）、英語（16%）、チェコ語（9%）であった。正式に二言語方針を採用している企業もあり、その組み合わせは、英語とドイツ語（15%）、チェコ語とドイツ語（5%）であった。だが、こうした正式の企業決定にもかかわらず、調査対象となった400社のうち18%が内部翻訳者や通訳者を雇用しており、企業規模が大きくなるほど、その割合も大きくなった。従業員500人超の大企業では、そ

の40%が言語の専門家を雇用していた。さらには、調査企業の58%が、翻訳や通訳を定期的に外注していた（小規模企業では47%、中規模企業66%、大企業70%であった）。ネクラとジショーヴァは調査結果に基づき、チェコとドイツ語圏との合弁企業2,000社における言語費用は、1989年から2003年の間で33億ユーロであったと試算した。これは、言語サービスの利用にかかった直接経費である。しかしながら、ネクラとジショーヴァは巧妙に、こうした直接経費よりも、言語の違いによる多国籍企業の間接経費負担はさらに大きいと指摘する。2人の研究が算出できなかったのは、様々な損失、例えば、社外コミュニケーションが規制できないための損失、生産要員への時宜を得た情報の不足による損失、否定的ステレオタイプ化による損失、言語の異なる従業員同士に信頼関係がないことによる損失であった。

　フィンランド系多国籍企業 Kone 社での言語実践の研究において、マルシャン=ピッカリアら（Marschan-Piekkaria et al., 1999a, 1996b）ならびにマルシャンら（Marchan et al., 1997）は、単純な費用計算になじまないものを「ソフトな」言語要因として考察した。Kone 社の25部局を対象とする実地調査を10カ国で実施し、経営上層部24名、中堅管理職57名、実務レベルの従業員29名の合計110名と面談を行った。同社の企業公用語は英語だが、中堅管理職や実務レベルの従業員は、必ずしも英語が使用できなければならないというわけではない。言語が多国籍企業内部のコミュニケーションにおける大きな懸念材料であることは、面談調査の回答者のうち65%が認めており、その理由として3つの要因が挙げられた。第一に、ほとんどの従業員が言語を専門ならびに専門外の情報交換を阻む障壁であると考えていた。言語を壁とみなす考え方からは、いくつかの点が明らかになる。例えば、従業員が部局を越えた横の人間関係を構築するよう会社が推奨しているにもかかわらずこれを築けていないこと、スペインの中堅役職者たちが本部と接する機会が少ないのは、ヨーロッパの中でも従業員の英語力が最も劣るとされるスペインを、フィンランド人の上層経営者たちが避けていること、英語力の十分でない従業員はフィンランドで行われる社内研修に参加できないことなどである。第二に、調査参加者の中には、言語が仲介役を果たす点に触れた者もあった。こ

の点は、同僚よりも英語力のある従業員が口にする場合が多かった。英語のできる従業員は、かなりの点で有利であった。例えば、かなり英語のできるスペイン人の平社員が部局を代表して研修や打ち合わせに派遣されたが、当該従業員は懸案事項を検討するだけの職務権限を持っていなかった。第三に、言語は権力の源と見られており、3カ国語——企業公用語である英語、会社の「本社語」であるフィンランド語、そして子会社の言語——に堪能な者が最も有利な立場にいると考えられていた。幅広く情報を収集し、会社のネットワークにも横断的にアクセスでき、他の従業員の仲介役として機能するためである。

　言葉に堪能な者が権力を得るのに対して、ある言語に対して別の言語を選択した際の言語選択にまつわる逆エンパワメント的効果に関しては、フィンランドの銀行とスウェーデンの銀行の合併を扱った研究でも明らかになった（Vaara et al., 2005）。企業の公用語を英語にする決定がなされたとき、フィンランド人の役職者でフィンランド語とスウェーデン語の能力は高いが英語はそれほどでもない者は、プロ意識のいくばくかが奪われたような気がしたと述べた。マルシャン＝ピッカリアら（1996b）は、多国籍企業の言語方針に社員の習熟度を合わせると、代替的な「影の構造」として機能し、企業の正式な組織構造を事実上凌駕することにもなりかねない、と指摘する。

6-4 言語ワークと文化ワーク

　フリードマン（Friedman, 2006）は、グローバリゼーション第三段階の特徴は、「世界の舞台に出て」競争し、国際的な規模で協力する個々人にあると述べる。まさに、この前のセクションで本書が検討したいくつかの研究事例も、従業員個々人がどのような言語に習熟しているかで、その組織内での課題および機会が決まることを示している。異文化間ビジネスコミュニケーション第三段階は、言語とコミュニケーションスキルがよりいっそう商品化されている点に特徴がある（Duchêne and Heller, 2012）。多言語に習熟していること、コミュニケーション能力があること、文化的な真正性といったことが、個々人の就労活動の鍵を握る要素とな

り、経済的なリソースへのアクセスは異文化間のビジネスコミュニケーションをめぐって展開するようになった。多国籍企業 Kone 社の従業員については、前のセクションで考察した通り、英語、フィンランド語そして子会社所在地の国語に習熟しているという形で異文化間の能力を持つことが、人脈の構築を促し、昇進を早め、情報へのアクセスを容易にするといった点で有利に働いた。それとは逆に、英語力に欠ける従業員は、こうしたリソースへのアクセスを阻まれた。従って、多言語に習熟しているという形での異文化コミュニケーションのスキルは、経済的な利益へとつながる。異文化間ビジネスコミュニケーション第三段階の研究は、こうした新たな課題に対応して、言語の政治経済学に関する新しい研究手法を採用する。新たな研究手法は、社会言語学者ピエール・ブルデューの研究に注目し、グローバリゼーション第三段階の状況のもとで、言語もしくは文化資本が、いかに経済資本に変換しうるかを検討している（10-5 および 10-6 も参照）。

　言語とコミュニケーション力は、どのようにして職務に携わる個々人の能力と結びつけられるのだろうか。農業や第一次資源の採取と生産を中心とする経済では、労働者の言語的背景や他にどの言葉が話せるのか、あるいは話せないのかといった点は重要な問題ではない（Piller and Pavlenko, 2009）。実のところ、工場労働者の中には、作業中のいかなる会話も禁じられている者もいる。作業中の会話が、無駄であり生産性を阻害すると考えられているためである（Boutet 2008）。しかし、知識、情報、サービスを中心とする経済にあっては、言語とコミュニケーションは人々の仕事の一部となり、報酬を期待できるものとなる。「言語ワーク（language work）」という用語は、仕事のほとんどが言語に関連した業務であるものを指して使われる。例えば、語学教師、翻訳、通訳、コールセンター業務などである。「言語ワーク」という用語は、社会学者アーリー・R・ホックシールド（Arlie R. Hochschild）が導入した「感情労働（emotional labour）」という用語（2003）に倣ったものである。ホックシールドは、もともと1983年に出版された『管理される心（*The Managed Heart*）』において、客室乗務員の業務上の要件を親しみやすさと表現しながら、強引で過剰な要求をし、不愉快でさえある乗客に対してさえも親しみや

すく接するよう求められるとして、こうした仕事を感情労働と呼んだ。「新しい経済状況へと移り変わる中で働き、かつ生活する人々の日常的な経験にどのように言語が関連するのか」に焦点を当て、言語あるいは文化労働を研究しようという動向は比較的最近のものである。だが、最近では、サービス産業の進展の一環として、何らかの言語、文化、コミュニケーションの要素を含む労働が急増している。ホックシールドが調査を行った1970年代後半から1980年代初めにかけて、米国客室乗務員が親しく接することを求められたのは自らの母国語の環境においてのみであったが、今日の客室乗務員は複数の言語で親しく接することを求められる。それと同時に、文化的な真正性が求められる（Takahashi, 2009）。

　言語文化労働の例として、インドおよびスウェーデンのコールセンターに関する研究を考えてみよう。ミルチャンダニ（Mirchandani, 2004）、パルとブッザネル（Pal and Buzzanell, 2008）はインドのコールセンターにおいて、各種グローバル企業にかわり、北米との発信受信を扱うコールセンター従業員に実地調査を行った。受信は、コンピューターのトラブル、クレジットカードの請求書や旅行予約などのサービスに関する照会電話を扱い、発信は、製品やサービスのセールスのための電話が多い。インドは、最近では長距離ファイバーケーブルが敷設されたことも手伝って、比較的安い人件費で十分な教育を受けた英語話者を雇用することができるため、21世紀の初頭には、コールセンターのブームがおきた。パルとブッザネルの著書には、次のような成長指標の引用がある。2002年から2003年にかけて、インドにあるコールセンターの収益は59％増加して23億米ドルになった。インドにコールセンター業務を外注する企業数は、2000年には60件だったが、2003年末には800件に増えた（1,200％増加）。総体として、2007年にはコールセンターは約6万人を雇用していた。しかし、このブームも減速し、他国に移行するものさえ確認されている。ますます多くのインド人大卒者がもっとよい仕事に就くようになってきたためである（Thanawala, 2007）。

　言語労働と文化労働の例にならい、次にインドならびにスイスにあるコールセンターの事例研究を検討する。ミルチャンダニの研究およびパルとブッザネルの研究は双方とも、コールセンター業務とオペレー

のアイデンティティがどれほど緊密に結びつけられることになったかを明らかにしている。調査した従業員全員がアクセントを軽減する訓練を受け、インドのアクセントを「自然な英語に矯正して」米国人顧客の聞きやすい英語を身につけた。さらに、オペレーターたちには、英語の名前がつけられ、米国のミドルクラスが日常的に知っていることになじみ、その最新情報に通じているよう求められた。あるコールセンターのオペレーターは言う。「わたしたちが受けた訓練は文化横断的なものでした。スターバックスやセントラルパークなどのような細かな情報、いわば具体的な細部が重要なのです」(Pal and Buzzanell, 2008: 44f.)。訓練は、実際のやりとりを文字化した台本の形でも行われ、オペレーターと顧客とが取り交わすやりとりには、高度に標準化されたレベルが課された。やりとりを規制するレベルは、別のオペレーターによる以下のコメントにも明らかである。

> これが我々の台本で、これに沿って進めなければなりません。当社（北米企業の名称）をお選び頂き、まことにありがとうございます。私はターニャ（偽名）と申します。名字とお名前を頂戴できますでしょうか。ありがとうございます。お名前でお呼びしてもよろしいでしょうか。どうもありがとうございます。ご機嫌はいかがですか。〈中略〉今紹介したような表現は、常に使うよう求められている典型的なものです。最高です。ありがとうございます。素晴らしい。上出来です。こういったものは、パワーワードです。我々は、こういった言葉をやりとりの中で使うよう求められます。(Mirchandani, 2004: 361)

オペレーターたちは、やりとりがかなりの程度まで台本化されていることによって、彼らの自律性が剥奪され、仕事は単純作業化し、無味乾燥なものになると述べた。だが、コールセンターのオペレーターが新たなアイデンティティを求められるのは、職場内だけではない。職場の外でも、仕事が彼らのアイデンティティに著しく影響を与えたのである。インドと北アメリカの時差のため、コールセンターのオペレーターは概

ね夜間に仕事をする。このことが、オペレーターと家族や家庭との関係に大きなしわ寄せとなっている。「通常」の時間に家族や友人と過ごすよりも、オペレーターの人間関係は職場中心に展開し、同僚を家族、職場を家庭と表現するオペレーターもいるほどである（Pal and Buzzanell, 2008）。

　コールセンターの仕事は、インド人の大卒者が世界経済において躍進するためのまたとない機会であると喧伝される（一例としてFriedman, 2006: 28）。だが、ミルチャンダニとパルとブッザネルの研究への参加者のほとんどは、仕事に対して冷淡な態度をとり、コールセンターの仕事は「キャリア」ではなく「袋小路」であり、大学教育を受けている間の小遣い稼ぎと考えていた。彼らは、北米にあるコールセンターのオペレーターたちが、自分たちよりも格段に低い学歴であるにもかかわらず高い賃金を得ていることを十分承知しており、このような事業展開を搾取であると考えて嫌悪感をあらわにした。家庭を持つ準備が整い、あるいはよりよい就職機会があれば、すぐにでもコールセンターの仕事を辞めるつもりであると述べた（Thanawala, 2007も参照）。

　コールセンターの仕事が職歴としての将来性に欠けているという考え方は、別の状況でも生じている。スイスにある多言語観光コールセンターは、スイス人および外国人観光客向けにオンラインや電話で予約サービスを提供している（Duchêne, 2009）。だが、このコールセンターははっきりと「特別」な存在であること、つまり一介のコールセンターではなく、プロのサービスを提供する品質の高いコールセンターであることを謳い文句にしている。このような宣伝文句にもかかわらず、雇用にあたって、従業員には観光業の職歴もスイスに関する専門家としての知識も求められない。採用にあたっての最も重要な要件は、多言語に通じていること、とりわけ英語、フランス語、ドイツ語、その他の言語（オランダ語、イタリア語、スペイン語）に通じていることである。いったん職に就いてしまえば、従業員の提供するサービスは秀逸で（発展途上国に外注されたコールセンターとの比較で、あるいはコンピューター化されたサービスとの比較で）、かつ本物のサービスを提供しているものとみなされる。彼らの仕事が「本物」であるのは、オペレーターがスイスに居住し、彼らの話

す言葉、特にスイス訛りのドイツ語を話し、およびスイスを売り込むにあたって、個々人の経験を引き合いに出せる、という事実から派生したものである。このような文脈において、言語ワークや文化ワークを行う上での大きな課題は、顧客が業務の真正性を疑ったときに生ずる。フランス語を母語としない話者が、自らのフランス語の会話能力が疑われたと感ずるのも概ねはこうした文脈で起こる。イタリア語を母語とし、イタリア語圏スイス出身のRBは、仕事で英語、フランス語、ドイツ語、スペイン語を使用するが、次のように説明する。

RB：ほとんど何も話していない状況、例えば「こんにちは、ご機嫌いかがでしょうか？」というような挨拶をしただけで、フランス語を話す人と変わってほしいと言われることもあります。私はフランス語を話しますと言ってもそれはありえないと否定されます。ですから、電話を（フランス語を母国語とする同僚に）回さざるを得なくなります。
(Duchêne, 2009: 44)

　不愉快な利用客にも親しく接しなければならない客室乗務員の場合と同様、コールセンターで働く者には、顧客の不愉快な言語イデオロギーに対処することも仕事のうちなのである。
　企業側から見ると、異文化間ビジネスコミュニケーション第二段階と異文化間ビジネスコミュニケーション第三段階の違いは以下のように概観されうる。多言語主義と文化的多様性が課題である場合、上記に検討した多国籍企業における問題や費用要件は、本セクションで扱った産業セクターにおいては、効率および柔軟性を高めて利益体質を強化する手段となる。

6-5　今後の課題と展開

　前セクションでは、異文化間ビジネスコミュニケーションの概要と、グローバリゼーションの意味が変化し続けていることとを関連づけて考えた。同様に、グローバリゼーションにおける位相の違いは、その位相

の主たるプレーヤーが国民であるか、あるいは企業や個人であるかによって区別された。これと同じように、異文化間ビジネスコミュニケーションにおける3つの異なる構成要素も、その中心となるものがネイションであるか、もしくは企業や個人であるかによって分けられる。もちろん、これら3つの構成要素は、本書が説明してきたほどには明確な線引きがなされているわけではない。本セクションでは、今後の発展が見込まれる6つの分野を概説する。これらの分野は、当面の課題、すなわち刻々と変化する世界経済にあって様変わりし続ける対象としての異文化間ビジネスコミュニケーションが提示する課題に対応するためには、異文化間ビジネスコミュニケーション第一段階、第二段階、第三段階へのアプローチを結びつけなければならない。

■ **国民文化に対する動的な視点**

国民国家が近い将来に消えてなくなることはなく、世界の多くの人々は、傾向（predisposition）によって一つもしくは他のネイションを形成し、人によってネイションへの強い帰属意識を醸成することもあるだろう。だが、異文化間ビジネスコミュニケーションでは、国民文化を所与のものと捉えるのではなく、国民は言説によって構築され、人々が選択的に利用すると考える必要がある（より詳細な議論については Vaara, 2000: 第5章を参照）。このことは、本書が扱う基本的な問いへと立ち戻ることでもある。誰が、誰のために、どのような文脈で、どのような目的のために、文化と関連づけるのか、という問いである。

■ **企業に対する多文化的な視点**

国民に極度に注目することの帰結として、一カ所に集まった複数の企業内における文化的あるいは言語的な多様性がしばしば見えづらくなり、不可視化されてしまうことが挙げられる。だが、今日では、多国籍企業の多くにおいては、企業の本拠地の国民である社員が子会社のある国の国民である社員と仕事をするだけでなく、両者のどちらにも属さない移民が従業員として雇用されるケースもある。地元出身者だけではなく背景もまちまちの移民を雇用する職場における異文化コミュニケーション

は、概ね相互行為的社会言語学（interactional sociolinguistics）の伝統のもとに実践されている（10-4を参照）。この分野での著名な研究者は、英国と米国の職場を調査したジョン・J・ガンパーズ（John J. Gumperz, 1982a）およびオーストラリアの職場を調査したマイケル・クライン（Michael Clyne, 1994）である。2つの伝統、すなわち相互行為の社会言語学と異文化間ビジネスコミュニケーションとは、ようやく対話を始めようとしているところである（Meyer and Apfelbaum, 2010を参照）。

■言語ワークに関する産業特化型の視点

観光業のような象徴的なサービス産業と必ずしも言語やコミュニケーションが業務の中核ではない産業とでは、対応すべき言語的文化的課題は大きく異なる。観光業は、旅行先の真正性を売り込むために文化的なステレオタイプを喚起させることが多いが、同時にコミュニケーションの標準化も押し進めるため、従業員は真正性を不可欠とする要請と標準化を求める要請とが競合する板挟みの状態に置かれる（M. Heller, 2003）。言語・文化産業が対応を迫られる言語的文化的課題は特に、異文化間ビジネスコミュニケーションの研究者がさらに関心を寄せるべき問題である。

■異文化コミュニケーションに対する社会言語学的な視点

異文化間ビジネスコミュニケーションに助言を与える文書や研修講座には文化的ステレオタイプが横行しており、文化と態度がはっきりと原因と結果の関係に結びつけられている。好例は「もの言わぬフィンランド人」である（Tulviste et al., 2003）。「もの言わぬ」の部分は、しばしば文化的な価値に起因すると説明される。実際に、フィンランドとスウェーデンの合弁企業に働くフィンランド人はフィンランド語ではあまり話をしない、とスウェーデンのとある会社が表現していることがヴァーラらの研究で明らかにされている（Vaara et al., 2005）。だが、このことはフィンランド人が沈黙を価値あるものと考えていたこととは何の関係もない。むしろそれとはまったく逆に、フィンランド人は沈黙を苦痛と感じ、職業上のアイデンティティで妥協したと感じていたのである。フィンラン

ド人があまり口を開かなかった理由は、企業の公用語であるスウェーデン語の能力が十分ではなかったためであった。異文化間ビジネスコミュニケーション研究には、自然言語でのやりとりに関する理解、特に多言語での交流に対する理解が十分ではなく、相互行為の社会言語学やこれに関連したエスノグラフィー的方法を取り入れることが必要だ。文化の諸問題を言語の諸問題と取り違えないためには、こうした分野への理解が必要である。

■異文化コミュニケーションに対する批判的な視点

　多言語主義だけが、異文化間ビジネスコミュニケーションの研究が見過ごしがちな要素ではない。「文化」に関しても、それ自体の説明が必要であるものではなく、言い訳の材料のように使われている。その結果として、もう一つの説明、すなわち不平等性というものが看過されている。だが、人間相互の営みは権力関係から逃れることはできず、異文化間ビジネスコミュニケーションにおける不平等は、社会構造的な要因（企業買収においてどの企業がどこを買収するのかといった点）、組織内の役割や立場（監督指示する人とされる人の関係など）、文化的言語的資源へのアクセスを原因として生じうる（Marschan-Piekkaria et al., 1996b）。

■異文化コミュニケーションに関する教育訓練の視点

　言語習熟度をはかる主要な要因は、どの言語が学校で教えられているか、あるいは何カ国語が学校で教えられているか（残念なことに、国によっては学校で国語以外の言語が教えられているかを問題にしなければならない所もまだ残っているが）によって決まる（Werlen, 2008）。ネクラとジショーヴァ（2004）をはじめとする研究が示すように、言語ワークの直接間接経費を考慮すると、教育における言語方針は異文化間ビジネスコミュニケーションの成功のための推進力となりうる。異文化間ビジネスコミュニケーションのための言語計画策定の好例は、欧州評議会の「諸言語の参照に関する欧州共通枠組み（Common European Framework of Reference for Languages）」（2001）である。異文化ビジネスコミュニケーションのための言語計画の策定には、成人移民教育における言語訓練の提供を盛り込む必要がある。

オーストラリアの成人移民英語プログラム（AMEP: Australia Migrant English Programme）は、そのよいモデルとなりうる（詳細は 9-4 を参照）。

6-6 本章のまとめ

本章では、以下の要点を主張した。

- 異文化間ビジネスコミュニケーションそれ自体、および異文化間ビジネスコミュニケーションへのアプローチも、その研究分野が立ち上げられた当初と比べると、経済状況全般が変化するに従って、変わってきた。
- とはいえ、国民の文化的価値に注目し、これよって国際ビジネスの相互作用の形成を説明する著書の中には、今日でも少なからぬ影響力を持つものがある。ことに、異文化間ビジネスコミュニケーションを助言する文書の類いでは、平凡なナショナリズムが通用し続けている。
- 多国籍企業の抱える言語面での課題に注目し、異文化間ビジネスコミュニケーションは新たな理論的かつ方法論的アプローチを採用して、多国籍企業が直面する言語の諸問題を考えてきた。また、多言語主義の費用と便益ならびに利害関係者がどのように言語的文化的多様性を志向するかという問いを検討してきた。
- 異文化間ビジネスコミュニケーションの最新の展開は、言語ワークや文化ワークの台頭であり、多国籍市場で働くサービス業従事者が身につけることのできる資産とみなされている。
- 異文化間ビジネスコミュニケーション分野の今後の展開における主要な課題は、この分野が常に変動しており、学際的な視点から、あるいは具体的なコンテクストに沿って、複合的な観点から考えることなしには理解できない、ということである。

6-7 参考文献

２冊の論文集をおすすめする。バルギエラ＝チアッピーニ編（Bargiela-

Chiappini, 2009) およびルヒアラ＝サルミネンとカンカーンランタ編 (Louhiala-Salminen and Kankaanranta, 2009) の論文集は、多岐にわたる文脈を踏まえて、今日のビジネスコミュニケーション研究の論文を集めた包括的かつ補完的なものである。メイヤーとアップフェルバウム (Meyer and Apfelbaum, 2010) は、職場における多言語主義に関する昨今の研究事例を紹介している。

6-8 アクティビティ

■異文化間ビジネスコミュニケーション第一段階

ケマル・ザーヒン (Kemal Sahin) は、ドイツ産業界の大物で、1997年のドイツ経営者賞を受賞したが、生まれはトルコである。あなたが企業経営者で、サンテックス社[注8]のようなザーヒンの経営するザーヒンラー・ホールディング[注9]下の一企業と取引をするための有益なアドバイスを求めているとしたら、どこに相談するのがよいだろうか。先に述べたような、ドイツの国別情報[注10]はどの程度役に立つだろうか。トルコの国別情報の方が有益だろうか。

■異文化間ビジネスコミュニケーション第二段階

ますます多くの多国籍企業が単一の社内公用語制定に向けて動いている。本書の 6-3 およびマルシャン＝ピッカリアら (Marschan-Pikkaria et al. 1999a)、もしくはフレドリックソンら (Fredriksson et al., 2006) の文献を読み、高橋 (2010a) に検討された企業、すなわち英語を企業公用語とする企業の単一言語主義方針を採用しようとしている企業に向けての一連の勧告を1ページにまとめて作成してみよう。

■異文化間ビジネスコミュニケーション第三段階

コールセンターのサービスに関する意見表明文、編集者への手紙、ブログの書き込み、もしくは「こき下ろしサイト」の書き込みを集めてみよう。収集したデータに基づき、「不正な商慣行と経済的不平等は言語的文化的差異と誤解されている」という意見に対して、賛成もしくは反対する論文を書いてみよう。論文ではなく、ディベートとし、一方が賛

成、一方が反対の意見を述べるのでもよい。

注

1　本章は、私の著書（Piller, 2009）を加筆修正したものである。
2　より詳しい定義はホフステードの著書（2001）およびホフステードのウェブサイトを参照。http://www.geert-hofstede.com　2013年10月13日に最終アクセス
3　全リストは http://www.geert-hofstede.com を参照。2013年10月13日に最終アクセス
4　http://geert-hofstede.com/china.html　2013年10月13日に最終アクセス
5　http://www.cyborlink.com/besite/germany.htm　2013年10月13日に最終アクセス
6　http://geert-hofstede.international-business-center.com/Sondergaard.shtml　2013年10月13日に最終アクセス
7　http://www.geert-hofstede.com　2013年10月13日に最終アクセス
8　http://www.santex.de　2013年10月13日に最終アクセス
9　http://www.sahinlerholding.com.tr/homepage　2013年10月13日に最終アクセス
10　http://www.cyborlink.com/besite/germany.htm　2013年10月13日に最終アクセス

第7章
販売のための異文化コミュニケーション

7-1 本章の目的

　今日のグローバル化した世界では、商品化された文化的・言語的シンボルやイメージは急速に世界中を駆けめぐり、予想外のところに現れるのが通説になっている（Appadurai, 1996; Hannerz, 1996）。例えば、2010年9月に東京から約100km離れた小さな観光町・箱根を訪れたときのことである。国際的な都市である東京を訪れた後、「真の」日本的体験を期待していた私は、箱根駅がスイスのイメージ一色になっているのを見て少なからず驚いた。そこにはスイス・グラウビュンデン州にある小さな町ディゼンティスを描いたスイス観光局の大きな看板があった。その看板は、スイスへの旅を宣伝しているのはもちろんのこと、箱根登山鉄道がグラウビュンデン州で操業するレーティッシュ鉄道の姉妹鉄道であるという事実を祝う性質のものだった。レーティッシュ（Rhätische）という鉄道名にはドイツ語本来のつづり通りにウムラウトまであり、国旗の色である赤がふんだんに使われているのと同様、スイスの国花エーデルワイスの花の中心にスイス国旗の十字架があるスイス観光局の標章や、現在のスイス観光局のスローガンである「Get Natural（自然に行こう）」さえも見られた。看板の近くには、グラウビュンデン州にあるもう一つの有名なリゾート地サンモリッツから名を取ったカフェ・サンモリッツがあった。このカフェ・サンモリッツも、テーブルにはスイス国旗の十字架の形がデザインされ、店内にはふんだんにスイスの国旗を飾っていた（Piller, 2010b にて写真を参照）。

この事例で、スイスのシンボルや名目上のドイツ語の使用は、一つの観光地（箱根）から別の観光地（スイスのグラウビュンデン）に注意を向けさせ、簡素な鉄道駅舎のカフェ食堂から、サンモリッツのきらびやかさと華やかさを連想させようとしている。広告は、文化的言語的シンボルやイメージをあるところから獲得して別のところで使うことにより、本物らしさを創造し、新しいものを参考にし、好意的な文化的言語的ステレオタイプを、製品に結びつけ、吹き込む。

第7章では、以下のような内容の習得を目指す。

○消費広告における異文化コミュニケーションの概要と、製品を好ましく作り上げるために、どのように言語的文化的に違うイメージが使用されるかについて学ぶ。
○現代の世界的な消費者アイデンティティを表す英語の使用や、英語以外の言語を話す集団に関する民族文化的ステレオタイプを製品に植えつけるような非英語言語の使用について学ぶ。
○商業的ディスコースにおける中身のない言語的文化的形態の出現に関し、批評眼を持って取り組む。

7-2 民族文化的ステレオタイプを売る

商業ディスコースにおける言語と文化の混合への関心は、広告そのものの歴史に遡る。初期の評論家は、店名や製品名に見られる外来語や借用語の使用のことをよく思っていなかった。例えば、1891年のドイツの出版物は、大変人気があったため多くの改訂版や復刻版が出たのだが、それは著者がドイツの広告で見つけた非ドイツ語の単語の長いリストを「言語の愚かさ」の証拠として挙げたものであった（Wustmann, 1903）。アメリカの言語学者は、同様にアメリカの広告にあるスペイン語の使用を酷評していた。パウンド（Pound, 1913: 40）は、商業言語におけるスペイン語からの外来語を「我々の時代の雑多で無礼な言葉で、我々の祖先が作り出した正式な名称に比べると、気まぐれで威厳がないように見える」と述べている。このような「気まぐれで威厳のない」使用の例とし

て、IndestructoやTalk-O-Phoneといったアメリカのブランド名のスペイン語の語尾（-o）を挙げている。このような意見から成る純粋主義は、今日では明らかに時代遅れのように思われる。とはいえ、彼らが作った借用語や外来語のリストや分類法は、20世紀のほとんどの期間に言語研究で使われてきた主流の典型となった。このようにして収集されたものは、例えば広告における外来語の起源言語やその形成パターンのように、あらゆる種類の異なる観点から研究対象となりうるものであった。これらの中には、本来の言語の場では完璧に良いトレードネームやスローガンであるにもかかわらず、別の言語の場では否定的な意味かタブーになるような言語的災難の例のような実に面白いものもある（Aman, 1982; Ricks, 1996）。有名な例を挙げると、自動車の「シボレーNova」はスペイン語の世界では「no va（動かない）」と読める。「トヨタMR2」のMR2は声に出して読むとフランス語で「merde（くそ）」となる。また、三菱パジェロ（pajero）はラテンアメリカ系スペイン語の変種では「マスターベーション」の意味となる。これらのいずれかが本当にマーケティング上の大問題を生み出したかどうかは疑問だが、この種の販売先の市場に対する文化言語的な無知は、今日の多様化されたマーケティング風土では、完全に過去のものとなっている。とはいえ、これらのいわゆるブランド名の失敗作はある特定の市場で大きな意味で売り上げに悪い影響を与えることはないにせよ、メジャーブランドが文化的・言語的に無関心だという考えは広く人々に浸透し、多くの人々が誤訳された広告を楽しむようになったが、それは架空の誤訳を作ることが盛んになるほどである。多くの人が聞いたり読んだりしたことがある話だが、ペプシのスローガン「Come alive with Pepsi」が中国語（またはタイ語や他の「エキゾチックな」言語）に訳された際、「ペプシはご先祖を死者の国から連れ戻す」と誤訳された。私はこの事例の話を読んだことがあるが、この奇妙な誤訳「ペプシはご先祖を死者の国から連れ戻す」を（英語で再訳されたものではなく）原語で見たことはない。従ってこの誤訳は、All Lies（すべてウソ）をいうサイトで「Pepsi in China」で検索すると出てくるように、また一つの都市伝説なのであろう（'Pepsi in China', 2010）。また、このサイトには、アメリカの非常に有名なスローガンの誤訳例のリストが載っている。

しかし1950年代と1960年代に見られるブランド名の失敗作のいくつかが実際に市場に与えたインパクトや、その失敗作が実際にあったかどうかは別にして、20世紀下四半期にはその風潮が変化してきた。これまでの例では、異なる言語や文化は、新しい市場に進出しようとする企業には迷惑なものであり克服すべき課題であったのが、今度はマーケティング上のリソースに変化し始めたのだ。

　自国以外の言語や文化を言語文化的に参照するという現象は日本の広告が先駆けとなった。当初は、対象国の言語文化的なものが持つ肯定的なアイデンティティやイデオロギーと結びつけるために使われていた。ハラルド・ハールマン（Herald Haarmann, 1989）は、草分け的な研究の中で、日本の広告における広範囲のヨーロッパ言語の使用——英語、フランス語、ドイツ語、イタリア語、スペイン語、ポルトガル語、また、ラテン語、ギリシャ語、スウェーデン語、フィンランド語でさえも——を観察した。ハールマンは、日本の広告における外国語の使用を、宣伝する製品と、ある特定の言語の話し手に関する民族文化的なステレオタイプとを結びつける試みだと指摘した。広告を見る人々が実際に外国語の表現の意味を理解するか否かという点はさておき、その表現はある言語に属するものだということを認識できるであろう。それから、その言語を最もよく連想させる集団に関する民族文化的ステレオタイプを、その製品に転移させる。この日本の場合は、ハールマン（Haarmann, 1989: 11）は、例えば、英語に関連する典型的なステレオタイプには「国際的評価、信頼性、高品質、信頼、実用性（そして）実用的なライフスタイル」があり、フランス語には「高度な優雅さ、上品な趣味、魅力的なもの、洗練されたライフスタイル、魅惑と魔力」が関連するとしている。英語は、酒、車、テレビ、ステレオ、スポーツウェアのような製品に上記のような特性を吹き込むために使われている。一方フランス語は、ファッション、時計、食品、香水に限定されている。ハールマンの研究（1970年代終わりと1980年代初めに集められたデータを使用）では、日本語以外の言語要素が使われていたのは、主に製品と店の名前であった。例として、「La maison de elegance X」という東京のファッション店、「bonita」という女性雑誌、「piccolo」という子供服シリーズ、「victus」という肌用クリームが挙げ

られている。このようなフランス語風、スペイン語風、イタリア語風、ラテン語風の表現は、どれも本当のフランス語、スペイン語、イタリア語、ラテン語ではないが、これはブロマールト（Blommaert, 2010: 29）が、日本のチョコレートブランド「Nina's derrière」の例を使って指摘するのと同様である。フランス語話者にとっては Nina's derrière は「ニナのお尻」という意味になるが、日本の顧客にとっては、「おしゃれで、上品で、洒落た高価なチョコレート」という意味を持つ可能性があるということだ。つまり、自国語以外の言語を使った商品名は、しばしば言語的でなく象徴的な意味としての機能を持ち、その名前が民族文化的ステレオタイプを示している限り、原語での意味がどのようなものなのかということはたいてい問題とされないのである。

　英語は例外として（7-3を参照）、日本の広告に見られる民族文化的ステレオタイプは、驚くほど、他の文化にも共通している（Pillar, 2003: 概要を参照）。フランス語名は、世界のフランス語圏以外のほとんどの広告分野で、高いファッション性、洗練された優雅さ、シックな女性らしさ、上品な料理といった意味を暗示している。ドイツ語は、ドイツ語圏以外の世界ではたいてい信頼性、正確さ、卓越した技術力を暗示している。イタリア語は、おいしい食べ物や、人生への前向きな姿勢と、スペイン語は自由、冒険、男性らしさと結びついている。

　多言語広告には、外国語の部分がステレオタイプ的に機能しているだけでなく、その形態自体がステレオタイプでもあるという例がたくさんある。上記の Nina's derrière にあるように、広告における外国語は、対象言語の実際の話者にとっては、滑稽なほど間違っていることが多い。derrière は実際のフランス語の単語ではあるが、ときには、表現を「フランス語」に変えるために、いくつかのアクセント記号や「le」「la」を使うだけという、世界中で販売されているアメリカ発の靴下ブランド「L'eggs」のような例もある。L'eggs の靴下は長年にわたり、卵の形をしたパッケージで販売され、「我々の L'eggs はあなたの足に合います」という謳い文句で宣伝されていた。ウィキペディアの L'eggs の項目によると、ある時点で競合ブランドが、L'eggs ブランドの「過度な」言葉遊びと「フランス的なもの」に挑戦しようと、No Nonsense という靴下ブ

ランドを発表した。明らかに失敗したこの戦略は、異文化間ブランド作りの創造力が存在する証として読み取ることができる。

　また、アメリカにおけるスペイン語の造語の使用に関し、ヒル (Hill, 2008) とゼンテーラ (Zentella, 1997) は、言語的ステレオタイプに顕著に見られる言語的・文化的多様性の低下は人種差別の一形態であると主張している。彼らによると、「疑似スペイン語 (ヒルの用語)」または「chiquitification (ゼンテーラの用語)」は2つの目的を担っている――1つは no problemo, el cheapo, muchos smoochos のような疑似スペイン語で、これらはすべて商業ディスコースからアメリカの通常のディスコースに入ってきたものであるが、このような表現を使う白人は、国際人で、本物で、ユーモアのセンスがあり、端的に言えば、望ましい人格を持つという意味を示唆する。一方で、これらは広範囲な意味で人種差別ディスコースの一部であり、間接的にスペイン語話者を望ましくなく問題がある人物だと暗示している。

　　疑似スペイン語はある種の「アメリカ的」アイデンティティを作るのにうまく機能している。つまり、必要最小限のユーモアのセンスと、わずかな――多すぎず、まさに人を脅かさない程度の――国際性 (cosmopolitanism) と、異なる言語と文化への心得があり、気取らずおおらかで自然体の好人物像である。疑似スペイン語がこのようなアイデンティティを確立するのに寄与するのと同時に、スペイン語とその話者は異邦で無秩序な領域に追いやられ、差別的なステレオタイプでたっぷり肉付けされる。(Hill, 2008: 128f.)

　広告における多言語主義は、もう一つの国家、言語、文化、人種集団の肯定的な特性が製品に移るため、多様性を重視する方法のように見えるかもしれない。ところが、肯定的なステレオタイプさえも究極的には、国家、言語、文化、人種間の境界を強化する役割を担っている。ステレオタイプ的言語使用が日常のやりとりの中でどのように行われるかは、バレット (Barrett, 2006) によるテキサスにある白人経営のメキシコ料理店 Chalupatown での言語使用のエスノグラフィーに記述されている。そ

の店のマネージャーと給仕スタッフは白人系アメリカ人で、顧客との接触がないキッチン担当やその他の従業員はラテンアメリカ出身の移民である。疑似スペイン語の使用はこのレストランにメキシコ風のアイデンティティを生み出す重要な要素であった。バレット（Barrett, 2006: 177）は、メニューの項目として、「ordinario でない固いシェルのタコス」「fruita fresca で混ぜた」（スペイン語で fruit〔果物は fruita ではなく fruta であることに注意〕）、「macho な男性に充分な大きさ！」のような表現を、または「¡You'll love it!」のように英語の語句中の逆さまの感嘆詞の使用を挙げている。慣例の一環として、また、メキシコ文化への肯定的な姿勢を示すために、白人のマネージャーたちは、スペイン語圏の従業員と英語を使うだけでなく、疑似スペイン語とスペイン語をちりばめた英語の文を使っていた。彼らは、疑似スペイン語は本当のスペイン語ではないこと、また、スペイン語話者は実際には疑似スペイン語を理解できないということをまったく気に留めていなかった。多くの場合、スペイン語話者は、スペイン語で話しかけられているはずだということさえも気づいていなかった。とはいえ、誤解が起きたときはいつでも、その責めを負うのはスペイン語話者の方で、英語話者は疑似スペイン語を使うことにより、コミュニケーションを容易にするためにあらゆることをしたと独りよがりに思っているのだった。例えば、従業員がマネージャーの言うことを理解できないために指示が守られなかった場合、マネージャーは指示が紛らわしいものであったとは考えず、その代りにスペイン語話者を怠惰だと責めた。結局、疑似スペイン語の使用は、この特定の職場では、人種差別を隠し被害者を非難しつつ、人種差別を維持するために機能していた。

7-3 販売のための英語

英語以外の言語は、その言語圏以外の国での商業的ディスコースにおいて民族文化的ステレオタイプを商品化するのに対し、非英語圏での英語の使用は、現代化、世界的なエリート主義、自由市場といった社会的ステレオタイプを暗示する。英語はグローバリゼーションの最重要言語

という地位に位置しているため、この社会的ステレオタイプは、フランス語、ドイツ語、イタリア語、スペイン語と関連するステレオタイプと比べると、ひとまとめにするのははるかに多様で困難である。ハールマン（Haarmann, 1989）が収集した日本の広告のコーパスで、日本語以外の言語はほとんどの場合、店、会社、製品名に使われていた。日本語以外の言語の要素が、広告やコマーシャルのような媒体でキャッチフレーズやボディコピーとして使われていたとすれば、その言語はほぼ常に英語であった。上記コーパスから、広範囲にわたる英語への転換例を挙げると、「Nice day-nice smoking」「One world of Nescafé」のようなキャッチフレーズや「This is オーブンレンジ」のように、「This is」は欧文で、「オーブンレンジ」はカタカナで書かれている見出しがある。「オーブン」と「レンジ」は英語からの外来語として確立され、標準日本語としても使われているものである（さらなる詳細や事例は Haarmann, 1989: 53ff. を参照）。

　英語は、非英語圏世界の商業的ディスコースでは至るところに存在する。ヨーロッパ大陸の国々で最もアメリカ化しているとよくみなされるドイツでは（Herget et al., 1995）、広告言語（より一般的に言うとマスメディア言語）における英語使用は1945年以来、顕著になってきた。英語の使用と、それによる英語とドイツ語の関係は、極めて高い関心の的となっている。実際あまりに関心が高いため、出版広告言語の研究で英語使用に特別な焦点を当てた博士論文は大変な人気となり、第5版もの出版が必要なほどだった（Romer, 1976）。それからも英語の使用は増え続ける。例えばバジュコ（Bajko, 1999）は、1990年代を通して集めたコーパスで、英語の使用実績の数が絶対的にも相対的にも3倍増加するのを観察した。非英語圏の国々の広告における英語使用例は、ヨーロッパ大陸全体で高い頻度で見受けられる。2004年の女性雑誌『Elle』で発表された広告研究でジェリッツェンら（Gerritsen et al., 2007）が調査したところによると、スペイン語版に載った広告の77％に英語が含まれ、ベルギー・オランダ語版では73％、ベルギー・フランス語版では72％、オランダ発行版は64％、フランス発行版は63％、ドイツ発行版では57％の広告に英語が入っていた。同様の結果が多数報告されているが、エクアドル（Alm, 2003）、ヨルダン

(Hamdan and Hatab, 2009)、マケドニア (Dimova, 2008)、メキシコ (Baumgardner, 2006)、ロシア (Ustinova and Bhatia, 2005)、韓国 (Lee, 2006)、台湾 (Wei-Yu Chen, 2006) をほんの数例として挙げる。

いくつかの国では、特に有名なのがフランスだが、商業ディスコースへの英語の流入は重大な懸念をもたらしており、英語使用に反対する法整備をしようとする試みまであった。フランスの事例の場合、特に広告を通しての英語外来語の流入への懸念は、エチアンブル (Etiemble, 1964) による初期の著述『*Parlez-vous Franglais?*（フランス英語を話しますか？）』で激しい批判として発表された。1994年に発効された法律トゥーボン法では「販売、保証、広告に関するすべてのものと、商品や商標の提示」において、フランス語の使用が義務づけられている (Marek, 1998: 342)。この法律は、実際には英語や他言語の使用を禁止しているわけではなく、フランス語の使用を定めているのだが、導入時は、英語の使用に歯止めをかけるのが目的と広く見られていた。だがこのことは結局、広告言語において英語がフランス語とともに広く使われるという状況に導いた (E. Martin, 2005, 2007)。法律は英語使用率を抑えようという意図から作られたものだったが、このようにあまり効果は得られなかったようだ。マーティン (Martin, 2005) がインタビューした広告コピーライターの中には、フランスの広告での英語使用はあまりに力強い手段であるため、その長所を捨てるよりは罰を受けるリスクを負った方がいいとさえ感じる者もいた。

広告における接触言語としての英語の使用は、他言語の使用とは、質的にも量的な意味でも異なる。上記で指摘したように、英語は非英語圏の国々で広告メッセージとして（当然、自国語の次に）最も頻繁に使われている言語である。さらに、より大切なことに、英語は、他の言語のように、もっぱら製品を民族文化的ステレオタイプと結びつけるような使われ方をするわけではない（7-2を参照）。とはいえ非英語圏の国々において広告での英語使用が他言語の使用と同様な方法で行われ、民族文化的ステレオタイプを示している例は、比較的まれというだけで存在はする。例えばヨーロッパ大陸の広告では、英語はイギリスの上流階級と、高級車やチョコレートなどの製品とを結びつけるために使われることが

多い。同様に、マルボロの世界キャンペーンでのキャッチフレーズ「マルボロの国に来い（Come to the Marlboro Country）」にあるように、英語は製品にカウボーイ魂やアメリカ西部の神話を吹き込もうとする場合もある。英語使用で表現される民族文化的ステレオタイプでもう一つの例は、若者文化、つまりアメリカの都市部で見られる黒人社会のヒップホップでの反逆精神やストリート系流行もの（例えば、ナイキやトミー・ヒルフィガーなどのブランド）である。これらの宣伝キャンペーンは発祥国がイギリスやアメリカの場合が多いが、これはフランス語が世界での宣伝で使用される際、実際その製品がフランスやスイス発祥のものがあるのと同様である。とはいえ大事なのは、外国語を使う理由が、製品をその言語を話す国に関する民族文化的ステレオタイプに関連させるという点であり、そのような関連性が実際の事実として存在するのか否か（製品がその国で製造されているか、またはもともとその国が発祥地なのか）という問題はあまり重要ではない。広告での英語使用の場合、特に発祥国というものが無意味だということは、ヴェステルフス（Vesterhus, 1991）が例証している通りである。この研究者は、ドイツの車市場における販売カタログで英語からの外来語の登場する頻度が最も多いのは、日本メーカーの広告であることをつきとめた。さらに自明のことだが、広告・商業ディスコースはより広い意味で最もクリエイティブでダイナミックなレジスター（言語使用域）の一つであり、英語外来語の使用といった慣習は常に進化し変化している。英語が広がるにつれ、民族文化的ステレオタイプとしての英語はますます無用になっていく。

　要するに、英語は製品と民族文化的ステレオタイプとの結びつきのためよりも、社会的ステレオタイプとして使われることが多いようである。国際的には、英語は現代性、発展、グローバリゼーション、自由市場といったものを表す総称的な象徴になった。ハールマン（Haarmann, 1989: 15）は20年前に以下のことを指摘した。

　　　英語の優位性は高いレベルで凝縮され機能しているため、その機能は社会の発展や現代化に関連するすべての特徴を兼ね備えている。この意味で、英語という言語は、日本で現代化を牽引する役割を担

っている。

　高士（Takashi, 1992）はほぼ同時期に、日本の広告で英語的要素が高頻度で登場するのは、アメリカ化でも西洋化でもなく、むしろ現代的で洗練され国際的なアイデンティティを指し示していると論じている。広告・商業ディスコースでは、英語はもはや言語的で文化的な存在の言語ではない。つまり私が2001年に示したように、現代的で若く、成功を収めた国際的でバイリンガルな存在としての言語である（Pillar, 2001a）。ドイツのテレビコマーシャルと出版広告のコーパスに基づき、私は多言語広告の視聴者や読者のために構築されたアイデンティティの位置づけを探究した。英独語バイリンガルの語り手と登場人物によって作り上げられた人物像は、権威的、国際的、未来志向、成功志向、洗練されている、楽しい、という意味付けがなされている。バイリンガル広告は、独英語のバイリンガリズムという価値を維持し、それをドイツのビジネスエリートのための最も強力な言語通貨として設定する役割を担っている。

7-4　グローバルな非言語？

　広告は巨大な影響力を持つディスコースの形態であり、この四半世紀もの間、世界の経済活動の中でのシェア拡大を続けてきた。また広告は2008年の世界的金融危機でさえも、経済界で他のほとんどの業界よりうまく乗り切った。2010年の新聞記事によると、2010年の世界的広告への支出は4,475億USドル（Global advertising spending revised, up 3.5%「世界的広告への支出高修正──3.5%上昇」, 2010）であった。この支出のかなりの割合はブランドの創作と維持に費やされている。1990年代にはすべてを網羅する「スーパーブランド」の発展が見られたが、その価値は売る製品を通してではなく、むしろ象徴的な価値を通して作り上げられている。ナイキ、ヴァージン、カルバン・クラインのようなブランドは「『コンセプト的な付加価値』がつけられているが、これは事実上マーケティングしか加えていないことを意味する」（Klein, 2001: 15）。この過程において、国際的な「非言語」が登場した（Piller, 2011）。この「非言語」という用

語を私は、社会学者のジョージ・リッツァ（George Ritzer, 2007）が消費のグローバリゼーションの特徴として捉えた「無価値」に関連して使う。リッツァは、グローバリゼーションは「何か」が「無」と取り換えられるプロセスだと述べている。「無」とは、中央で考え出され管理される比較的中身のない形態のことである。彼によって認定されたグローバリゼーションの無価値には、無の場所、無のモノ、無の人々、無のサービスがある。リッツァは言語が無の拡散と交わる方法には関心を向けていないが、中身のない形態——具体的なその土地のコンテンツを欠く形態——の拡散は、コミュニケーションによって、特にブランド力によってのみ達成できる。例えば、マクドナルドのハンバーガー——彼のグローバリゼーション分析の焦点であり、最も広く認識されている無（Ritzer, 2008 も参照）——は世界中で同じ材料で作られ、同じ調理方法で製造され、同じ環境で消費される。しかし結局は、グローバルな無の特徴である世界標準化と管理を達成するのは言語である。つまり、マクドナルドのハンバーガーはネーミングが統一され、ハンバーガーを販売する際に行われるコミュニケーションの手順は、製品そのものと同様、店名からメニュー、販売員と顧客間の会話での実際の台詞まで、中央で考えられ管理されている。

　非言語は中央で管理され考え出され、概ねその土地の独自性に欠ける言語である。ショッピングモールや空港などの非空間で、ハンバーガーやコーヒーのような無のモノや空港のチェックインのような無のサービスを売るために、使われる言語である。職場での企業による言語管理は、少なくとも、ホックシールド（Hochschild, 2003）によるフライト乗務員業務の社会学的調査が1983年に初出版されて以来、新リベラリズムの批評の一部になってきた（6-4を参照）。とはいえ、6-4 のように従業員がコミュニケーションの作業をどのように行うかという主題とは別に、このセクションはわずかに異なる点に主眼を置いている。言語の営みの中央管理を調査するのではなく、世界的企業が、企業外で、つまり公共の空間でどのように言語管理を試みているのかを探究する。サービス業のインタラクションでは、企業と非企業の言語習慣の線引きがあいまいになってきているため、企業空間と、公共または市民空間との区別はある程度

理論上のものである。例えば、最近ある教授が体験し広く注目を集めた事例によると、もしスターバックスを客として使用する場合は、たとえ従業員でなくても、彼らの言語ルールに従わないとならないという (Oliver, 2000)。

　企業管理下の世界消費レジスターが公共空間に溢れ出す事象は、グローバリゼーションと消費主義のもう一つの様相にすぎないと思われるかもしれない。実際そうである。とはいえ英語を話す国際人とみなされるエリート的人物像の領域に当てはまらない人々にとっては、これは、非常に排除的で疎外的なグローバル像の特性を示していることも事実である。次に例を挙げよう。私の母はドイツの田舎であるババリア地方出身の農民で、ババリア地方の方言のみ流暢だが、標準ドイツ語は話せず、いわんや英語をや、である。彼女は70歳代で、あちこち放浪する娘を訪ねるため、人生でこれまで二度飛行機で旅をしたことがある——2003年にミュンヘンからシンガポール経由でシドニーへ、そして2009年にミュンヘンからアブダビまでのフライトだった。アブダビにいる際、母は空港で迷って方向感覚を失うため、空港がいかに心配とストレスの種になっているかという話をした。そこで私は助けになろうと、帰りの便のための手続きを説明した。つまり、アブダビ国際空港では税関まで私が付き添い、制限区域以降はエスコートサービスを雇いゲートまで付き添ってもらうようにした旨を話した。この親切なプランを説明し終えたとき、こちらのアブダビ側では何も悪いことは起こるはずがない、また、ミュンヘン空港は母国ドイツで、母は現地の言葉を話すから向こうでは何も心配することはない、と私は確信していた。母は納得しなかった。彼女の反応は「信じてちょうだい、ミュンヘン空港もこことまったく同じくらいしか、わからないのよ」だった。彼女にとって、ミュンヘン空港の言語風景は、英語の店名やブランド名とともに、多言語のアナウンス、標識、騒音などと相まって疎外感を与えているのだが、それは空港が実際に位置する周辺地域の言語風景から切り離されているためである。

　従って、非言語は、実際の物理的空間とは切り離された企業管理下の世界消費レジスターであり、世界の他のグローバリゼーションの中心地とつながっている。非言語レジスターは中央でブランド名によって構成

される。このようなグローバルな非言語の出現は、これまでどちらかというと学術的関心をほとんど集めてこなかった（Pillar, 2011 を参照）。また、企業の公共言語管理に関する議論はほぼブログの分野に限定されてきた。例えば、スターバックスがコーヒーのサイズを small、medium、large と呼ぶ代わりに、tall、grande、venti と呼ぶ習慣についての議論は多い——グーグルブログ検索で2010年10月8日に「スターバックス tall grande venti」を検索したところ、11,400件もヒットした。同様に、マクドナルドが「McJob」という用語を2003年に『Merriam-Webster's Collegiate Dictionary』から、2007年にオックスフォード英語辞典（OED）から記載を取り止めるよう尽力した事例は、かなりメディアの注目を集めた。OED による McJob の定義は「将来の見込みがなく、刺激もなく収入の低い仕事——特にサービス分野の拡大により創出されたもの」で、これにマクドナルドが異議を唱えた。辞書の定義に反して、マクドナルドは McJob は「刺激的でやりがいがあり〈中略〉一生続く技能を提供する仕事のことを指す」（Thompson, 2007）というように、再定義が必要だと主張した。マクドナルドは辞書に政治的圧力をかけたが、この件で裁判に訴えるところまではしなかった（A new McDefinition?「新しいマック定義？」、2007）。

とはいえマクドナルドは、ブランドイメージを維持するために繰り返し法的手段に頼った。その例として接頭語 Mc-（マック）の使用に関する訴訟がある。クルサード（Coulthard, 2005）は、「McSleep」の事例を詳述している——Quality Inn 社は McSleep という商標の下、ベーシックなホテルチェーンを設立する意向を持っていた。彼らの主張では、その名前はスコットランド人の倹約性を表すステレオタイプに関連して付けたという。それに対してマクドナルド社は、Quality Inn 社がマクドナルド・ブランドの評判を利用していると反論した。さらにマクドナルド社が「マック語」を作り出そうとしてきた努力を強調し、「ロナルド・マクドナルドが」普段使う単語の標準語彙を「マック化」する方法を子供たちに教えることに尽力しており、その結果「マックフライ」「マックフィッシュ」「マックシェイク」さらに「マックベスト」までを生み出すようになったと指摘した（Coulthard, 2005: 51）。言語の専門家であるロ

ジャー・シュイ（Roger Shuy）は裁判で証言に立ち、コーパスの言語学的証拠を使って、接頭語 Mc-（マック）は実際、広く一般的に使われ、「基本的で、便利で、高くなく、標準化されている」ことを意味するようになったことを証明した（Coulthard, 2005: 41）。マクドナルド社は、それに反して、市場調査を使って、Mc- という接頭語はマクドナルドと結びついていることを示した。裁判所は後者の証言の方に説得力があるとし、このファーストフードチェーンに商業的分野でのこの接頭語に関する管理権を認める判決を下した。

　企業の言語方針が広く大衆に溢れ出る効果を生み、激しい言語論議の的となった最後の例は、日本からのものである。日産、楽天、ユニクロといった大企業3社が2010年に企業言語として日本語の代わりに英語を導入することを発表したときのことだ（その後の議論の概要は Takahashi, 2010a を参照）。これらの企業方針は直接的に、また間接的に言語カリキュラムや指導を具体化し、一般の日本人に一層英語を学ばなくてはというプレッシャーを高めるものだ。実際、グローバルな非言語が英語になるという事実が最も顕著に表れるのは非英語圏の国々である。もともと英語を話す国々を除いては、ある特定の企業のやり方だけではなく、このように外国語で学ぶという形式もまた大変な負担になっている。英語のグローバル言語としての広まりに関する文献は数多く存在するが、それは国粋主義の範疇に陥っており、英語の世界的な広まりは概して国家レベルで話され、国境を超える出来事として捉えられる。とはいえ、マクドナルドのグローバルコミュニケーションの慣習について、最後にもう一度だけこの使い古された例に戻ると、この例は「アメリカ英語」や「ドイツ英語」、また他国の英語種として捉えるのでなく、また、「リンガ・フランカとしての英語」や「国際ビジネス英語」として理解するのも正しくない。これらを理解する唯一の方法は「マック言語」として唯一無二の存在だということだ。「マック言語」は中央で管理され世界的に標準化され、現地の内容は欠如している――まさに非言語なのだ。

　7-2 で述べたが、日本の広告で使われているフランスのブランド名が本当のフランス語ではないことと同様に、企業管理下の世界消費レジスターは英語の表現で占められているように見えるかもしれないが、これ

もまた英語ではない。反対に、主要ブランドは英語のみの使用から徐々に撤退しつつある。例えば2002年にマクドナルドは、イタリアでコマーシャル撮影をした広告キャンペーンを、オーストラリアで展開した。そのコマーシャルには、イタリア語を少し使い、イタリア訛りの強い英語を話すキャラクターが使われている（Pillar 2003）。さらに、多様化マーケティングの広がりを示すもう一つの例では、マクドナルドが日本での広告でポケモンのキャラクターを組み入れたことが挙げられる。さらに面白い展開として、ポケモンのキャラクターはマクドナルドのカレンダーに使用され、日本の活発な英語学習市場を視野に入れ、若い消費者に英語を教える内容も含まれていた（10-6を参照）。多様化マーケティングでは、アメリカ化、欧米化、英語支配からの象徴的な移行が見られる。

> 今日のグローバル・マーケティングにおける流行語は、アメリカを世界に売っているわけではなく、世界のすべての人に向かってある種の市場スパイスを届けている。90年代終わり頃には、世界はマルボロの宣伝に出る男性ではなくリッキー・マーティン――北と南の二言語混合、ラテン系、R&Bが世界的なヒット曲の歌詞にすべて詰まっている――に傾いていた。この民族フードコート・アプローチは「世界で一つの無の場所（One World placelessness）」を生み出し、それは、企業が「コーラ植民地化」という叫びを引き起こすことなく、多くの国々で一つの製品を売ることができるグローバル・モールのことを指す。（Klein 2001: 131f）

従って、アメリカのブランドの価値観や好みや業界の慣習が世界のどの片隅にまでも輸出される時代には、同時にこれらのブランドを――象徴的に――アメリカから遠ざけようとする試みもされる。そうする一つの方法としては、広告で英語以外の言語を使用することである。ベル・フックス（bell hooks, 1992: 21）が主張するように「商業文化の中では、民族性は、主流である白人文化というつまらない料理を生き生きさせるようなスパイスや香辛料になる」。同じことが異文化間広告にも当てはまるのだ。

つまり、非言語のコンセプトは、ネオリベラル的自由市場のイデオロギーに基づいた世界消費の社会理論をグローバル商業コミュニケーションに取り込もうという試みである。ブランド自身が利益のために同種の消費慣習に頼っている一方、多言語広告の使用により異種性を示す——このことは、この世界消費レジスターはブランドを所有する企業によって中央で管理されているという事実をあいまいにする役割を担っている。

7-5 本章のまとめ

本章では、以下の要点を主張した。

- 広告ディスコースや、より一般的に商業ディスコースは、製品やサービスの市場価値と好ましさを高めるために、文化が引き合いに出される空間である。
- このような異文化の商業化を達成するための主要な手段とは、販売する製品のブランド化や広告において、自国語以外の言語を使用することである。
- 英語以外の言語が、自国の環境以外の広告やブランド化において使われる場合（例えば、日本におけるフランスのブランド名）、その言語は民族文化的ステレオタイプを暗示するために使われている。これらのステレオタイプは国家と人種の境界線を維持することに役立ち、疑似スペイン語の事例のように、時折、隠れた人種差別のカムフラージュにもなりうる。
- 英語が非英語圏の国々での広告で使用される際、民族文化的ステレオタイプを暗示する意図があることはほとんどなく、むしろ、英語とその国の言語との二言語主義が、現代的で国際的なプロフェッショナルで、成功した人物像を表すために使われるという社会的ステレオタイプを暗示する場合の方が多い。
- ブランドの言語は、そのブランドを所有する企業によって厳密に管理されている。ブランド言語の中央管理は、統一された世界消費レジスターを生み出した。このように世界的に広がり、中央で管理された非

言語は、統一された方法で多様化を表すために、英語や一連の他言語からのリソースを使用する。

7-6 参考文献

ハナーズ（Hannerz, 1992）とリッツァ（Ritzer, 2007, 2008）は、商業化された文化的シンボルの世界的な流れについての研究を極めて読みやすく提供している。ハナーズはエスノグラフィー研究者としての観点から、またリッツァは社会学者としての観点から、文化的商業化の世界的な経路を研究している。クライン（Klein, 2001）は、スーパーブランドを「地球村の共通言語」として刺激的な批評を発表している。

7-7 アクティビティ

■ 多言語広告

現在放映されているテレビコマーシャルで、その国の言語以外の言語が使われているものを探してみよう。外国語はどのようにして登場するか。アクセント、単語、または、より長い表現で登場しているか。コマーシャル内のどこで使われているか。話し言葉か書き言葉か。誰が使っているか（ナレーターか、キャラクターか）。外国語の使用によって、どのような意味や連想が生み出されているか。自分のメモを、他のコマーシャルで同様のアクティビティを行ったクラスメートのものと比較してみよう。

■ 世界的な広告における英語

非英語圏の国で発行された国際的な女性誌の一冊を選択して、ページの半分以上を占める大きさの広告をすべて集め、ジェリッツェンら（Gerritsen et al., 2007）の分析を再現してみよう。自分の発見とジェリッツェンらの発見との類似点と相違点を議論してみよう。発行時期や国が異なるものなど、より多くの雑誌を使うことにより、この研究プロジェクトを広げることもできる。

■ **ブランド化された非言語**

　一つのブランドを選択し、そのブランドの世界向けと様々な国内向けサイトの最初のページを見てみよう。様々なサイトを通して、どの要素が同じか、何が違うか調べてみよう。

注
1　http://en.wikipedia.org/wiki/L'eggs　2013年10月5日に最終アクセス
2　http://www.mcd-holdings.co.jp/news/2009/promotion/promo1008b.html　2013年10月5日に最終アクセス

第8章
異文化間ロマンス

8-1 本章の目的

　異文化コミュニケーションはトラブルのもとと捉えられがちだ（第6章を参照）。しかし、広告における異文化コミュニケーションの商品化のように心躍るような側面もある（第7章を参照）。本章では、文化の違いや多様性が心を躍らせるもう一つの側面を考察する。そこでは文化的に異なる者が恋愛や性的な対象として美化され、構築されている。
　第8章では、以下のような内容の習得を目指す。

- 結婚や異文化間恋愛の研究、オリエンタリズム論における異文化への欲求（intercultural desire）言説による構築（discursive construction）の研究などの概要を把握する。事例としては「花嫁通販サイト」などを取り上げる。
- 恋愛やセクシャリティの場における異文化コミュニケーションの現実、思想、物質的な要素などの複雑な関係について批判的に取り組めるようになる。

8-2 グローバル化する恋愛

　私が1990年代の後半に実施したドイツ人女性へのインタビューで、アメリカ人の夫との出会いについて尋ねたところ、「ずっとカウボーイと結婚したかった！[注1]」との答えを得た。意識していたのか無意識なのか。

この言葉は彼女が子供だった1960年代にドイツのヒットチャートを賑わせた曲の歌詞そのままであった。[注2]

> Ich will 'nen Cowboy als Mann ／ Ich will 'nen Cowboy als Mann ／ Dabei kommts mir gar nicht auf das Schiessen an ／ Denn ich weiß, das so ein Cowboy küssen kann ／ Ich will 'nen Cowboy als Mann ［…］
> （カウボーイと結婚したい。カウボーイと結婚したいの。射撃が好きだからじゃない。カウボーイはキスの仕方を知ってるから。カウボーイと結婚したい。［…］）

　キム（H. M. Kim, 2007: 114）による韓国での調査では、ベトナム人の妻を探している韓国人男性に理由を問うと「ベトナム人は従順で私の両親にもよくしてくれるからだ」と答えたという。この言葉は、韓国で国際結婚を推し進めているブローカーや地方政府の広告にも出ているものだ。これらの広告のスローガンは「田舎のひとり者に結婚の機会を！」で、高齢化が進む韓国の若返りを目指している（H. M. Kim, 2007）。
　この２つの事例は極めて異なる状況で起こったことではある。しかし、いずれも異文化コミュニケーションを通して、最も私的な欲求である愛、ロマンス、愛情行為、家族などを追求しようとしている点が共通している。いずれの例でも文化を重要な要素と考えており、文化的他者（the cultural other）のステレオタイプ的なイメージと私的欲求という別個のものと考えられがちな二者が絡まりあっている。しかも、いずれの事例のステレオタイプも現実とかけ離れているのだ。事実、先ほどのドイツ人女性ナタリー[注3]のアメリカ人の夫は、いわゆるカウボーイとは似ても似つかない男性であった。まずカウボーイのいるとされる「荒れくれた西部」の出身ではなく、東海岸の出身であった。しかも、高等教育を受けて人文学の学位を持ち、芸術関係の専門職として働いていたのだ。つまり、彼女の答えは私的な恋愛に関する欲求の表現であると同時に、アメリカという国はステレオタイプ的に「荒れくれた西部」として、アメリカ人男性はカウボーイとして説明される、というより大きな言説をも表しているのだ。ナタリーの若い頃には、こういった言説が充満していた。

先の「カウボーイと結婚したい」という曲に加えて、ハリウッドから世界に向けて発信された西部劇を考えてみるとよいだろう。広告業界における「マルボロの男」たちは、荒々しく、自立し、はっきりとした善悪の意識を持ち、家庭的ではないがロマンチックで愛する女性には誠実、といったアメリカ人の典型的な男らしさの体現者としてカウボーイ神話を国際的に広めていった。

先の韓国人男性が、彼の両親によくしてくれる従順なベトナム人妻を見つけるという夢を実際にかなえたのかは知る由もないが、キム（H. M. Kim, 2007）は田舎の韓国人男性が将来の国際結婚相手に持つ夢は多くの場合に失望に終わると指摘している。国際結婚のブローカーはベトナム人女性の従順さや親孝行さを強調するが、現実にはこの女性たちは社会主義国で育ち、核家族が普通のものと考えているのである。しかも、彼女らの嫁ぎ先である韓国での拡大家族は必ずしも好意的に接してくれるとは限らず、虐待され殴られる女性もいると報告されている。キムがインタビューした外国人花嫁の多くは、夫が持つアジア的女性らしさのイメージに応えられるように願ってはいたものの、そのアジア的女性らしさ、家庭第一主義、母親らしさなどは先天的に備えられているものではないと考えていた。その一方で、彼女たちが結婚した韓国人男性は十分に裕福で、自分たちは女性的に、家庭的に、母親として生活させてもらえると期待していた。あるモンゴルからの花嫁は、次のように語っている。

> モンゴルで20代前半の若いカップルが何の準備もなく、子供を産んで結婚することがよくあります。私が韓国人男性を選んだ理由は、彼らが結婚前に家などすべてを買うと聞いたからです。それからとても責任感が強いとも聞きました。モンゴルへ来て結婚しようとしている男性の年齢が高いのは、その準備に時間がかかったからだと聞きました。私は夫が家族を支えてくれ、自分は家で母親として子供を育てることができると信じていたんです。（H. M. Kim, 2007: 115）

残念なことに、彼女の年配の夫はその「準備」ができていなかった。

彼は仕事をしておらず、家族を支える物資もなく、教育も受けておらず、暴力的だったのだ。しかし、彼はモンゴル人女性が「良き妻」であることはあたりまえのことであり、結婚生活がうまくいかないのは彼女の責任だと責めるのであった。

近年世界中で国際結婚が急増している (Piller, 2007a)。結婚していないカップルについての統計はないものの、国際結婚の値が大まかな傾向を示していると考えてよいだろう。愛、ロマンス、家族は実にグローバルとなっている。先述の事例は、単にますます多くの文化、国、人種、言語的背景の異なる人同士が親密な関係を築いていることを示しているだけではない。愛、ロマンス、ジェンダー、セクシャリティについての言説も文化と切り離せないということも示されているのだ。つまり、文化は多くの人々の情緒的感情的な生活と関連づいており、愛情や欲求にも影響を与えているのである。

非同族間結婚 (intermarriage) の増加にもかかわらず、世界中の多くの社会では自分の属するグループ間での結婚を意味する同族結婚 (endogamous relationships) が標準とされ、非同族間結婚は標準外で説明の必要がある例外とされている。これに対して比較的少数の社会でのみ伝統的に異族結婚 (exogamy) が行われてきた。伝統的に非同族結婚を標準としてきた社会の例として、ブラジルとコロンビアの間に広がる北西アマゾン盆地のバウペス地方 (Vaupés region) に住むトゥカノアン (Tucanoan) が挙げられる (J. E. Jackson, 1983)。トゥカノアンは同族結婚を強くタブー視しており、その同族の定義は言語でなされている。父方居住を基本とし、言語は二重言語 (dual-lingual) 状態で、夫婦はそれぞれの母語で話をする。子供は父親の言語を主に聞きながら育つ。しかし、母親の言語や、その他の結婚によって移り住んできた女性の親族の言葉も聞きながら育つことになる。そのため子供たちはマルチリンガルに育つが、父親の言葉の母語話者と考えられるようになる。トゥカノアンの伝統も、多くの伝統的社会と同様に、結婚、家族、子育てといったことについての考え方を教えていく。

一方、異族結婚が伝統ではない社会における、異文化間 (intercultural) 結婚でマルチリンガルのカップルには、多くの場合に人間関係、子育て、

家族の義務などの重要なことについて指針となる確立した考え方が存在していない (Kamata, 2009)。そのため異文化コミュニケーションアドバイスには、異文化間の人間関係や子育てについてのアドバイスという新ジャンルまでできている。このようなアドバイスだけでなく、異文化間の人間関係の初期や、さらにその前の「関係を始めるかをまさに考えている段階」では、文化的他者という概念が重要である。第2章で述べたように、異文化コミュニケーションは人が持っているアイデンティティ自体の結果ではなく、構成していく行為 (discursive framing) の結果である。当然これは恋人同士や夫婦のような親密な異文化コミュニケーションについても言える。親密な関係にあるパートナーたちの異文化コミュニケーションは、お互いが異なる国や言語的背景を持つという事実自体ではなく、それぞれの何に注目するかによって起因すると理解できる。つまり、親密な異文化コミュニケーションは、お互いが文化の異なりに注目し、文化を動的に行い、文化をカテゴリーとして構築しようとする時点で起こるのだ。これは関係の初期段階や関係が始まる前の段階であることが多い。実は、異なる背景を持つパートナーたちは、通常関係が進むに従って自分たちのコミュニケーションを異文化間のコミュニケーションと考えないようになる傾向が強い。2002年の著書 (Piller, 2002a: 183ff.) で示したことだが、国際カップルは大量のコミュニケーションを行うことでお互いを似ている者として構築して行く。その結果、異なりを文化ではなく個人の性格に起因するものだと考えるようになるのだ。私が調査した英語話者とドイツ語話者のカップルたちは、類似性を構築し、異なりを分解していくために次のような方法をとっていた。彼らはアメリカ人、イギリス人、ドイツ人の違いを、さらに別の国や文化との違いを強調することで最小化しようとしていた (「そうはいっても君はアラビア人とかじゃないんだからね」)。他の例では、アメリカ人女性がドイツ人の夫との関係構築を「アフリカやその他のところ」から来た人との関係構築と比較することで、「それほど悪くない (not that bad)」と語っていた。共通点を強調するもう一つの方法は、音楽や職業上のアイデンティティ、社会階層的背景の類似性など、お互いのアイデンティティの非国家的な側面に注目することである。類似の論点を扱った研究に、ヴィソン (Visson,

1998: 102) のロシア人とアメリカ人の夫婦の研究がある。彼女は、対象となった夫婦たちが、自分自身のことは当初から個人として見るものの、配偶者については文化的に捉え、「『外国』文化の産物（as products of a 'foreign' culture）」と捉える傾向があることを指摘している。

　文化的他者についての言説は、親密な異文化コミュニケーションを理解するための基礎となっているだけでなく、ますます増加している異文化間の人間関係の中心となっている。国際的な人の移動の増加によって、異なる背景を持つ人々が直接出会う機会が増加し、様々な人間関係が始まっているということに間違いはない。確かに今日、過去にないほどの人々が国境を越えて移動している。その目的は学問であったり、仕事であったり、遊びであったり、亡命であったりもする。このような国際移動の増加によって、人々が異なる地域出身の人と出会いパートナーとなる可能性も高まっている。私の英語話者とドイツ語話者のカップルについての研究から例を挙げれば（Piller, 2002a）、対象となったカップルの大半がどちらか一方が交換留学生として外国にいたときに出会っていた。それ以外の人たちも片方、もしくは両方が出身国以外で仕事をしていたか、軍務で外国にいたときに出会ったという。国際移動が増加することは、その目的にかかわらず異文化間の親密な関係が出現する可能性を増加させている。これに加えて、人々は旅行中の恋愛や売春を目的とした旅行のように、初めから親密な関係を求めて外国旅行をすることもあり得る。文化的他者をロマンチックで性的なものとしてイメージする現象は至るところに存在している。ガサツなアメリカ人カウボーイという男性性、慎み深く従順なアジア人の女性性などである。このようなイメージが偏在していることは異文化間の欲求（intercultural desires）をさらに増大させるという結果になっているのだ。しかし、同様に重要なのは増え続ける国際的なメディアの影響である。メディアによって、これまで以上に文化的他者との感情的性的充足感への欲求や夢がもたらされている。

8-3　愛の力で世界は回る

　あるブログに、東京で日本人と西洋人のカップルがホームレス男性に

あった際の出来事が紹介されている（Takahashi, 2010b）。この男性は恋愛関係にある人が「I love you」と言う英語のあり方に異議を唱えていた。

> 西洋の男たちは「愛してる、愛してる」とよく言い、日本人女性もそれが大好きだ。バカなことだ。本当に愛があるのなら、そんなことは言わなくてもいい。

彼が西洋式の恋愛に腹を立てるのには理由がある。なぜなら日本で西洋式恋愛の影響が蔓延することによって、恋愛市場での彼の価値が下がってしまうからだ。

> バカなアメリカ映画ばかり見て、「愛してる」って言えと期待する女たちばかりで、どうやって恋人を見つけろって言うんだ。

異なる文化において愛や結婚は異なる意味を持つ。愛情表現の仕方だけでなく、ロマンスや欲求といったものも文化によって異なる。現在、世界で支配的になってきている恋愛や結婚についての考え方は、結婚を個人の選択、恋愛、交際に基づいた関係とするものであろう。しかし、世界の多くの地域でこのような考え方が支配的で「自然」と思われるようになったのは比較的最近のことである。いわゆる「西洋」でも、結婚を家族的な経済的な義務システムとする考え方から、ロマンスや交際を支配的要素とする考え方へと完全に置き換わったのは、ここ100年程度のことでしかない（Hirsch and Wardlow, 2006）。この分野の研究者たちは恋愛と結婚の変容が、アイデンティティの変化と関連して起こっていると指摘している。世界には依然として変化していない地域も多いが、人間のアイデンティティの中心が親族関係から個人のあり方へと移ってきているというのだ。私たちのアイデンティティや愛といったものも、ニーズの貨幣化という物質的文脈や、進展する消費者社会といった日常の中で変化している。我々の生活と感情は別の速さで変化しているものの、物質的な不平等やロマンチックな他者という言説を前提としたグローバルな恋愛システムによって説明できるという点で関連している。グローバ

ルな恋愛システムは、物質的な不平等だけでなく、ロマンチックな愛こそが他の様々な形の愛よりも道徳的に優れているとするようなイデオロギー的な不平等によっても支えられている。レブーン（Rebhun, 1999: 5）は急速な社会的経済的変化が、カルアラ（ブラジル・ペルナンブーコ州）の恋人たちの恋愛、結婚、そして広く感情一般に与える影響についての研究で次のように述べている。

　　恋愛という行為は「西洋」との関わり方の表現ともいえ、特に西洋の経済的支配力、輝かしい文化的遺産、威信、近代性、さらには愛が結婚式で表現される様（女性が白いドレス、男性がスーツを着て、同じ服を着た参列者たちや教会や役所によって祝福される）という形で示されている。

　威信の高い「西洋近代的な恋愛」という考え方は、先ほどの日本人男性のように一見影響を受けていなかったり反対していたりする人々でさえも、生活の感情面には（付随的には社会的経済的な側面でも）見ることができる。彼は、愛についてのロマンチックな考え方の広がりによって、女性たちがもっと「ロマンチックな男性」を求めるようになり、その結果自分の恋愛の可能性が減っていると考えていた。彼の問題は決して特殊なものではない。遠く離れたアラブ首長国連合でも「Noor factor」によって離婚率が急増しているという（Elass, 2009）。Noor とは、二人の主人公（Noor と彼女の夫 Mohannad）によるトルコのメロドラマのタイトルである。アラビア語への吹き替えによって、Noor はアラブ世界の女性の間で大変な人気を博している（Abu Rahhal, 2008）。Mohannad はドラマの中で妻に対して頻繁に愛情を示す言葉を使う。妻に対してどれだけ彼女のことを愛しているかを語ったり、「レバント式の美辞麗句（"the flowery language of the Levant"）」によって甘いときを過ごしたりもする（Elass, 2009）。それというのも、この映画はシリア語やレバント地方のアラビア語にも吹き替えられており、これらの言葉は湾岸地域のアラブ人にとって素敵で "flowery" でロマンチックに響くというのだ。エラス（Elass, 2009）によれば、このメロドラマは中東・アラビア湾岸地域のアラブ人女性の恋愛

に対する期待を大いに高め、既婚女性の中には愛を語らず、甘いときを過ごそうともせず、素敵なレバントアクセントでもない「非ロマンチック」な自分の夫と離婚をする人が出てくるほどなのだという。

　さて次に、グローバルな恋愛とそれが埋め込まれている物質的および言説的な異なりと不平等についての事例を2つ検討したい。1つ目の事例は、日本の田舎へ嫁いだフィリピン人女性の恋愛表現について（Faier, 2007）で、2つ目の事例は、トルコのイスタンブールで旧ソ連出身女性によって拒否される対象となっている恋愛について（Bloch, 2010）考察する。いずれの事例でも、女性の生活の感情面は、国家による管理やビザの体制、メディアにおけるこれらについての言説、さらにはメディアでの異文化間恋愛および恋愛全般についての言説の中に埋め込まれている。また、この2つの研究が行われたのは、地元の男性と性的な関係にある移住女性が伝統と礼節に対する脅威として見られており、さらには大多数の場合に人身売買やグローバルな性的搾取の被害者ともされているという状況であった。

　フェイア（Faier, 2007）は、木曽地方へと嫁いだフィリピン人女性たちについてのフィールドワーク中に参加した集まりで、彼女たちが夫への愛情を声高に口にする場面に頻繁に出くわした。研究者は、典型的な例として次のような出来事を記している。

> 　Malou（フィリピン人女性）は普段ほとんど英語を話すことがない。しかし、その夜はまるでドラマのワンシーンかのように話をした。「うちの夫は最高よ！」彼女は両手を抱きかかえるように胸に当てて、さらに続けた。「夫のことを愛してるわ！　夫を愛してる、愛してる、愛してる！」。Malou のパフォーマンスにくすくすと笑っていると、他の女性が「本当なの、Malou は本当に夫のことを愛してるのよ。彼は最高なの。彼女はラッキーだったのね」と確認するように語ってくれた。(Faier, 2007: 156)

　このようなパフォーマンスは、これらの女性による異文化間の愛の実践であり、彼女たちのグローバルな生き方を理解する手がかりにもなる。

まず初めに、公の場での愛の表明は、彼女たちがフィリピンを旅立ち日本のバーでエンターテイナーとして働くようになる以前の段階で植えつけられている。ホステスの重要な役割は、「愛情あふれる対応（be loving）」によって、男性客が楽しい時間を過ごせるようにすることである。一般的に彼女たちの給料は出来高制のため、心のこもった態度で「愛情あふれる対応」をすることに強い経済的インセンティブが働いていた。フェイア（Faier, 2007）の研究に出てくるほぼすべての女性は、ホステスをしている間に結婚相手と出会っていた。彼女たちによる公の場での愛情表現は、訓練と仕事の経験によって第二の本能となっていたのである。彼女たちは自分たちの愛情パフォーマンスがより自然なものと受け入れられるように、「フィリピン女性は日本など他の国の女性よりもロマンチックで、愛情にあふれ、思いやりがある」という文化的ステレオタイプを利用する。このような文化的ステレオタイプの利用によって、彼女たちのバーでの愛情パフォーマンスや愛の告白が単なる策略以上のものとなっている。これは、彼女たちが普段から、策略やごまかしは不道徳なことなので行わない、と語っていることからも傍証されるだろう。一方、日本とフィリピン両国で彼女たちを「安っぽい」女性と捉える考え方がある。具体的には売春とのつながりや、金銭目的で日本人男性と結婚しているという蔓延した思い込みである。彼女たちはこのような考え方と日々戦っている。この否定的なステレオタイプを乗り越えるための方法の一つが、一目ぼれについての話をするなど公の場で愛を表明していくことなのである。ただし、愛情パフォーマンスをすることに、経済的な利益、体面の保持、否定的なステレオタイプと戦うことなどの強いインセンティブがある一方で、すべての夫が実際に愛にあふれているわけではない。

　愛情は男性から妻への経済的感情的サポートと関係している。日々の優しさのように小さなこともあるが、何よりも大事なのは海外にいる家族への送金や訪問のサポートである。そのため彼女たちが夫への愛情を語るときに、自分自身のトランスナショナリティを可能としている親密さや思いをジェスチャーで示すのである。つまり、愛情は日本への移住の結果であるだけではなく、自分とフィリピンをつなごうとする努力の

成果でもあるのだ (Faier, 2007: 157)。

　フェイア (Faier, 2007) が日本の田舎で出会ったフィリピン人女性のように、ブロッホ (Bloch, 2010) がイスタンブールで出会った旧ソビエト出身の女性たちも、旧ソビエト連邦がグローバル資本主義経済へ組み込まれたことに起因する地元経済の崩壊によって母国を離れた。彼女たちのトルコ人男性との出会いも国家による圧力とビザ体制の影響下で起こっている。先のフィリピン人女性たちは日本に6カ月の興行ビザで入国していた。結婚しない限りこのビザのままになるため、日本人との結婚を考えるようになった。旧ソビエトの女性はトルコに1～2カ月の観光ビザで入国しオーバーステイする。一般にフィリピン人が日本から強制送還された場合の日本再入国よりも、旧ソ連人がトルコから強制送還された場合のトルコ再入国の方が容易だと考えられている。しかし、入国後の立場が不安定になることは避けられないため、「彼女たちもトルコ人との結婚が彼女たちのビザを正規のものとする唯一の方法である」と考えるようになる。しかし、移住にあたっての社会経済的な背景は類似しているものの、彼女たちの精神的な経験は極めて異なる。その理由は、ジェンダーと性的なステレオタイプのあり方が、「旧ソ連出身のロシア語話者の女性とトルコ人男性との関係」と「フィリピン人女性と日本人男性との関係」で非常に異なるためである。旧ソ連の女性はトルコの男性と正規の結婚に至ることはあまりなく、むしろトルコ人「パトロン」の愛人であったり「囲われ女 (kept woman)」となることが多い。そして「女性を囲う」ことにパトロン以外の誰かとの偽装結婚の準備と費用が入っているのだ。トルコ人男性の立場から言えば、自分が相当に年上であるだけでなく、すでに結婚して子供もいる場合も多いため結婚は不可能である。しかも、結婚することには何の価値もない。なぜならこの結婚は現在の妻との離婚と世間体の悪さを意味してしまうからだ。その一方で、愛人を持つことは伝統的に認められたことであり、実際に地位を高めることですらある。さらに地元のトルコ人女性は愛人となることが少ないのに対して、旧ソ連の女性は魅力的な愛人となりえる。あるトルコ人男性が語るように、旧ソ連の女性は「美しく、賢く、思いやりがあり、セックスについてのコンプレックスがない」(Bloch, 2010: 5) とされ

ているからだ。このようなロシア人女性に対するステレオタイプはトルコで長い間伝統となっており、その歴史は13世紀のオスマン帝国の初期ハーレムにまでさかのぼる。女性の立場からも愛人関係は、自分の「自由を保つ」ことができ、妻となり自分を「売り渡してしまう」のに比べて望ましいとさえ考えられている。この考え方のため、愛人関係の金銭的な交渉の際により有利な立場にも立つことができるのだ。フィリピン人女性の場合と同様に、ブロッホ（Bloch, 2010）の研究によれば母国の家族をサポートすることは最重要事柄であり、このサポートを実現するための能力や理解が相手選びの条件と密接に関係していた。トランスナショナルな恋愛の感情面での経験は、社会的経済的な不平等やジェンダー化され性的なものとされた文化的他者の言説の中に埋め込まれているのだ。ある女性はトルコ人パートナーに対して感じる愛情について次のように述べている。

> 彼は私の兄弟、父親、恋人を全部まとめたような存在。私が想像していたよりもとても良い。それに私が外国で、たった一人で、家族も何もなしで生きていくのに必要なことなの。（Bloch, 2010: 2）

　これら2つの事例はトランスナショナルな状況下での愛とロマンスは普遍的な感情ではなく、特定の物質的文化的文脈の中で作られているものだということを示している。物質的文脈とはジェンダー化されたグローバルな不平等であり、文化的文脈とはジェンダー化された他者についての言説と言えよう。いずれの文脈においても愛とロマンスの構築は、グローバルに愛をめぐらせているジェンダー化された人や言説を前提としているのである。

8-4 花嫁通販サイト

　花嫁通販サイトについての言説ほどグローバルに駆けめぐる愛の例としてわかりやすいものもない（Piller, 2007a）。小島（Kojima, 2001）は、花嫁通販産業を再生産労働のグローバルシステムであると分析している。先

進国の女性は個人のレベルで、結婚し子供を持つことの義務から自己を解放することに成功してきた。その一方で、社会的人的再生産に関わるジェンダー化された無償の仕事に支えられている資本主義や家父長制のシステムを変えるには至っていない。その結果として、この差が移住する妻や母である成人女性たちによって埋められている。花嫁通販産業は完全にジェンダー化され文化化されているのだ。いわゆる豊かな北側諸国の男性が外国に妻を選ぶための「ロマンスツアー」に出かける一方で、南側の女性が外国の夫と一緒に居住するために移住する。ロマンスツアーは花嫁通販業者によるパッケージツアーの一種で、参加者が特定の旅行先で何人もの女性と結婚を目的に出会うというものである。このツアーは通常、航空券、宿泊、個別やパーティーによる女性たちとの出会い、結婚契約書や法的なサポート、結婚式のアレンジなどが含まれている。業者はこのような形態の紹介に加えて、男性向けに地元女性たちとの親睦会の手配も行う。

現代の花嫁通販業界は1970年代の初め頃に始まり、当初は個人広告や印刷された通販カタログのような物が利用された（O'Rourke, 2002）。しかし、インターネットの広がりにより、業界は極めて活気づくことになる。個人広告のジャンルは新しいメディアの登場によって様相を一変した。かつての個人広告は単語ごと、場合によっては一文字ごとに課金されていたため、必要最小限の情報しか載せられることがなかった（Bruthiaux, 1996）。しかし、インターネット上の個人広告は、詳細な個人情報（年齢、身長、体重、民族、宗教、喫煙の有無など）、写真などに加えて、自由記述欄も設けられ自分のことや求めている相手についても書くこともできる。しかも、利用者たちは個人広告のみを頼りにしているわけではない。ほとんどの出会いを提供するサイトではチャット機能を備えているのだ。このようなサイトはメンバー制（男性がサイトに掲載されている女性のデータにアクセスする際に料金を払う）か男性が気に入った女性の連絡先を購入するという形式（「カートに入れる」式：大量購入には割引あり）となっている。電話市場の自由化とインターネット電話サービスの出現により、頻繁な長距離電話による恋人関係の維持はずいぶんと安価になった。

花嫁通販サイトの評判は芳しくないどころか組織犯罪の出先であるこ

とさえあるが、女性はこのようなサイトを実にしたたかに利用している。ウクライナの首都キエフのあるブロガーは、「ウクライナ女性はつまらない男であっても西側の男性だということだけで喜んで結婚する」と考えている西側男性をからかっている（Milevskaya, 2010）。同様にコンスタブル（Constable, 2003）によるアメリカ人男性と遠距離交際する中国人とフィリピン人女性のエスノグラフィーは、より大きな条件に縛られてはいるものの、彼女たちが慎重にかつ十分な情報を得た上で様々な選択をしている様を描き出している。花嫁通販サイトで可能な選択は、ジェンダー化され文化化された多様なアイデンティティのあり方という枠組みの下で、言説によって構築されているのだ。サイトには主に4種類の人々が関わっている。まず(1)「西側の男性」が(2)「特定の非西側国家（フィリピン、タイ、コロンビア、ロシアなど）の女性」を探している。このようなサイトに参加していないはずの(3)「西側の女性」も、西側の男性の不満の対象として、また麗しい非西洋の女性と比較される形で関わることになる。その他の男性は登場することが滅多にないが、もし登場しても様々な理由で問題のある(4)「他の連中（man here）」とされ、軽視されている。以下、簡単にこの花嫁通販サイトに現れる4つのアイデンティティについて述べていこう。これらのアイデンティティは「成員カテゴリー化（member categorizations）」されている。成員カテゴリー化という用語はエスノメソドロジーからきた社会学の手法であり、グループの内外の相手に対しての社会的用語の使い方に注目することで社会生活を分析する。つまり社会組織を抽象的な社会カテゴリーの適用によってではなく、ボトムアップに理解しようとする社会学的手法と言える（詳細はFrancis and Hester, 2004を参照）。分析方法の一例を挙げよう。あるサイトに次のようなスローガンが掲載されている。「西側の男性＋フィリピン人女性＝幸せ。こんな簡単な公式を理解するのに数学が得意である必要はないでしょう！」。この例にある「西側の男性」や「フィリピン人女性」というのがこのサイトで使われている成員カテゴリーであり、このサイトの利用者にとって意味あるものなのである。この例はこのサイトの利用者である「西側の男性」と「フィリピン人女性」の両者が、(初期段階では) お互いに文化的カテゴリーの代表として近づいていく証拠

と見ることができる。

オルーク（O'Rourke, 2002: 477）によれば、花嫁通販業者を利用するアメリカ人男性の特徴として1990年代に行われた各種調査では、おおよそ次のようなことが繰り返し指摘されていた。

> 年齢の中央値は37歳。94％が白人。50％が２年以上の高等教育。１％以下が高校卒業資格なし。57％が婚姻歴あり。75％が花嫁通販を通して父親になることを希望。さらに調査対象となった男性は大部分が政治的思想的に保守的で経済的にも成功していた。

ある私の学生が2004年の初め頃、www.filipinaheart.com [注6] に掲載された男性個人広告60人分の詳細を分析した（Mooring, 2004a）。その結果、大多数（75％）の広告主が36歳以上（最年長が65歳）で、ほとんどがキリスト教徒（キリスト教以外は合計22％で「その他」「無宗教」「仏教」「ユダヤ教」の順）であった。自由記述欄には、頻度の高い順に、「魅力的／ハンサム」「正直」「経済的に安定／成功」「ユーモアのセンスがある」「愛情あふれる」「思いやりがある」「ロマンチック」「家族志向」「信仰心が厚い／敬虔」「楽しいことが好き」「シンプル」「誠実」「心が広い」などの記載が見られた。これら60人の情報を統合した人間像は、伝統的な家長タイプで、大黒柱の夫または父親というものであった。このような人間像はサイト自身が宣伝のために使っているイメージでもあった。このような男性が「西側の女性」への不満を理由に、外国人のパートナーを探しているのである。

> 我々男性は、現在出会うタイプの女性からますます距離を置きたいと思うようになってきている。多くの女性が「自己優先的な」フェミニストの立場をとり、男性は彼女たちの権力欲・支配欲に比べて後回しとされてきた。多くの男性がこのような状況にうんざりして、もっと伝統的な女性をパートナーにしようと考えるようになっている。[注7]

このような「西側の女性」の否定的なイメージはインターネット上に蔓延している。これほどまで頻繁に出現するのは、これらの書き手が同族結婚を標準とみなしながらも外国人女性をパートナーにしようとしていることを正当化しなければならないと感じていることの証拠と見てよいだろう（8-2を参照）。次のように「西側の女性」を自分勝手で、攻撃的で、物質主義的とする表現があふれているのだ。

> 皆さんの多くはアメリカやカナダの出会いの場に辟易していることでしょう。私もそうでした。わかります。思わせぶりな態度をとったり、常にプレゼントを期待しているような不誠実な女性のことです。でも、アジア人女性は正直で、誠実で、年をとってもスタイルが変化することはまれです。さらに、とても協力的で、あなたの懐具合よりも、心のことを気にかけてくれます。〈中略〉注文が多く感謝する気持ちのない女性で満足しないでください。インターネット時代とともに、まったく新しいチャンスの世界が開かれたのです。あなたに本当に見合った女性と出会うときが来たのです。10点の女性と一緒になれるのに、6点の女性で満足してしまうには人生は短すぎです！[注8]

「西側の女性」について言われていることの大部分は、明示的非明示的に彼女たちを他の女性との対比の中に置く。例を挙げれば「年をとってもスタイルが変化することはまれです」という表現は、「西側女性は変化する」ということを暗に伝えている。サイトの対象が「フィリピン人女性」でも、「ロシア人女性」でも、「タイ人女性」でも、さらに他のどの非西側諸国の女性であったとしても、その女性は「西側の女性」とは違う特質を持つ者、もしくはかつての西洋人女性が持っていたと特質を備えた者として構築されている。言い換えれば、この女性たちは伝統的な女性らしさの理想である、美しさ、小柄さ、献身さ、信仰の厚さ、おとなしさ、従順さ、そして性的な魅力もあるとされている。過去の研究によれば、アメリカを中心とする西洋においては、オリエンタリズム的なイメージがアジア人女性の支配的なイメージとなっている（Uchida,

1998)。つまり、古くは「蝶々夫人」、最近では「ミス・サイゴン」に描かれたようなエキゾチックで、性的に柔軟で、おとなしく、従順で、家庭的で、受け身的な女性といったステレオタイプに偏っているというのだ。この研究とモーリン（Mooring, 2004b）による6つの花嫁通販サイト[注9]における一般化されたフィリピン人女性のイメージは大部分で一致していた。その典型は次の通りである。

　　なぜフィリピン人女性を選ぶのでしょうか？　確かにフィリピンの女性は、美しさ、上品さ、かわいらしさ、誠実さで知られています。しかし、この気立ての良さと恥ずかしげな笑顔に加えて、男性を惹きつけてやまない内側の美しさも兼ね備えているのです。それは、生まれつきのもので、家族思いで、やりくり上手で、愛情深いといったことです。しかも、フィリピンでは英語が公用語の一つなのでコミュニケーションをとるのも簡単です。さらに、大部分のフィリピン人はクリスチャンなので文化的な相性も他のアジアの国々に比べて良いのです。[注10]

　この引用はフィリピン人女性を対象にしたサイトであるが、伝統的な女性像に沿ったステレオタイプはフィリピン以外の国の女性を対象としたサイトと驚くほど類似している。特に長所として挙げられている点はまったく同じと言っていいような点もある。ただし、同時に「フィリピンブランド」を競争相手の国から守るための「特徴あるセールスポイント」をステレオタイプに加える必要もある。そのフィリピン人女性最大の「セールスポイント」は、英語力やキリスト教のような他のアジア人女性と対比をなすものとなっている。次の例はさらに対比の度合いを増している。

　　私たちの文化は他の大部分のアジアと異なります。国よりも家族に忠実なのです。大部分のアジア人が異なる文化の人と結婚することで「体面を汚す」と考えるのに対して、私たちは他の人種の男性を愛し結婚することに何の問題ありません。〈中略〉フィリピン人女性

と結婚しても、いつも箸とお椀で食事するなんて必要はないのです[注11]。

これと同様の競争はロシア人の花嫁通販サイトにもある。そこではロシア人女性はアジア人女性との対比との中で位置づけられており、「西側の男性は、ロシア人女性はアジア人女性に比べて、より成熟し、高い教育を受けていることも多いと見ている」[注12]。しかし、ロシア人女性最大のセールスポイントは人種のようである。ロシア人女性はアジア人女性と同様にエキゾチックな存在として見られているが、白人であるというボーナスが加えられていると言える。彼女たちは「ヨーロッパ人の顔をしながらも、アジア人のような忍耐強さを持っている」[注13]のである。つまり、数年前のシドニーモーニングヘラルドの記事にもあったように「自分のいるべき場所をわかっているエキゾチックな白人女性」ということになるだろう（Phelan, 2000）。

ただし、このようなジェンダー化された文化的自己や他者という言説が直面する面倒な問題がある。それは、フィリピンやロシアにも当然のことながらそれぞれの結婚市場があるということである。これらの国の男性は次の例に見られるように、女々しい負け犬などと頻繁に中傷されている。

私たちがご紹介している女性たちは「ただ単にアメリカに行きたいだけ」といった人たちではありません。彼女たちは信頼できる人生の伴侶を探しているのです。現代ロシア社会ではこれが大変難しいことなのです。30～40歳代のロシア人男性の多くは自由貿易経済への適応に非常に苦労しています。報道によれば、女性の平均寿命が70代を優に超えているにもかかわらず、地域紛争の急増、アルコール中毒、喫煙、ストレス、自殺などのせいで、ロシア人男性の平均寿命は54歳とも言われています。現在、女性の数は旧ソ連地域全体で、男性よりも2,000万人以上多い状況となっているのです[注14]。

このように、花嫁通販サイトのジェンダー化された文化主義的言説は不平等を文化の問題としている。経済のグローバリゼーションとそれに

伴う新自由主義が、グローバルな貧富の差をむしろ広げているのだ。また、南側諸国の家庭への経済的な圧力の増加と同時に、世界中のメディアが「物質的豊かさへの渇望（material striptease）」をあおるかのように消費主義のイメージをほぼすべての家庭に届けている（Ehrenreich and Hochschild, 2002）。象徴化された消費主義を伴う新自由主義経済体制の結果の一つに、女性を中心とする国際的な労働移住の増加がある。女性の移住労働者は、家事をはじめ子供や年配者の世話、性労働、さらにはこれらすべてを統合した妻のような典型的な再生産労働である「女性の仕事」に従事する。かつてはジェンダーによって分担されていた家事という仕事は、階級や人種（これらもさらにジェンダーによって分担されるが）による分担へと置き換わろうとしている。言い換えれば、スニーカーやプラスチックのおもちゃやコンピューターのチップが北側諸国から南側諸国へとアウトソーシングされてきたように、妻という感情的性的再生産的労働もアウトソーシングされつつあるのだ。しかし、我々の持つロマンチックな関係や親密な関係の概念の性質そのものが、これらの労働を仕事として認識できなくしている。つまり、この仕事は目に見えないのである（Oakley, 1974）。現在の花嫁通販の隆盛は物質的でグローバルな不平等に基づいている。しかし、その花嫁通販がロマンチックな愛の幻想として「機能する」ためには、文化を口実にする必要があるのだ。

8-5 本章のまとめ

本章では、以下の要点を主張した。

- 異文化の問題は、グローバル化した世界における文化的他者構築の欲求言説としての感情的な経験（愛、ロマンス、結婚、セクシャリティなど）と深く関係している。
- 愛、ロマンス、結婚、セクシャリティなどは社会的な経験であり、かつ文化によって異なる。現在の課題は、人間の感情的経験の多様性を探求し理解することだけではなく、人間の感情的経験を「グローバルに廻る愛（global circuits of love）」という枠組みの中で常に変化しつつあ

る物として考えられるようになることである。
- 異文化間ロマンスは、文化的他者を望ましいものとする言説に基礎を置いており、またジェンダー化されたグローバルな物質的不平等にも依拠している。
- 花嫁通販サイトは、異文化恋愛とロマンスが構築され流通している重要な場所である。

8-6 参考文献

　異文化コミュニケーションを専攻する者にとって、エドワード・サイードの『オリエンタリズム（*Orientalism*）』(1978) は必読書である。また、愛とロマンスのトランスナショナルな回路 (transnational circuits) を対象としたエスノグラフィーには素晴らしい研究がいくつもある。なかでもコンスタブル (Constable, 2003) やフェイア (Faier, 2009) の研究は特に本章と関連が深い。私とパヴレンコの研究 (Piller and Pavlenko, 2009) では、ジェンダー化された不平等、文化的ステレオタイプ、トランスナショナルな再生産労働における言語使用などを概観している。

8-7 アクティビティ

■ 親密な領域のアウトソーシング
　本章で論じられている「親密な領域のアウトソーシング」というたとえについて話し合ってみよう。このたとえの長所は何か。このたとえによって私たちのグローバルな愛の回路の理解はどのように促進されるのか。短所は何か。また、何が見えにくくなってしまうだろうか。

■ 花嫁通販サイト
　特定の国の女性を対象とした花嫁通販サイトを10程度選び、各サイトの活動の紹介文におけるジェンダー化、文化化された言説を分析しよう。本章で紹介した4つのメンバーシップカテゴリー（「西側男性」「西側女性」「フィリピン・ロシア・タイなどの女性」「他の男性」）は表れているか。その他

の人々がいるか。メンバーシップカテゴリーの属性は何か。彼らのメンバーシップはどのように構築されているだろうか。

■異文化個人広告
　花嫁通販サイト上の男女の個人広告を50程度集めてみよう。彼らは文化をどのように利用して自分たちや求める異性について語っているか。さらに本格的な課題として、ジョーンズ（R. H. Jones, 2000）と同様の分析カテゴリーを用いて、あなたの分析とジョーンズの指摘していることを関係づけてみよう。

注
1　詳細は私の著書（Piller, 2002a, 2008）を参照
2　http://en.wikipedia.org/wiki/Gitte_H%C3%A6nning　2013年10月5日に最終アクセス
3　すべての研究で扱われている対象者の名前は仮名である。
4　5-5の引用で、タイ人男性がジョン・ウェインを自身のロールモデルとしている話を参照
5　http://www.everlastinglove.com/match.htm　2013年10月13日に最終アクセス
6　このサイトは次のようにURLが変更されている。http://www.filipinocupid.com　2013年10月13日に最終アクセス
7　http://www.goodwife.com　2013年10月13日に最終アクセス
8　http://1-filipinas.tripod.com　2013年10月13日に最終アクセス
9　http://www.filipinacupid.com; http://www.filipinalove.com; http://www.everlastinglove.orgなど。　2013年10月13日に最終アクセス
10　http://www.filipinalovelinks.com　2013年10月13日に最終アクセス
11　http://www.everlastinglove.com/match.htm　2013年10月13日に最終アクセス
12　http://www.american.edu/TED/bride.htm　2010年10月12日に最終アクセス
13　http://www.american.edu/TED/bride.htm　2010年10月12日に最終アクセス
14　http://eurointro.com　2013年10月5日に最終アクセス

第9章
異文化コミュニケーションと排除

9-1 本章の目的

　本章では、本書の基幹をなす問い、すなわち誰によって、どのような目的や文脈のもとで、いかに文化が引き合いに出されるのかという問いに対し、もう一つ別の視点からアプローチする。それは、文化に関する言説がどのように社会的排除の道具と化し、特に移民を社会的に排除する道具となりうるか、という視点である。

　第9章では、以下のような内容の習得を目指す。

○ 文化的差異と言語能力に関する言説が、ときに人種差別と差別の隠れ蓑にもなりうる、その諸様式を探求する。
○ 労働市場において移民たちの前に立ちはだかる諸困難への理解を深める。
○ 言語的・文化的に多様な社会における、包摂的な言語政策と産業政策について学ぶ。

9-2 隠れた人種差別

　まず、一つ事例を考察してみよう。オーストラリアのラジオ・トーク番組の一部で、2005年12月にシドニー郊外の海岸で起きた、通称「クロナラ暴動」に関する放送内容である。暴動は、「オーストラリア人暴徒」と「中東のギャング」の抗争だったとされた[注1]。問題のラジオ番組では、

第9章　異文化コミュニケーションと排除　177

一連の流れの中でも最も暴力的な場面にあたる、「オーストラリア人」が「ムスリム人」を攻撃したくだりについて議論していた。私がここでカギ括弧を用いているのは、両グループが実際には共に生粋のオーストラリア生まれの市民だったからである。メディアで「オーストラリア人」として描かれた人たちの大半がアングロ・ケルティック系の出自であり、他方で「ムスリム人」として描かれた人たちの大半がレバノン系の出自であった。暴動に関する写真とメディア報道は、国家と世界に衝撃を与え、オーストラリアの多文化理念に対する疑念を呼び起こした。暴動後、「ムスリム系オーストラリア人」への謝罪を求める声が「アングロ・ケルティック系オーストラリア人」に対して生じた。次のリスナー参加型ラジオ番組からの引用は、こうした文脈の中で読み解く必要がある。

ホスト：我々オーストラリア人は、まったく謝る必要はない。私は怒りの矛先を政治家と官僚に向けたいね。奴らが共謀して、必ず不適応を起こすと保証されている人々を連れて来て、その不適応ぶりを移り住む先の国々で証明させてきたんだ。
視聴者：まさにその通り。いやはや、まったく同感ですね。
ホスト：不適応を起こす人々の両親の多くは、いとこ同士で結婚して、そのまた両親もいとこ同士で結婚しているが、こうなってしまうのは**文化のせい**――宗教上の理由とは言わない、コーランには書かれていないし――だが、世界の一部の地域には、非常に近い血縁者同士が結婚するという**文化的なものがある**。そこで生じるのが近親相姦で、結果として非常に低いIQを持つ教育不能な人々が生じてしまうことになる。[注2]

この会話が文化に関する語りを装う人種差別的発言に他ならないことを指摘する上では、わざわざディスコース分析を持ち出してくるまでもない。なぜなら、ムスリム系オーストラリア人のものとして描かれた文化は、無標の一般的な文化として構築されたオーストラリア文化には含まれない、「相容れない」ものであると断言されているからである。こ

の過程において、ムスリム系オーストラリア人は、非オーストラリア人のしるしをつけられている。「教育不能性」および知性の欠如が言説上構築された文化的集団のものとされることで、「文化」の問題に還元させられているのである。この放送から間もなくして、2GBラジオ局はこの発言に対する謝罪を行ったが、当のホスト自身であるブライアン・ウィルシャーは発言撤回を拒否し、次の声明を出している。

> 私は誰一人中傷していない。**私はみんながするように、ただ、文化について話していただけだ**。[注3]

　実際、ブライアン・ウィルシャーは、クロナラ暴動の解釈の枠組みが「文化」にあること——経済的・社会的不平等といったものや、男性ホルモンが活発化し血気盛んとなった酔っ払い青年個人にあるのではない——と指摘した点では正しかった。より広い文脈に置き換えると、「文化」は、現代オーストラリア社会の包摂と排除を説明する際に好んで使われるオーストラリアの物語となっているのである。

　不平等と不公正を覆い隠してしまう文化的差異の言説は、「文化主義」と呼ばれてきた。文化主義という用語は、「人を定義するために想像上の『文化（または女性、アジア人）』的特徴が用いられる点で、人種差別や性差別主義と類似した構築物である」(Holliday et al., 2004: 24)。文化主義はオリエンタリズムの一様式であり (Said, 1978)、植民地と新植民地の関係を正当化するよう働きかけるイデオロギーである。露骨であからさまな人種差別は、「西洋の」主流言説では概して口にすることができないものとなっているため、差別を覆い隠すべく、しばしば文化および／または言語能力という形で発動するのである。オブザーバー紙の論説は、これを次のように説明する。

> 人種差別は、その名を口にすることができないほど嫌悪されているものである。口にできない代わりに、それは思いやりを持ち、道理にかなう類の諸意見の中に忍び込み、暗示的な排除のメッセージの形でのみ付きまとうのである。(McAuliffe, 2005: 33)

文化の語りは、よく用いられる人種差別の覆い隠し方の一つである。他のよく用いられる覆い隠し方としては、言語能力、特に訛りに基づく差別が挙げられる。他者の言語能力を評価する人たちのほとんどは、言語能力の構成要素を十分に理解しているというわけでは必ずしもない（第10章も参照）。ある言語の「ネイティブスピーカー」であるからといって、その言語を第二言語とする話者の言語能力を評価する適性が自動的に得られるわけではない。これより先で説明するのは、実際に行っていることは人種差別的なステレオタイプの再生産に他ならないにもかかわらず、自分は言語能力を評価しているのだと人々が勘違いする方法である。この点を説明するにあたり、音声実験の世界に一歩踏み込んでおく必要がある。聴覚研究者たちの間では、目で聞き、耳で見るのは可能であることが古くから知られてきた。通常の聴覚を持つ成人が、ga の唇の動きをする人を見ながら、それと同じタイミングで ba 音節の発話音を繰り返し聞くという実験を受けると、視覚入力と音声入力が脳内で混合してしまい、da という音が聞こえたと報告することをマガークとマクドナルド（McGurk and MacDonald, 1976）は明らかにしている。[d] は、[b] と [g] の中間で生成されるものであり、従って da と聞こえるのは、耳と目の妥協のようなものだと言えよう。[注4] 読者からすると、確かに目を見張るような実験結果とはいえ、疑問に思う方もいるかもしれない。果たして音響実験で記録される多様な感覚は、異文化コミュニケーションと一体どのような関係にあるのか、特にその場の状況に左右される言語能力評価という概念が隠れた人種主義の一形態であるということとどのような関係にあるのか、と。両者の関連は、我々の脳が言語能力と人種に関して類似した妥協をしている点にあって、これはルービン（Rubin, 1992）やルービンとスミス（Rubin and Smith, 1990）が明らかにした通りである。この研究において、調査者たちは学部生向けの科学の講義を音声録音した。録音テープの声の主は、標準アメリカ英語の訛りを持つ、アメリカ英語のネイティブ話者である。録音された講義は、ある米国の大学に通う2つの異なる学部生集団の前で再生された。第一群の講義には白人女性の写真が添えられ、第二群の講義ではアジア系の女性の写真が添えられた。従って、最初のグループではあたかも白人女性が話してい

るかのように、もう片方のグループではアジア人女性が話しているかのように印象づけられた。女性たちはともに同じポーズをとり、好感度も似たような評価を受けていた。従ってここには標準アメリカ英語で話された1つの音声録音講義に対し、白人講師とアジア人講師という、2つの異なる視覚信号が出されている状況がある。結果はもうおわかりだろうか。まさに読者の予想通りで、アジア人講師を見た学生たちは、音声信号上は存在しないにもかかわらず、「外国の」「非ネイティブ」「アジア系」の訛りを聞いた。その上、アジア人講師と認知された際に感知された訛りは、理解の低下を引き起こしていた。学生たちは、外国訛りのある話者によって行われたと認知したときの方が、講義の質と学習経験の質について圧倒的に低い評価を与えていた。学生たちは、訛り・言語能力・学習経験について客観的な評価を行ったと考えたに違いない。しかし、そのとき実際には、目の前にいる講師の身体的アイデンティティにより作られた期待と、耳で聞いた講義との間で、彼らの脳が妥協の産物を作り出していたのである。こうした実験は、英語話者の肌色が認知される有様、つまり、見たものが聞いたものに影響する方法を裏付けている。シドニー大学唯一のアフリカ系黒人講師だった頃の経験に関する記述から、ジテ（Djité, 2006: 1f.）は印象深い次の逸話を残している。

　　数年前、私はシドニー市内の大きな弁護士事務所のために言語コンサルタントをしていました。このプロジェクト中——期間にして6カ月ほどでしたが——私は、事務所とのやりとりには英語とフランス語を使い、電話、ファックス、Eメールだけで連絡を取りあってきました。その事務所の弁護士や事務員とは、一度も直接に顔を合わせることはありませんでした。プロジェクトが終了する段階になって、私がプロジェクトのために書いておいた書類の草案を事務所の共同経営者の一人についている専属秘書が大学の研究室まで取りに来ると告げられました。その日、私は自分の研究室のドアを広く開けたまま、秘書を待っていました。彼女がやってきて、ドアをノックしてドクター〇〇にお目にかかりたいのですが、と言うので、私は立ち上がって彼女に挨拶し、彼女を研究室に招き入れ、弁護士

事務所用の書類を取りに来たのかと尋ねました（書類を持ちながら、です）。すると彼女は「そうですが、私はドクター〇〇を訪ねて参りました」と言うので、私は「私がドクター〇〇です」と答えました。急に秘書の顔色が悪くなりました。私は彼女にどうかしたのか、と尋ねましたが、彼女は「いいえ、何でもありません。ドクターにしては非常にお若く見えますね」と答えました。

当然ながら、視覚イメージをもとに耳で聞くものを構成するという、マルチモーダル感覚の原理は、白人英語話者にも通用される。しかしながら、白人話者は普段この原理を無視し、自分たちに有利に働くようにする特権を持つ。白人の英語ネイティブ話者は、自分たちの訛りが中立的・標準的かつ自然だという幻想とともに生活できるという恵まれた立場にある。私のように英語を第二言語として用いる白人話者ですら、どちらかと言えば訛りが少ないように聞こえる点で、発話と身体的アイデンティティとの間で生じる認知的な妥協原理から上手く逃れられている。実際、2002年の著書（Piller, 2002b）で示したように、第二言語として英語を用いるドイツ人話者は、しばしば、ネイティブ話者のふるまいかのようにパッシングすることができる。発話と身体的アイデンティティ間の交差に関する白人の特権に関するもう一つの例は、コリックパイスカー（Colic-Peisker, 2005）の研究から導かれる。この研究者は、オーストラリアにおいて、旧ユーゴスラビアからの移民たちが公共空間での「先入観のまなざし」にさらされないことを明らかにしている。オーストラリアは事実上多民族国家であるが、いまだにアングロサクソン系の国家だとイメージされがちである。旧ユーゴスラビアからやって来た移民たち自身が望み、沈黙を保つ限りにおいて、白人であることが移民としてのステータスを覆い隠すのである。この点は取るに足らないものにみえるかもしれないが、かなりの贅沢であることも確かだ。かつて、スーダン生まれのオーストラリア人が私に対して「毎週毎日朝から晩までずっと移民でい続けることがどれほどくたびれるものか、果たしてあなたには想像できるかしら？」と訴えたことがある。これと対照的に、コリックパイスカーの研究におけるユーゴスラビア生まれのインタビュー対象者

は望みさえすれば非移民としてやり過ごすことができ、彼らの白人性は、ときにパースを活動拠点とする、あるタクシー運転手の物語のように、見知らぬ他者とのやりとりにおいて利点をもたらしうる。

> ある日、南パースで、私のタクシーにいい年恰好の女性が乗り込んできたかと思うと、こう話しかけてきたんだ。「私はいつもブラック・アンド・ホワイト・タクシー（パースにある小さなタクシー会社）だけを呼ぶのよ。だって、スワン・タクシーは、アラブ人だとか何だとか、みんな他所者で……話が通じないんだもの、彼らは片言英語しか話さないし」。「私の英語もたいしたものではないですよ」と言うと、彼女は横目で俺を見て、こう言った。「少なくとも、あなたはまともな肌の色ですしね」。(Colic-Peisker, 2005: 620)

　以上をまとめると、文化と言語能力に関する言説は、ときに人種差別の隠ぺい機能を果たしうる。文化や言語をもって他者を評価する方法は、一見すると客観的で中立的で価値自由的に見えるかもしれないが、まったくもってそうではない。次のセクションでは、言語能力と人種という、文化に関する言説間の相互作用が、いかに労働市場において立ち現れてくるのかという点を探求していくことにする。

9-3　訛りと職業

　有意義な仕事に就くことは、移住の成功および社会的包摂の重要な側面である。しかしながら、オーストラリアやカナダのように非常に充実した移民プログラムを持つ国々のデータですら、移民の失業および不完全就業の発生率は、その国で生まれ育ったネイティブのそれよりも圧倒的に高い。オーストラリアでは、21世紀初頭の10年間を通して見られたような、失業率が低く労働力と技術力が不足していた時期ですら、移住間もない移民の失業率 (5.5%) は、オーストラリア生まれの失業率 (4.1%) よりも大幅に高い割合を示していた（Australian Bureau of Statistics「オーストラリア統計局」, 2008)。ここで留意しておきたいのは、これらの統計は

単に失業率のみを表したものにすぎず、不完全就業が反映されていない点である。カナダ統計局の最近の調査を引用したクリースとウィーブ (Creese and Wiebe, 2009: 2) によると、カナダでは、「今日、移民とネイティブ層の収入間には持続的な格差拡大が確認されており、もはや収束の目処はたたない」状況にある。

　両国が長きにわたり移民プログラムと多文化主義に誇りを持ってきた国々である点を踏まえると、オーストラリアとカナダ双方の文脈におけるこうした調査結果は穏やかならざるものがある。近年になってからようやく数多くの移民を受け入れるようになった他の国々、特にヨーロッパ諸国とは対照的に、オーストラリアとカナダは一世紀近くにわたり、自分たちの国家を移民国家として定義してきた経緯がある (Green and Green, 2004; Jupp, 2007)。さらに、移民というものが国家イメージの一部である米国に比べると、オーストラリアとカナダは、言語プログラムを含む社会的包摂を促進するにあたり、つとめて国家的介入手段を採用したり試みたりしてきた。両国の文脈において、労働市場からの排除の根底に人種および／または出身国に基づく差別があるということは、口に出すことはおろか、想像すらし難いものであるし、移住や言語トレーニングに関する諸サービスはニューカマーが雇用可能となるようにデザインされている。しかしながら、文化の違いと言語能力の欠如を装った人種差別を示す証拠は、依然として残されている。これらの文脈においてなぜ隠れた差別が行われるのかを問う前に、オーストラリアとカナダの労働市場における2つのケーススタディを検討しておきたい。

　オーストラリアでは、移民に対する職場での差別に関しては十分な記録が残されている。その一例として、低賃金労働に関する研究は以下の知見を明らかにしている。

> 文化を理由とした差別は、低賃金労働者にとって珍しい経験ではなく、特に管理職から受けることが多くなっている。文化を理由とした差別は様々な形で現れ、そこには昇進拒否、従事可能な仕事の種類の制限、過酷な労働・長時間労働の強要、虐待行為、市民権ポイントの獲得を求める学生と「ゲスト労働者」の操作、オーストラリ

ア生まれの従業員に高い地位や賃金を与えて優遇するといった行為
が含まれる。(Masterman-Smith and Pocock, 2008: 44f.)

　こうした差別は、言語能力が欠けているから生じてしまうのではない
かと思われてしまいがちである。つまり、移民たちが失業・不完全就業
となるのは差別待遇を受けているためではなく、根本的な原因はむしろ
雇用先の要求に見合うほど彼らの英語が上手くないためであると思われ
がちだ。しかしながら、ヴィクトリア州機会均等と人権委員会に提出さ
れた最近の報告書が指摘するように (Berman, 2008)、たとえ相対的に言
語能力が高くとも、移民たちの就労難は続くのである。さらに報告書で
は、同等の学歴を持ったネイティブと移民労働者の間では、かなりの賃
金格差が見られるとも記している。

　　　学士や修士または博士の学位を持つ非英語話者の従業員の賃金は、
　　　同等の学歴を持つオーストラリア生まれの従業員に比べて、学部卒
　　　の場合で8％、院卒では14％も低い。(Berman, 2008: 29)

　全体的に見て、オーストラリアにやってくる移民の英語能力は実際に
高い。その根拠は、多くの人にとって永住権・市民権獲得の道として、
オーストラリア国内の大学での高等教育が含まれており、英語能力がほ
とんどのビザ取得の必要条件となっているからである。加えて、英語を
必要要件としないビザ群（つまり、人道的入国者、呼び寄せ移民、技術・ビジ
ネス移民）で入国した移民たちには、彼らが「機能英語」を満たしてい
ない場合、無料で英語授業を受ける権利が与えられる。
　このように相対的に高いレベルの言語能力を備えている点を踏まえる
と、上記で報告された差別に関する事例の大半は、事実上、言語能力
——第二言語話者の個人の特性——から排除が引き起こされているとは
考えられず、むしろ雇い主側の言語・文化的ステレオタイプによるもの
であるのは明白である。これこそがまさに実際に生じている実態である
ことは、次のブースら (Booth et al., 2009) の実証研究からも裏付けられる。
この実証研究では、実際に求人が出されていた、給仕、データ入力、カ

スタマーサービス、販売業のエントリー段階での募集に対し、調査者たちは5,000件近くの架空の履歴書を送付した。履歴書は応募者の名前が違うだけであり、5種類のエスニックグループ、つまり、アングロサクソン系、先住民、中国系、イタリア系、中近東系に典型的な名前が載せられていた。履歴書上では架空の応募者がオーストラリア国内で高校を卒業したことが明確にわかるようにされていた。従って、ここから応募者たちの英語が不十分であるという前提は導き出しにくく、応募履歴への返答率を、各エスニックグループに対する雇い主の態度の指標とみなすことができる。調査の結果、調査者たちは以下の点を明らかにした。

〈前略〉差別を明白に示す証拠として、中国系と中東系の人たちがアングロサクソン系の応募者と同じ数だけの面接の呼び出しを受けるためには、少なくとも50％多く履歴書を提出しなければならない点が挙げられる。それより影響は小さいものの〈中略〉先住民の応募者たちも、統計的に有意な差を示すほどの差別を受けている。イタリア系応募者は、実質的に差別を受けていないという観察結果が得られた。（Booth et al., 2009: 20）

悪意が少ない文化的ステレオタイプは、メルボルン市のバリスタ職に志願した、架空のイタリア系応募者群に見られた。コーヒー文化に定評があるメルボルン市において、イタリア系の応募者は、同じく架空の応募者であるアングロサクソン系をやや上回るほど特権的な優遇を受けていた。

カナダの実証データも似たような図式を描いている。クリースとウィーブ（Creese and Wiebe, 2009）は、カナダにおけるアフリカ系移民の労働市場経験について検討した結果、全体的に低技能労働への移動または下降移動という特徴が見出された。移民たちは自分たちの教育レベルをはるかに下回る低技能・低賃金職へと追いやられていたのである。調査者たちは、移住後の労働市場への再参入経験を明らかにしようと、バンクーバーに在住するサハラ以南のアフリカからの移民61名にインタビューを行った。インタビュー対象者のほとんどは大学教育を受けており、その

ほとんどが英語を第一言語とする国々の出身者で、英語で教育を受け、移住前に専門職に就いていた者も多かった。加えて、彼らにはもう一つ、次の共通点があった。移住後、彼らは基本的に、長期間の不完全就業状態にあったのである。

> アフリカで取得した彼らの学歴と経歴は正当に認められていなかった。彼らの「アフリカ英語」訛りは、様々な職種への障壁をいっそう多くもたらした。彼らが新たにカナダで受けた教育は、本来なら得られるはずの職業的報酬となって実を結ばないということも頻繁に起きていた。(Creese and Wiebe, 2009: 9)

単純作業労働への従事は男女間で異なる様相を見せるが、それは労働市場が人種差別化のみならずジェンダー化されているからである。男性の学歴と職歴は正当に認められないものの、それでも彼らは製造業およびその他のブルーカラーの仕事になら就くことができる。女性も学歴と職歴が正当に認められない点までは同じだが、男性の場合と異なり、ブルーカラーの職にも就くことはできない。男性のために「予約済」となっているためである。同時に、アフリカ系の女性たちは、顧客サービス業に従事する上で「適切な外見と発音」ではないという理由から、小売販売業やサービス業といったカナダの女性労働市場の下層に位置する仕事にも入り込む術がない。結果として、彼女たちに残された唯一の選択肢は、清掃業とケア・ワーク業（第8章も参照）となる。従って、カナダの労働市場は、「経済的アパルトヘイト」システムを展開するものとして特徴づけられよう (Creese and Wiebe, 2009: 4)。それは、「技能を持つ移民」を「教育を受けていないアフリカ人」へと変換するよう機能している。

たとえ人々が人種差別を口にしたがらなくとも、言語能力の欠如を挙げること自体に何らかの目的が隠されていることは、クリースとウィーブのインタビュー対象者からも明らかである。インタビュー対象者の一人である、ジンバブエ出身のヴィラは、いかに彼女がバックオフィスからフロントオフィスへの昇進を何度も繰り返し見送られたのかについて、次のように説明している。

私がフロントオフィスの仕事に就けなかったのは、顧客サービス業に対して彼らの求める英語のトーンを、私が出せなかったからです。彼らが言うには、顧客は自分たちのように明朗で、自分たちを理解してくれる訛りを求めているとのことでした。けれど、私が彼らに話しかけたり、荷造りをしたり、品名を読み上げ、荷造りした荷物をカルガリーやミネソタ、ミシサガに送ったりするときは、すべてにおいて問題ありません。それでも、アクセントの話になると、私は使い物にならないというのです……これは差別です。彼らは黒人を表に出したくない、本当の理由はそこにあるんです。(Creese and Wiebe, 2009: 14)

　訛りがあることを絶えず問題視され焦点化されることは重いストレスや不安の要因となり、また職場における様々な境界を維持するものになっていると、ダヴィラ (Davila, 2008) は米国のラテン系女性の就労経験に関する研究をもとに明らかにしている。彼女が研究で取り上げた移民の女性たちは教育水準も高く、英語を上手に話すにもかかわらず、米国では職業下降移動を経験し、自分たちの訛りに対して恒常的にハラスメントを受けていると感じていた。ドミニカ共和国内の大学を卒業したマリアは、自身の経験を次のように語る。

　私の上司は、オーナーの奥さんです。彼女は、私の言うことが理解できないと、いつも周りに文句を言っています。彼女は「あんたが何の話をしているのか、全然わからない！」と言ったり、(3回も)「もう一度言いなさい」と言ったりしてきます。とても失礼です。だって、彼女は全然私のことを理解しようとしないのですから。
(Davila, 2008: 365)

　人種、エスニシティ、出身国に基づく差別は、オーストラリアやカナダおよびアメリカでは違法とされている。また、個々の雇い主は心の底から自分たちは人種主義者ではないとか、人種差別以降の時代の人間だと考えているかもしれない。それでも、先に挙げた事例が示したように、

差別は存続している。この状況は今後も持続し、さらに見えづらいものとなる可能性がある。なぜなら、他の差別の形式に取って代わり、言語に関する差別が台頭してきたからである。言語の差別は、常識の問題である。それは、私が **9-2** で提示したように、一見すると自然かつ客観的なものに見える。この自然かつ客観的に見える言語評価こそがクリースとカムベル（Creese and Kambere, 2003）が気の利いた言葉で言い表しているように、あたかも「英語に色がある」ようとしらしめているのである。

9-4 機会の促進

　雇用機会と経済的機会の追及は、常に人々が海外移住を選択する様々な理由の第一位を占めており、また、多くの移民が移住の成功度を経済的意味合いで測っている。これと同様に、受け入れる側の社会も、もっぱら経済的意味合いで定住の成功を測る傾向にある。前述した労働市場における差別や、求める仕事に就く上での障壁に移民たちが直面する際、個人レベルでの移住の成功が脅かされ、社会レベルでの国家的移民プログラムの成功が脅かされる危険性がある。すでに見てきた通り、オーストラリア、カナダ、アメリカの労働市場で移民が直面している差別は、言語能力の欠如という客観的評価を装っているために、非常に見えづらい。この点からは、いかなる政策的対応をとれば文化的・言語的差別を可視化および未然に防止し、より包摂的結果を達成することができるのかという問いが生まれる。ここでは、2つの方策からこの問いに取り組む。一つは言語政策の対応の検討と、もう一つは産業政策の検討である。[注5]

　第二次世界大戦後の移民プログラム導入以降、オーストラリアは移民の包摂に向けて、二本柱からなる言語政策アプローチをとってきた。一方では成人移民英語プログラム（AMEP）を通じて言語学習機会の提供を図り、他方では多言語サービスの提供として、特に州政府が直接管轄する分野、例えば市民権、教育、健康、司法システムなどに着目してきた。移民を対象としたオーストラリアの英語学習プログラムであるAMEPは、1948年以降、「機能英語」が身についていない移民に対して、英語の授業を無償で提供してきた。[注6] この取り組みの中で、メインストリ

ームからニューカマー集団が永遠に排除されていくことを回避したいのであれば、ニューカマーが新しい言語を学んでいくことを社会が支援していく必要があると、オーストラリアは認識するに至った。また、ニューカマーの言語学習は、個人の責任というよりも、集合的な社会的責任であるとも認識してきた。AMEPは、第二次世界大戦後まもない時期に、ヨーロッパからオーストラリアに向かう長い船旅の中で小さな英語教育プログラムとして始まり、オーストラリア大陸への上陸後は、当時はヴィクトリア州ボネギラにあった、大きな移民受け入れセンターでの言語プログラムとして行われた。こうした小規模での始まりの後、AMEPは国家プログラムへと発展し、21世紀初頭には、1年あたり3万人以上の新規移民に英語教育を提供するまでに至っている。

　AMEPに加え、言語的・文化的に多様な社会に向けた、総合言語・コミュニケーション政策は、数多くの母語による提供から成り立っている。その第一歩として、総合言語政策は、様々な言語コミュニティを正当に認め、コミュニティ言語での様々なサービス提供を図ることから始めた。そこでは例えば、コミュニティ連絡担当者を教育・健康・司法の各システムで雇用することを目的としたプログラム提供などが行われた。これに加えて、前述したシステムの全部門における雇用選考基準でコミュニティ内の諸言語に関わる能力を考慮することを通して、二言語話者を主流にするよう働きかけを行ってきた。その上で次に、コミュニティ内の言語で書かれた資料や資源の供給が、包摂を達成する上では重要であるという考えのもと、数多くの魅力的なプロジェクトが、こうした資料の作成および普及をいかに行うかという点で最善の戦略を展開してきた（例えば4-3におけるGriffithes, 2005らの記述を参照）。現在、コミュニティ言語でのサービス提供に関する分析の多くは、こうした資料が非常に不足しており、こうした資料の提供が重要であると認識され、その提供が強制されている場合ですら同様の状況にあると指摘している。例えば、社会的排除に関する英国の報告書は、次のように記している。

　　エスニックマイノリティのうち7人に1人は、公共サービスへアク
　　セスし、サービスを利用しようとして、言語的な障壁に直面してい

るにもかかわらず、翻訳資料がしばしば用意されていない。地方自治体と人種関係法令間の法令遵守に関する近年の報告書によると、例えば、エスニックマイノリティの言語で小冊子を作成している手当機関は、全体のわずか10分の1にすぎない。しかしながら、小冊子を翻訳すれば常に問題が解決されるというわけでもなく、翻訳資料の質が悪かったり、読み手に母語の識字能力がなかったり、筆記文字を持たない文化を持つ人たちにとっては不適切である場合もありうる。(Improving Services, Improving Lives: Evidence and Key Themes. A Social Exclusion Unit Interim Report, 2005)

　報告書が指摘するように、母語で資料を提供することが常に可能というわけではない。また、わかりやすい英語——もしくは、どのような国語であれ、わかりやすく書かれたもの——での資料提供が、言語的にも文化的にも多様な社会に向けた言語政策を展開する上で重要な役割を担うものとして必要とされているのである。

　最後に、英語以外の言語の地位向上を目標とする言語政策は、移民たちの雇用機会の増大に寄与しうる。この点は、オーストラリアの「生産的多様性 (Productive Diversity)」政策以降いっそう明らかである (Pyke, 2005)。同政策は、オーストラリアのビジネスの国内市場ならびに輸出市場への参入を強化し、かつオーストラリアの多言語・多文化労働力の利点をも活用するという、二重の目的のもとで1992年に導入された。政策は、実際には「文化的仲裁者」の役割の創出という結果を生んだが、それは特にサービス産業において顕著に見られた。従って、部分的に、数の上では多くはなかったとしても、移民に雇用機会をいくらかは生み出した (Bertone, 2004)。

　しかしながら、まだ疑問は残されている。なぜ、すでに述べたオーストラリアの事例のように、州政府がスポンサーとなっている言語訓練・多言語提供・コミュニティ言語の地位向上計画という3本柱のアプローチを掲げる優れた言語政策のもとで、9-3で挙げたような不平等な結果がいまだに報告されるのか、という疑問である。この難解な問いに対する答えは複雑である。

第一にAMEP開始以降、そして多言語提供政策の実施以降、さらには1990年代の「生産的多様性」政策開始以降ですら、労働市場が劇的に変化している点が挙げられる。生産セクターにおける言語の必要性は低く、オーストラリアでは顕著に縮小し最小規模となる一方で、ニューエコノミーにおけるサービス業では、しばしばコミュニケーション能力が中心的役割を占めている（**6-4 を参照**）。ビジネス界で言語に関するニーズや要求が高まるにつれ、第二言語話者がそれに合わせていくのはますます困難となるのは明らかであるし、すでに検討した言語能力に関する認知と身体的アイデンティティの交差が、より一層重要度を増すことになるのである。

　第二に、言語だけでは、移民の定住を成功させるには不十分である、という理由が挙げられる。移住先の国の言語を学ぶのが重要だとするレトリックはあるものの、言語を学ぶことは難しく、言語学習自体は有益な資格ではなく、雇用や、より一般的な意味での包摂を促すものではないことは、これから紹介するフィンランドの事例からも明らかである。ジャーナリストのキャロライン・モアヘッド（Caroline Moorehead, 2006）は、その著書『*Human Cargo*』の中で、難民の経験を検討している。コミュニティの再定住を取り上げた「死んでしまった夢（Dead Dream）」（Moorehead, 2006: 266ff.）と題した章で、モアヘッドは、南スーダンからフィンランドのオウル市（人口123,000人）へと再定住した、71名のディンカ族のコミュニティを描いている。フィンランドの再定住プログラムは惜しみないもので、ディンカの人たちは身の安全を守られ、惜しみない支援を受けられることを幸せに思っていた。同時に、彼らが福祉に依存し、仕事を探す力がないことが絶えず話題となっていた。

　　　彼らがよくわかっていて、互いに毎日話しているように、ディンガの人たちより前にオウルに再定住した250人の難民たち——イラク人、イラン人、ボスニア人、ソマリア人、アフガン人、ビルマ人——のうち、仕事に就くことができたのはわずか2名だけで、両者ともソーシャルワーカー専属の通訳であった。71名のスーダン人は、教師、電気技術者、看護師、農業従事者、大学生である。彼らは自

分たちの生活について話すとき、再定住が教育をもたらし、教育によって仕事と未来が訪れるだろうと、単純に考えていた、と述べる。今となっては、彼らはフィンランド語を学ぶだけで、それ以外は何も得られていないように思える。彼らは一度だって、仕事せずに生活することが可能だとは想像したことも考えたこともなかった。「私たちはテレビを見て、食べて、寝ます」と、マリッシュは述べる。「知人宅を訪ねる。そこで座って過ごす。こういう行動は、私にとっては意味がありません。私には夢がありました。それは、どのように仕事をし、物を学び、今とは違う何者かになる夢でした。もし夢が叶えられないならば、人生がどうなってしまうかはわかりません。私の夢は死んでしまいました」。(Moorehead, 2006: 274)

マリッシュの声とオウルのディンカ族の人たちの経験、つまり夢の喪失――人間としての潜在可能性の浪費――は、難民の再定住それ自体は、人々を新しい社会に包摂するものではない限り不十分なものであることを痛切に考えさせる。福祉に依存することは、人々の尊厳と夢を奪う。この点を踏まえると、残された問いとして、なぜ、オーストラリアやカナダ、フィンランドでは、寛大な措置のもとで受け入れた難民たちや、実際には「人的資本」として求めた、技術力を持つ移民たちを排除するために、文化と言語を口実として用いるのだろうかという疑問が生じる。これらの社会が受け入れの利益を最大とすることができるのは、訛りをもとに移民たちを排除するよりも、彼らの能力を最大限に生かすことではないのか？　移民の一部は、特定の仕事に就くためには国語力が現実として不十分であるという理由のために、明確に排除されている。同時に、雇い主と一般大衆は、言語能力の不十分さに関する議論を、実際の英語レベルでは特定の職業的地位の要求に見合っている人々に対してまで、明らかに拡大させてしまっている。なぜ、雇い主側は実質的に、十分な資格を持っている労働者を差別したがるのだろうか。自己の経済的利益のためには、どのような出自であれ、その仕事に最も合う労働者を選別するものではないのか？いや、実際にはそういうものではない。コリックパイスカーとティルベリー（Colic-Peisker and Tilbury, 2006）によれば、

オーストラリアの場合の差別は非常に合理的で、高度に排他的な反応だという。現代オーストラリア労働市場は、他の先進諸国経済とは対照的に、低賃金・地方・季節限定または人々がなかなかやりたがらない仕事（例えば、食肉処理場、清掃業、高齢者の介護）の空きを埋める安価な労働力（例えば、不法在留外国人）のストックが相対的に少ない。

> この状況において、人種差別は単に非合理的な先入観だけでなく、雇い主側の合理的で経済的に有利な行動に基づいている。それは、特定の「しるしのついた」グループをメインストリームの労働市場と良い仕事から締め出すことにより、人々のやりたがらない仕事の空きが埋まるように保証しているのである。（Colic-Peisker and Tilbury, 2006: 221）

従って、非白人および非英語話者の出自である移民たちの失業・不完全就業は、単に英語能力の機能によるものだけでなく、現在の労働市場の分断によるものでもある。オーストラリアの文脈において、多言語主義と雇用は、従って、少なくとも次の2つの方法で接合することになる。まず、個人単位においては、英語能力が雇用側の基準に満たないかもしれないという理由から、技術面における雇用からの排除が起きる。また、制度面では、英語能力の欠如という思い込み、または事実に基づく移民の排除が、技能レベルに見合った仕事の選択肢を持たない人々の層を形成する。そして、彼らを低賃金職へと追い立てるのである。ここで明らかなのは、社会的包摂に向けて最もよく考え抜かれた言語政策ですら、こうした文脈においてはわずかな貢献をする程度にすぎない点である。

それでは、公平かつ公正な雇用を確保し、文化または言語能力を装う人種差別を撲滅するために、何ができるのだろうか。私が考えるに、言語トレーニングの提供と同様、州政府の役割の大半は、労働規制（移民に対して分断された労働市場や「生活賃金」論争に関する問題を含む）にある。このような言語諸政策の効果が期待できるのは、産業諸政策が、「望ましくない」諸状態にあるとき、すなわち、過小評価された形で職業に従事する場合、特に各地域の最低賃金で働いていたり、労働条件や雇用保

険、社会的賃金と仕事の尊厳が損なわれている場合においてのみである（Masterman-Smith and Pocock, 2008）。社会的包摂に向けた言語政策は、事実上職業を正義と社会的包摂の基盤とする産業政策によって補強された場合においてのみ、効果を発揮しうるものである。近年の国際労働機関の報告書（International Labour Office, 2009: 16f.）は、いかにごく一部の労働しか評価されていないことを示している。

> 2007年には、約6億2,400万人の労働者——世界の全労働人口の21％——が、1日1人あたり1.25米ドル以下の極度の貧困状態の中で、家族と暮らしている。〈中略〉2007年現在、約12億の労働者が1日1人あたり2米ドル以下で家族と暮らしており、その割合は世界労働人口の40％以上を占めている。

つまり、もし社会が——国家レベルであれ、グローバルレベルであれ——真の労働コストに向き合い、それに正当な報酬を与えなければ、文化と言語能力は、移民やグローバル・サウスの全人口を低賃金労働および周縁的な存在へと追いやる、「自然な」基準として浮上しかねないのである。

9-5 本章のまとめ

本章では、以下の要点を主張した。

- 文化と言語能力に関する言説は、移民の文脈において、ときに人種差別を覆い隠すものとして貢献してしまうことがある。こうした諸言説は、客観的な評価を装うことで、差別を自然なものとしうる。
- 文脈によっては、文化的能力または言語能力への客観的評価を装った人種差別は、社会的排除の中でも特に、望ましい雇用への機会の不平等の正当化に貢献する。
- 言語政策は、文化的に多様な社会における社会的包摂を達成する上で、最も重要なものである。しかしながら、それらは新自由主義的な市場

政策および不平等な最低賃金保障により弱体化させられかねない。後者の文脈において、文化と言語能力は、しばしば不平等な社会的取り決めを見えづらくさせることに関係する。

9-6 参考文献

この分野の主要な文献として、ロシーナ・リッピ・グリーン（Rosina Lippi-Green, 1997）の『*English with an Accent: Language, Ideology, and Discrimination in the United States*』が挙げられる。また、私の2012年の著書（Piller, 2012b）では、社会的排除と多言語主義との交差に関する先行研究レビューを提供している。

9-7 アクティビティ

■映画鑑賞

もし『志願者（*The Applicant*）』（Makeny, 2008）という映画を入手できるならば、ぜひ授業で見てみよう。もしあなたが主人公だったら、どのような行動をとっただろうか。我々は、映画に出てきたような差別を防ぐために何ができるだろうか。

■移民の物語

あなたの国に来た移民に対し、移住前後の職業生活についてインタビューをしてみよう。質問数は2～3個に抑え、以下のような自由回答形式で尋ねること。例えば、「この国に来る前のあなたの職歴と学歴についてお話頂けますか？」「あなたがこの国に来てからの職歴を教えてもらえますか？　仕事に就くために新たに職業訓練を受けましたか？」「あなたはどのように英語［この地域の言語］を学習したのですか？」「あなたが今就いている仕事に、英語［この地域の言語］はどのような役割を果たしていますか？」といった質問が挙げられる。インタビュー対象者に許可を得た上で、インタビューを録音し、本章で学んだ知識を用いて彼らの経験を検討し、エッセイを書いてみよう。どのような側面

がパターン通りで、どれがパターン通りではないのか。インタビューは本章の分析の全体的な要旨を裏付けるものであったか。それとも、それに対し疑問を投じるものであっただろうか。

注
1 一連の出来事に関する説明は、次のサイトを参照のこと。http://en.wikipedia.org/wiki/2005_Cronulla_riots 2013年10月13日に最終アクセス
2 http://www.abc.net.au/mediawatch/transcripts/s1574242.htm 2013年10月13日に最終アクセス。引用中の太字は筆者による
3 http://www.abc.net.au/mediawatch/transcripts/s1574242.htm 2013年10月13日に最終アクセス。引用中の太字は筆者による
4 実際に自分で試してみたい場合は、以下のサイトに簡潔にまとめられた実験動画がアップされている。http://www.youtube.com/watch?v=jtsfidRq2tw 2013年10月13日に最終アクセス
5 多様性の高い社会における社会的包摂の達成に向けた、言語政策と産業政策の役割に関する検討の全容については2012年の著書（Piller, 2012 b）を参照
6 より詳細にわたるAMEPの概要についてはPiller and Takahashi（2011）を参照

第10章
マルチリンガルな世界における異文化コミュニケーション

10-1 本章の目的

　本章に至るまで、私たちは異文化コミュニケーションに関わる言説的構築、どのような目的のための、どの文脈で、誰に関連づけられる文化を誰が作っているのかに焦点を当ててきた。しかし本書を通して、こうした言説的構築が、特定の言語や言語変種の中に現れ、特別な地位を享受したり、強力な影響力を及ぼしたりすることが明らかになった。ここまでの章で、言語的に多様な社会でのヘルスケア（4-3）や先住民の人々に対する植民地主義的排除（4-4）という点を詳しく見てきた。また、言語の多様性が多国籍企業の経営の上で（6-3）、かつ、新たな経済のもとで働く個々人（6-4）にとっての、主要な課題として現れてきていることも見てきた。異文化間広告における民族文化的なステレオタイプの使われ方（7-2）は、言語の多様性に基づいているため逆に多様性を包摂する社会の中では際立つことになる（9-3）。

　本章は、マルチリンガリズムを探究の中心に据え、ここまでの章とは少し違うアプローチをとることにする。多言語の言語実践によって特徴づけられている異文化コミュニケーションは、言語に関わる信念（belief）の中に埋め込まれているばかりか、言語の政治経済の場面でも展開される。別の言い方をすれば、すべての人間のコミュニケーションは、私たちがそれを異文化コミュニケーションと捉えるかどうかにかかわらず、言語を通して、言語の中で行われるものである。従って自然言語は、話者が異なる利用のレベルを楽しむための「選択」のシステムとして特徴

づけられるだろう。自分たちにとって利用できる選択範囲の中で、話者たちは、言語実践の基盤（「何が通常行われるか」）、そして信念の基盤（「何を選ぶのが一番で／適切で／正しいことなのか」）によって選択をする。言語の選択——実践として、またイデオロギーとして——は、異文化コミュニケーションの極めて重要な一面であり、それゆえに異文化コミュニケーションに現れるリアルな言語に焦点を絞るというのが本章の目的となる。

第10章では、以下のような内容の取得を目指す。

○異文化コミュニケーションに関わる社会言語学のアプローチの数々に親しみ、また、言語の習熟度や言語選択により形成されている異文化コミュニケーションを理解する。
○マルチリンガリズム、言語学習、そして言語選択に対する理解を深める。こうした観点からは、言語を明らかに区別された自立した（一面的な）システムして見るのではなく、むしろ立体的なレパートリーとして捉えることが必要になり、そのためには、言語についての信念、言語の実践、また言語の政治経済を探究することが一番の方法となるだろう。
○異文化間の誤解を文化的な問題としてというよりも、言語の問題として捉え、異文化コミュニケーションを現実に使用される言語の視点から考察する。
○特に言語と法律、また言語教育の商業化に関わる文脈において、公的に商業的にコントロールされている言語の管理体制に対して批判的に読み解くことができるようになる。

10-2 言語の習熟度

私は、バイリンガルのカップルを対象とした研究（Piller, 2002a; または8-3を参照）の中で、教育心理学の大学院の学位を持った、一人のニューヨーク出身のアメリカ人の教育カウンセラーにインタビューを行った。トレーシーはドイツ人の夫とともに、彼の故郷である南ドイツの小都市

で一緒に住むためにドイツに在住していた。私が初めて会ったとき、彼女はほぼ5年間ドイツに住んでいたのだが、彼女のドイツ語はいまだに初級レベルであった。彼女のドイツ語が上達しなかった理由には、様々な要因が絡んでいる。例えば、彼女の夫をはじめドイツの家族や友人たちは英語に堪能であり、自分たちの英語の練習にもなるので、彼女に合わせて英語を使っていた。その地域の方言は、教科書や語学の授業で教えられる標準ドイツ語とも違っていた。また、彼女は子供たちをバイリンガルとして育てたかったため、「ネイティブスピーカー」としての英語のインプット量を可能な限り増やしたかった。彼女は自分には語学の才能があるとも思えず、このような様々な要因から、ドイツでの生活にもしっくりなじんでいるとも思えなかったので、夫の仕事と家族の状況が許せばアメリカに戻りたいと望んでいた。

　彼女の職業の専門性を考えるとさほど驚くべきことではないが、彼女は自分の子供たちの学校教育に強い関心を持つようになり、PTA活動のあらゆる役割に献身的に尽くしていた。しかし、彼女の善意は徒労に終わることになった。保護者の総会に出席を許可されていたにもかかわらず、彼女自身が適任だと感じ、希望をしていたどの役員にも選ばれることはなかった。彼女は、自分の職業上の専門知識は言語の壁の前に役に立たないことに傷つき、評価されないことに腹を立てた。彼女は、とぎれとぎれの初歩的なドイツ語でしか仕事ができないので、他の親たちから能力がないと扱われているように感じたという。

　次に、もう一つの例を見てみよう。『私はムティ（I am Mutti［mummy］）』(C. Heller, 2009) の著者でアメリカ出身の英語話者である女性は、ドイツで生活し始めた頃のいらだちを以下のように覚えている。

　　ある日、店に買い物に行き、レジで50マルクを支払ったあと、レジ係の店員は10マルク札1枚とお釣りの硬貨しか手渡さなかったんです。私は突然、心理的動揺に襲われました。彼女は20マルクのお札と硬貨を渡すべきだったのに！　私ができるかぎり説明を試みたんですが、語学の授業ではまだ過去形を習っていなかったんです。それなので、私は「あなたは私に10マルクくれます」とはっきり伝

えました。それに対して、疲れていらいらしているレジ係は、ぽかんと私を見つめるだけで、すぐに次のお客に声をかけたんです。それでも、私は譲歩しませんでした。息を切らし、顔を真っ赤にしながら、相手にわかってもらおうと必死でした。「あなたは私に20マルクくれます。でもあなたは私に10マルクくれます」。絶望的でした。ついに後ろの方にいた親切な紳士が、私に英語を話すのかと尋ねてくれたんです。その言葉に安心して、この紳士に状況を説明すると、彼は店員に私の言ったことを通訳し、最終的には（レジ係の軽蔑したまなざしとともに）私はようやく正しいお釣りの金額を手にいれることができました。それでも、心の中では自分がちっぽけで力のない者であると感じざるをえませんでした。その場の全員の人に向かって「私はアメリカから来ました。私はちゃんと教育を受けた社会人です。言葉のやりとりから感じられるほど、私は決してちっぽけで無能な人間ではありません。私は皆さんと変わりありません！」と叫びたかったんです。でもその代わりに、「ダンケ（ありがとう）」と一言だけ口にして、家に歩いて帰り、そして思いっきり泣きました……。（C. Heller, 2009: 126f.）

　この２つの例の中で、異文化コミュニケーションの成功の鍵——むしろここでは不成功の原因——は、言語の習熟度と言語のイデオロギーによってもたらされたと言える。前者のトレーシーの場合は、彼女の初級レベルの言語の習熟度がドイツ語に習熟している人以外の意見は聞く価値がないという保護者会の親たちの信念と合致していたので、言語の習熟度が専門知識の指標となっている。コリー・ヘラー（Corey Heller）も同様に、彼女自身のアイデンティティが「ちっぽけで無能」「力のない、みじめな」言語学習者というマイナス方向に転じたことを痛感している。これらの例が示しているのは、文化の価値観、もしくは、文化的価値に基づく異文化コミュニケーションの助言の分析は、ただ単に典型的な平凡なナショナリズム（5-4 と 6-2 を参照）の例というばかりでなく、一人の人間の（文化や他者に対する）価値基準はまったく役に立たず、アイデンティティは言語の習熟度によって決められていると言える。異文化コ

ミュニケーションの文脈の中で私たちが誰かというアイデンティティは、かなりのところ言語の習熟度の機能に左右される。つまり、もし、あなたの話し方が他の人と同じように聞こえなければ、教育専門家や普通の買い物客として「存在」できない。教育専門家、または普通の買い物客として「存在する」ということは、こうしたアイデンティティを演じるということである。つまり、あなたは「存在するために期待されているアイデンティティに従ってふるまわなければ」ならない。

この2つの例が示しているように、求めるアイデンティティと、そのアイデンティティに見合った言語能力の間で、ときに矛盾が生まれることがある。多くの読者は、先に紹介した他の親たちから支持を得られないといった失敗例や、サービスの相互行為上のいさかいという経験は、文化的特性やアメリカ人の価値観というよりも言語の習熟度に関わるものであることにすぐさま同意するのではないだろうか。しかし、そうした焦点は、英語の学習者の例となったときにはただちにぼやけてしまう。特に、言語の習熟度が初歩的よりもできる場合である。例えば、私が異文化コミュニケーションの文献や同僚からよく聞くのは、英語のネイティブスピーカーは日本語話者が自己紹介の中で「Please take care of me」と言うときにマイナスの印象を持つという。ある英語話者はそのようなリクエスト（依頼）は弱さと依頼心の強い性格の表れとみなし、また、それは位階組織に基づいた、相手に好印象を与え、相手の共感を得るための日本文化特有の価値観であると受け止める（Melville, 1999）。しかし、日本語、また日本語に干渉された英語になじみがないかぎり、英語話者にとってこの挨拶の本来の意味を理解できないだろう。それは、英語の型通りのあいさつや自己紹介の決まりごとに慣れていないということでもある。「私の面倒をみてください（Please take care of me）」というのは、初対面の自己紹介の際の日本語で使われる定式文句、「よろしくお願いします」の文字通りの直訳にしかすぎない。英語でこれに価する（文字通りというよりもしろ）慣例的なフレーズは「Pleased to meet you（お目にかかれてうれしいです）」だろう。私の日英バイリンガルの同僚、高橋君江氏は、英語で「私の面倒をみてください」という日本人英語話者たちは、文化的価値観を表現しているわけではなく、逆に無能な英語話者ではな

いことを立証しなくてはならない、無理に英語を話さなければならないといった英語話者のアイデンティティに縛られている、と説明してくれた。

10-3 話せない立場に置かれるということ

　これらの例の数々が示すように、あなたの言語の習熟度に見合ったように行動するということは、それは単に言語を運用するというよりも、言語に関わる認知の問題とも関わってくることになる。残念なことに、全体的に私たち人間は、自分たちが話したり、理解したりすることができない言語を使う人たちに対して、ぼんやりとした見解しか持てない傾向にある。古代ギリシャ人たちは、例えば、ギリシャ語を話さない人たちのことを the blablas（野蛮人）と呼び、この言葉は barbarian という英語をはじめ、多くのヨーロッパ言語に借用されてきた。しかし、時が過ぎるにつれその元来の意味であった「ギリシャ語を話さない人」または「異邦人」という意味を失い、残った意味は語源の中でも明らかに否定的な価値だった。

　似たような例は、アラビア語にもある。ajam は「無言の、アラビア語を話さない人、異邦人、アラビア人ではない人」を意味するが、barbarian と同様に、それはアラビア語を話さない人にとって中立的な意味を持つ言葉ではなく、軽蔑的なニュアンスを含み、流暢に話すことができない外国人にとっては侮蔑的な言葉となっている。アラブの人々が7世紀に占有した帝国のもともとの所有者だったペルシャの人々にとっては、特にそのように響くに違いない（Hourani, 2005）。逆に、ペルシャの人々は ajam という言葉を自らの誇らしい帰属意識として、自分たちが「(アラブ語が) 話せない」という単純な前提自体を茶化すようになった。

　人間を動物界の中の他の動物と区別する基準である言語ではあるが、他の言語話者で、他の言語がうわべだけでも話せないということが、ときに残酷さをもたらすことがある——これは直視することが難しい異文化コミュニケーションの一面である。私たちが抑圧しているすべてのこ

とと同じように、異文化コミュニケーションがもたらす残酷さも、それを乗り越えるために認識される必要がある。特定の言語を話せない話者に向かう残酷さは、奴隷制度や人身売買における虐待に関わる人権問題と密接に結びつくものである。人身売買そのものは、国を越える人々の移動（transnational migration）との関わりで、高まりつつある人権問題の焦点として浮かび上がっている。ベル・フックス（bell hooks, 1994: 169）が、16世紀から19世紀における大西洋を横断する奴隷貿易を参考に説明をしているように、（先に挙げた例のように）言語を自由に話せず、話せないという立場に置かれ、自分が「小さくちっぽけな存在」「無知で無力な存在」という社会の文脈の中に人が置かれているというそのこと自体が、虐待の道具の一つとなると言ってもいいだろう。

> 奴隷船の甲板の上、また売買される台の上に置かれ、故郷から切り離され大規模な農園の建物に住むことになるアフリカから連れてこられた人たちの恐怖を想像するとき、この恐怖は、処罰の恐怖の域を超えているものであり、また、その恐怖とは理解のできない言語を耳にする苦痛からも来ているだろうと私は考える。まさに英語という言語の音が恐怖を募らせただろう。〈中略〉どのようにこの恐怖を記憶にとどめておくのか。アフリカ人の深い絆は、言語が共有された土地で長い歴史の中で培ってきたが、そのアフリカの人々にとって、突然、自分たちの母語が意味を持たない世界に突然、移動させられるということがどのようなものなのか、どう描写できるだろう。

大西洋を横断する奴隷貿易の犠牲者たちを思うフックスが想像するこのような恐怖は、当時と同様に20世紀においても現実として存在する。2009年初頭、ビルマのロヒンギャ（Rohingya）の窮状は、国際メディアのニュースを賑わせた。ロヒンギャとは、ビルマ内のイスラム教少数派の先住民であるが、ビルマ政府からはビルマ国民と認知されず、人権的立場からすると虐待を受けているものと考えられている。2008年12月に大勢のロヒンギャ難民を乗せた何艘かの船がタイに到着したとき、彼らは

拘留され、殴られ、それからボートの中に再び詰め込まれた後に、その船は海に誘導され、ついには、再び漂流することになった。実際には生存者よりも死者が多いのだが、後にインドネシアのバンダ・アチェという場所で救出された生存者によるインタビューは、彼らがどのように扱われたかということがまったくわからないままにされていたことが彼らの状況をさらに悪化させていたことを明らかにしている。アルジャジーラ放送のインタビューで、一人の生存者は、唯一信じられたことは、彼を生存させるかどうかは「神のみが知っている」ということだけだったと述べている。人権が踏みにじられている世界中の他の犠牲者たちと同様に、ロヒンギャの人々にとっては、軍の残虐行為の的となっているというその場における人権問題に関わるだけではない。彼らの苦悩が意思疎通のための英語、コミュニケーションのための他の言語を持たなかったということは、グローバルな地球上の舞台において彼らの窮状が可視化されないことにもつながる。ビルマ内外におけるロヒンギャたちの人権に関わる状況は悲劇的なものである。しかし、多くの窮状が注目を求めている世界の状況では、ロヒンギャたちの苦闘はほとんど目に触れないままになっている。これは彼らの虐待者に自由な権力を与えたままにし、国際的な非難、団結、支援にとっての妨げとして立ちはだかる。先に述べたように、2009年1月に、ロヒンギャ難民の危機として、バンダ・アチェ沖で漂流中の船が発見され、新たな局面を迎えたとき、生存者のもとに飛び、放映するのに十分値するニュースだと判断した唯一の国際的メディアはアルジャジーラ放送だった。そのアルジャジーラのニュースの中でも、インタビューを受けた人たちは「名前なし」とされ、唯一、年齢（「20歳」「23歳」）だけが紹介された。多くの抑圧される側の人々にとって、本当の解放とは、理解可能な言語で自分たちの声を響かせ、マスメディアへのアクセスを増やし、そして、主要言語の話者たちにより自分たちのイメージが構築されていることを知ることで、自分たちが置かれた「話すことができない」状況を克服することなのではないだろうか。これについてオーストラリア先住民研究者のマーティン・ナカタ（Martin Nakata）は以下のように指摘する。

私の娘たちが自分たちをトレス海峡諸島出身者として第一義的に感じるか、または他のどのようなアイデンティティを持つかどうかに関して、私は一つだけわかっていることがある。オーストラリア国内では、間違いなく、彼女たちは常に肌の色が違うものとして認識されるだろう。そして、私の父親、祖父、そして曾祖父がそうであり、私もまた感じているものと戦うために、彼女たちが最も必要なことは、彼女たちが置かれた立場の政治的特質への理解であり、そのための言語と、その置かれた立場が主流社会の中でどのように効力を持つのかという知識の両者が求められる。(Pennycook, 1998: 4 より引用)

　人間は社会的な創造物であり、自分たちの仲間の人間と意思疎通が図れるということは明らかに基本的な人間の権利であると言える。意思疎通が図れない、または、思うように意志疎通ができないという状況に置くことにより、他の人たちを「話せない立場」に位置づけるといった虐待は、これまでコミュニケーションの研究者や人権問題の活動家たちからも注目されずにほとんど忘れ去られてきた。一方で、奴隷、人身売買、または漂流難民の犠牲者たちにとっては、自分たちの身に何が起きているかを把握不可能であったり、コミュニケーションを図ることができる能力がなかったりすることが、大きなレベルでの残虐さに比して、ただの一面にしかすぎないと捉えられてしまうだろう。そのような場合、人権的虐待としてコミュニケーションが図れないことを指摘することは戦略的に見て無効なことに違いない。なぜならば「話せない立場に置かれる」ことが、彼らの状況に対する全体の残虐さと比べた場合に取るに足りない侵害として受け止められてしまうからである。
　しかし、人間が、コミュニケーションをとることができない状況に置かれるということは、人権を侵害することであり、奴隷や人身売買の理不尽さの一部としてだけ起きるわけではない。この後に述べるイギリスとオーストラリアで起きた例が証明するように、1948年の国連の世界人権宣言の条約加盟国の、亡命希望者に関わる政策の中で起きることもある。

例えば、初めの例は、亡命希望者をロンドンに近づけないようにするために試みられた、イギリスの地方分権法の文脈の中に位置づけられるケースである。西アフリカのギニア出身の亡命希望者であるスレイマン・ディアロ（Suleiman Dialo）は、亡命認定申請の審査期間、2000年からイギリスの北東部にある都市、ニューカッスル・アポン・タインに送られた。1年半後、彼の亡命請求は却下され、彼はギニアへの強制送還を待つ間に自殺を図った。この間、彼の住んだ地方都市では、彼は唯一のフラ語（Fula）話者であった。

> それは冷酷な官僚主義が傷つきやすい若者を死に追いやったといった哀れな物語の一つではない。むしろ、それは世界中の亡命希望者に共通する孤独からくる寂しさと恐怖を物語るものであり、ディアロの場合は、おそらく彼の母語がフラ語であったということがさらに悪い状況に導いたに違いない。フラ語は西アフリカの一部で話され、イギリス北東部全域では、一人もフラ語話者は確認されていない。彼のフランス語は片言で、英語はほとんど話せず、何よりギニアでの彼の子供時代には、読み書きを学ぶことがまったくなかったのである。標識、手紙、物事の指示、電話での会話、テレビやラジオ、ごく普通の日常会話──イギリスでは、このどれもが彼にとって意味を持たなかった。孤独からくる寂しさは、彼にとって抵抗できないほど強く、かつ衝撃的であったろう。〈中略〉「彼は彼の身に何が起きていたのかを最後まで本当に理解していなかった」〈中略〉彼を取り巻く世界は、ほとんど無に近いくらいに縮んでしまったのだ。（Moorehead, 2006: 129）

イギリスにおいて、ディアロのような亡命希望者は亡命認定申請中、地域社会に住むことが認められている。彼らの行動範囲は、選定された地域内に限定されているものだが、一方、オーストラリアでは1990年代初頭から亡命希望者の行動範囲をこれまでよりもさらに思い切った方法で制限した。そこでは強制的な移民拘留の政策とは、亡命希望者たちの亡命請求が審査されている間、移民者収容センターに拘留されることを

意味する。ほとんどの移民者収容センターは、オーストラリア国内の遠隔地域に位置しているのだが、時の政策により、近隣国のパプアニューギニアや太平洋諸島のナウル共和国の小さい島などに委託されるようになった。ここで、アラジン・シサレム（Aladdin Sisalem）のケースを紹介したい。シサレムはクウェート生まれのパレスチナ人であり、1990年初頭に民族浄化のもと暴力的な政治活動の標的となっていたグループに所属していた（El-Najjar, 2008）。彼はインドネシアから政治的庇護を求めてボートでオーストラリアに近づこうとしたが、パプアニューギニア領域の一部、マナス島の国外移民受け入れ処理センターに拘留された。2003年7月、彼が約一年間移民者収容センターに拘留された頃、オーストラリア政府は、このセンターを閉鎖する準備を始め、他の収容者たちはオーストラリアやニュージーランドに新たに定住させられた。しかし、シサレムのケースだけはそのときは解決せず、彼がオーストラリア政府からビザの配給を得るまで、さらに10カ月の間、唯一の収容者として取り残されたままであった。彼が最終的にそこから解放されたときに、彼が10カ月間拘束されていた間の友達についてこう述べている。「愛しいもの、一匹の野良猫〈中略〉が、私が収容所に10カ月間一人残されてから、持つことのできた唯一の友達だった」(A. Jackson, 2004)。

　オーストラリアの移民者収容センターに現在もいる他の収容者たちの場合においても、異なる言語、国情を持つ収容者たちはお互いに、または英語を話す収容所の警備員たちと意志疎通を図れているとは一概には言えない。意志疎通のない抑留に伴う人権侵害に関しては、彼らの窮状に注目を集めるための最後の賭けとして自らの唇を縫い合わせた収容者たちによって、最も象徴されると言えるだろう（Cox and Minahan, 2004）。メディア上のコメンテーターの大多数は、収容をされた側の野蛮さ（barbarism）の根拠としてその行為を強く批判をした。しかし、「野蛮さ」の語源を思い返してもらいたい。冷静さとバランスを持ち、有能であるためには、冷静さとバランスのとれた気持ちを持ち、能力があることを実行できる必要がある、ということを強調しておきたい。10-2において、さして深刻ではない状況の中で、意思疎通が図れなかったために、有能で、教育のある、恵まれたアメリカの中流階級の女性たちが、冷静さを

失うことになった様子をすでに検証した。彼女たちの境遇は、オーストラリア僻地の砂漠にある移民者収容キャンプに、何カ月も、ときには終わりが見えずに何年も、閉じ込められているという状況からはるか遠く離れているにもかかわらず。

人間がコミュニケーションを図ることができない状況に置かれることは、一種の虐待状態、人権侵害になる。しかも、言語において会話不可能と認識された場合、団結、同情、親切心よりも、残酷さ、虐待、嫌悪を引き起こすことの方が多いと言えるだろう。

10-4 言語の重要性

ここまで私は言語の重要性を指摘してきた。しかし、異文化コミュニケーションの文献の多くは、特に経営学との組み合わせ、もしくはコミュニケーション学を基盤とする場合に、異文化コミュニケーションが言語的には非日常のおとぎの国のような場所で起きているという印象を与えている。特定の相互行為が起きている場でどの言語が使われているのか、また、発話者たちが使用している言語がどのくらいの習熟レベルなのか、こうした情報が報告されることはない。これらの学問領域の中では言語が重要視されていないという意味ではなく、単に言語選択そのものが見えないままになっていることを指摘しておきたい。これがある特定の言語、大体の場合は英語を無意識のうちに採択するといった結果を生む。社会言語学者のマイケル・クライン（Michael Clyne, 2005）はこの近視眼的な傾向を「一言語主義的な心の持ち方」と名づけた。

一言語主義的な心の持ち方の上では、言語的な選択が存在していない、唯一の、その一言語の使用が普通であり、自然なものであると思われている。ゆえに、言語の選択、言語の習熟度、そして言語の多様性は、どれも一様に無視されているか、軽視されている。異文化コミュニケーションが、多言語が存在する世界の中で起きているという事実が無視されているとなると、10-2 にある「（日本人英語学習者が自己紹介の中で言う）私の面倒をみてください」の例で見たように、文化のステレオタイプが代わりに特出することになる。

長年、一貫して一言語主義的な心の持ち方に対して挑戦している研究は、ジョン・ガンパーズ（John J. Gumperz, 1982a, 1982b）の相互行為的社会言語学に見出すことができる。相互行為的社会言語学は、背景が異なる人たちの間で自然に起きている対面の相互行為に、経験主義的な焦点を当てている。次に、異文化コミュニケーションの中で言語がどのように問題を提起するかということを具体的に示し、読者の皆さんにこのガンパーズの流れを汲むアプローチを理解してもらうために、一例を挙げて、相互行為的社会言語学の研究について詳述する。ロバーツら（Roberts et al., 2005）の研究は、民族的な多様性の高いことが特徴である自治体地域の中の、ロンドン中心部の4つの一般開業医院で行われた一般診療の診察に関する研究である。研究者たちは、232回の診察をビデオカメラで記録をする許可を得て、その中で起きたすべての誤解について検証した。その結果、ビデオ記録に収められたすべての診察場面の20％には、誤解が含まれているということがわかった。重要な点は、これらの誤解が言語的な問題から生じているということである。そこでは我々が予測しがちな、文化的に特定な健康に関わる信念ではなく、この多言語コミュニティの、医療現場の中における言語の習熟度が主要な問題となっていた。

　次に挙げるのは、誤解が生じた診察の例である。診察の目的は、実際には健康に関するものではなく、パスポート申請のために開業医が患者の身元を確かめる相談のためであった。この医師はアングロサクソン系であり、患者はバングラデシュ出身者である。

(1) 医師：this is for you M isn't it?（このパスポートは君、Mさんのものだろう？）
(2) 患者：yesh M B's my name.（そう、MBは私の名前）
(3) 医師：how long have I know you B?（私はかれこれどのくらい君、Bさんを知っているんだっけ？）
(4) 患者：［間］my name?（私の名前を？）
(5) 医師：［間］how long［間］how long do I know you for how many years?（どのくらい……どのくらい、何年間の間、君のことを知り

ますか？）

(6) 患者：oh:um ［間］e::h 9 years ［間］［聞き取れない］I come to this country in er ［間］1990 ［間］but… （えーっと……あー、9年……私はこの国に来るのは、えー……1990……でも…（Roberts et al., 2005: 468）[注7]

　会話のターン(3)と(4)の間に起きた誤解は、患者が医師の質問に対して適切な答えができなかったという事実により明らかだろう。ここでは、研究者たちは、誤解に関わる5つの異なる原因を明らかにしている。第一に、患者にとってはknownとnameが同じに聞こえるという発音上の問題が挙げられる。第二に、時制（have knownとdo know）といった文法的な問題が挙げられる。患者はターン(3)で現在完了形を間違って理解をしているが、ターン(5)では単純現在形で医師が質問を再構成したことが功を奏し、適切な答えを引き出すに至っている。第三に、時間の長さを尋ねるhow longという表現は（時間とはイベントが積み重なった長い時間軸を示すといった）時空（space）のメタファーを含むこともあり、もともと意味的にも理解をするのは難しいものである。第四に、「私はかれこれどのくらい君のことを知っているんだっけ」という質問は、むしろ非日常的表現であり、この特定の官僚主義的な文脈以外では奇妙に聞こえるだろう。誰かの身元確認を承認するという日課に親しんでいない人にとっては、その質問は予想外のものであるに違いない。相手への期待というのもまた誤解を招く第五の原因の核心として挙げられる。患者は、目の前にいる一般開業医がパスポート申請書に署名するためには、最低限決められた期間の間、患者のことを知らなければならないという、医療機関での知識に欠けているものである。こうした規定は明らかにされていないので、患者の方は、自分の名前の質問から、自分がその開業医を知っている時間の長さの質問へと、一挙に飛び移らなければならないということがわかる。

　この例に見られるようなありふれた誤解が、内実を精査すると、実はかなり複雑であり、多面的な要素の結果として立ち上がってくることがわかる。とはいえ、誤解に関わるすべての要素は、その原因として言語

（音声、文法、意味）と母語話者に共有される、会話の文脈に関わる知識の欠如に関わっていることに変わりない。研究者が認識した誤解の原因で、唯一この例では明白ではないものはプレゼンテーションのスタイルである。プレゼンテーションのスタイルの問題には、医師を訪れた理由である健康上の問題についてほとんど話さない患者や、あるいは、診察に役に立つと思えない、おびただしい話題に話を発展させてしまう患者なども含まれることになる。興味深いのは、開業医の方が、患者よりもよく誤解をする点である。この研究の執筆者たちは、最後に、開業医への意識の啓蒙と、異なった言語使用から生じるミスコミュニケーション（意思疎通の欠如）を認識するための研修を提案、勧告している。研究者たちは調査結果を以下のようにまとめている。

> コミュニケーションの教科書は、医師たちにもっと話し、患者の言うことにもっと耳を傾けるということを奨励する。しかしそのような処方箋は単一言語、単一文化での診察をモデルとしているわけで、ごく普通と考えられる会話そのものが問題でない場合を想定している。開業医たちは患者の英語の能力をすばやく判定することが必要だ。医師は、患者たちが英語でコミュニケーションをするときに抱えているかもしれない困難さや、限られた英語で意思を伝えようとして用いる的はずれな言葉を理解する必要がある。また、患者が異なる方法で自分たちを表現したり、医師と関わるときの患者のやり方を受け入れる必要がある。さらに医師は、誤解を防ぎ、意思疎通を管理するためのストラテジー（方策）を展開させる必要がある。すでに民族的な多様性が広がる社会の中で役立てるための多くの議論と勧告がなされているとはいえ、既存の教育とコミュニケーションの研修プログラムでは、標準的な英語もしくはその地域で標準的だと考えられる英語を話さない患者と、毎日何千にもなるだろう診察現場に対応する、言語的に細やかで、文化的に柔軟なアプローチは開発されていない。(Roberts et al., 2005: 474)

ロバーツら（Roberts et al., 2005）の研究で録音された会話は、すべて英

語で行われている。しかし、これよりもさらに複雑な相互行為があっても不思議ではなく、その例として、次に、ドゥシェンヌと私（Duchêne and Piller, 2009: 10）の研究から、スイスのドイツ語圏にある町の、旅行案内センターのカウンターでの相互行為の分析を挙げたい。たった2～3分という時間内での典型的な相互行為の中で、1人の旅行案内係の女性は、以下に挙げるコミュニケーション行為に従事している。

○お客と対面しながら英語で話をする。
○コンピューターのデータベースで空室を検索する。そのデータベースは標準ドイツ語で表示されている。
○受話器を取り、目の前の客のために、部屋の予約の電話をホテルにかける。ホテルの受付係とスイス・ドイツ語で話をする。
○その直後、観光案内所の裏にある事務所に電話をかけるが、それはそのとき彼女が部屋を予約してあげようとしていた客に関わるものではない。再び、スイス・ドイツ語で話をする。
○カウンターの傍に立っている客に向きなおり、彼が予約したかった部屋は今のシーズンは満室状態で空いていないと英語で説明する。
○後ろを向き、同僚に向かってスイス・ドイツ語で問題点を話す。
○ホテルに再度電話をし、スイス・ドイツ語で解決策を交渉する。
○標準ドイツ語でコンピューターのオンライン・データベースに予約の詳細を打ち込む。
○再度、英語で客と話をして、地図といくらかの情報が標準ドイツ語、フランス語、英語、イタリア語で印字されている用紙の上に、いくつか詳細を書き加える。
○客が去ると、受話器を取り上げ、事務所に再び電話をし、彼女が対応している別の問題に戻る。

上記の行いは、10分の間に展開された。予約係の1日の業務の中で、研究者によって3言語が録音されたが、この相互行為の中で明らかであった言語に加えて、予約係は、会話の中でフランス語も使っていた。彼女は、標準ドイツ語と英語で電子メールを書き、誤解やコミュニケーシ

ョン上の問題を乗り越え、客と意思疎通を図るためにたびたび地図の上に図を書きこんで確認も行っている。

　実際の相互行為に細心の注意を払うことにより、私たちは自然言語の重要性や人間の相互行為の複雑に入り組んだ様を再確認できる。さらに言えば、ときには、相互行為を行う人が、実際にはお互いを理解しあいたくないのかもしれず、また、誤解が言語的あるいは文化的な違いによってのみ引き起こされるのではなく、むしろ、人はもともとお互いに反目しあい、口論をしあうものなのだということをわからせてくれるのである。別の言い方をすれば、相互行為の中にはしばしば利害関係が存在し、相互行為を行う者は、互いに理解することをあえてしないのかもしれない。異文化コミュニケーション研究は、もし私たちが言語的かつ文化的差異を乗り越える方法を知っていれば、お互いに理解しやすくなり、世界は地球上の楽園になるといった楽観的な印象を多くの場合、作り上げてしまうのではないだろうか（詳しくは 11-2 で論じる）。

　続いて 2006 年 9 月、チューリッヒ国際空港のスイス航空の乗継デスクで録音された相互行為について考えてみたい[注8]。まず、ロンドンから香港に向かう乗客が、経由地で飛行機を降りたところから始まる。彼女の夫が、翌日、チューリッヒからフランクフルト経由で香港に飛ぶ予定になっているので、夫と一緒の飛行機に乗りたいと考え、経由地で彼女は切符を変更したかった。しかし、翌日の直行便を再度予約することは可能であるものの、別ルートのフランクフルト経由での再度の予約はできない。彼女は乗継デスクに、予約のし直しと文句を言いに近づいていった。P は乗客の略で、T^1 と T^2 は乗継デスクで働く職員、M は支配人である。乗客の第一言語はフランス語でデスクにいた職員の第一言語はスイス・ドイツ語である。

P：フランス語を話しますか？
T^1：いいえ。
P：では、英語は？
T^1：英語、はい。
P：そう、えーっと、私の連れ合い、ええー…

T¹：そうですね、切符を持っているんですね…（録音が聞き取れない）はい、わかります、そう、あなたの連れ合いは、あー、明日、あー、フランクフルト経由で香港まで飛ぶんですね。

P：ええ。

T¹：でも、あなたの切符を確認しましたが、あー、つまりこの、この料金では変更ができません。

P：えー、いえいえ、私はそんなことを聞きたくはありません！

T¹：ならば、私がもう一度確認してみましょう。

P：まったく！　そのために飛行機を逃してしまったんですよ！　その担当者の人はすべて大丈夫だと私に言ったんです！　今さら、私の払った料金云々については聞く耳を持ちませんから。

T²：はい、あなたにとってよかったんですね。

P：じゃ、何が問題なんです？

T²：そのまま次の飛行機に乗っていればよかったんです！　それならばよかったんです。

P：でも、担当者が！

T²：旅行を続けないというのは**あなた自身の選択**です。

P：ちがいます、担当者は料金が関係するなんて一言も言いませんでしたよ！　もしその担当者がそんなことを言っていたら違っていたかもしれません！　いえいえ、お願いですから、冷静に考えてみてください！

T²：こちらこそ、ええ、お願いです、すみません。いいですか？　今、私ができることは、航空会社としてあなたの切符でフランクフルト経由を予約することは不可能なので、明日の夜の直行便の予約を無料でしてあげること…

P：（相手の台詞を遮って）いいえ、この便に乗りたいんです！[注9]

T²：それは、今からでは絶対遅すぎます。

P：世界で一番ひどい航空会社ね。私たちは**頻繁**に利用してあげているのに、わかっているの？

T²：ええ、もちろんわかっています。

P：それから、○○氏、○○氏は○○（航空会社名）の何とかという、お

偉い理事かなんかで、何とかっていう、まったく、今回のことは承知できたもんじゃない、あー、もうわからない、私たちがスイス（航空）で飛ぶのは今回が最後となるわね、主人は、毎週の週末にスイス（航空）に乗るのに、いまいましいくらい、毎週末によ！

T^2：それはお客様の判断ですので…

P：いいえ！　担当者が私にちゃんと説明をしなかったからでしょ、担当者が言わなかったから！　彼女が、私に言ったから、いいえ、聞いてちょうだい！　聞きなさい！　彼女が私に…

T^2：そのような言い方はもうやめてください、お客様、お願いです。

P：すみま…すみません、彼女が私に言ったのは…

T^2：お客様、それはもう…

P：（相手の台詞を遮って）その人が、その人が私に言ったのは、私は彼女に尋ねたのよ、**私のためにその便を確認してちょうだいって**。わかるかしら、冷静に考えてみれば、私が変更するとは…

T^2：でもお客さんは席を予約してあったじゃありませんか！

P：支配人に会って話すわ！　えっと、すみません、すみません、でも聞いてちょうだい、私はこの便にしようとしていたのよ、わかってる？

T^2：はい！

P：私は夫と一緒の飛行機に乗りたかっただけだから、私がそうしたんじゃなくて、もし担当者があなたはご主人と一緒の飛行機に乗れません、あなたは明日の午後ではなくて、明日の夜の飛行機に乗らなければなりません、と言ってくれていたら、私がどうしたとあなたは思うのかしら、私がここで待つとでも思う？

T^2：はい、でもお客様が乗らないとおっしゃったんです！

P：違うわよ、まったくもーっ！　**誰かここには脳みそのある人はいるかしら？**　違うわ、まったくもーっ、でもこれは…

T^2：次の人、どうぞ！

P：いいえ、何を言っているの、お願い、おかしいわ。私はね…あなたね？　あなたはぜんぜんわかってないの！

T^2：支配人と交渉してください、お客様、申し訳ありません。

P：いいえ、ばかげているわ、あー、そうね、支配人を待って、それから話し合いましょう。
T²：ええ、それからにしましょう、ん、いいですか？
M：さあ、私とこちらにいらして頂けますか？
P：オーマイゴッド！　ここは最低の航空、航空会社ね。

　この例の中では、会話がスムーズに成り立たない原因となっている論拠が多数、存在する。例えば、おびただしい数の割り込みや発話の重なり、互いにかみ合わない話、適切な返事を返すことができない失敗、相手に対して失礼になる表現や侮蔑、そして、ついに会話者が会話を諦めるなどが挙げられる。相互行為は、共通語としての英語で進められるが、問題となるのは、話そのものではなく、ましてや文化的差異が関わるのでもない。もともとこの会話の問題は、乗客が切符の条件の何かしらを要求するものの、航空会社の規定はそれを認めないというところにある。
　まとめると、相互行為的社会言語学は、現実の相互行為の中でどのように誤解が演じられているかを可視化させるための、相互行為の詳細を研究する異文化コミュニケーションへの一つの経験主義的アプローチであると言える。相互行為的社会言語学の伝統の中で培われ、エスノグラフィックなアプローチに関わる、経験主義的な社会言語学研究においては、実際に、自然に起きた会話をデータとしてきた。そのようなデータと社会言語学の分析は、私たちが言語の問題であるところを文化的な問題であると間違わないように、常に「現実（reality）」を照らし出す役割を提供してくれる。

10-5　公共における言語制度

　相互行為的社会言語学では、言語使用は言語実践の一つの形であるが、言語選択は言語実践において見えにくいことを私たちに教えてくれる。社会の中で規準化された特定の言語が選択されているので、先述のロンドンの開業医は、会話をする相手、つまり患者の言語能力の評価をその場で行う必要がある場面においても、実際には一回毎の診察の中で特に

意識的に相手に合わせた言語選択をしていない。スイス航空の職員は、規準化された言語選択の範囲内で（それが不明瞭であっても明瞭であっても）最初の言語選択の判断をしている。このような例から考えると、言語選択は、ただ単に言語実践の問題というだけではなく、イデオロギーの問題だと考えることができるのではないだろうか。言語イデオロギーは、言語に関わる信念、つまり、何がいい言語であり、また何が言語的に「言うべき正しいこと」であるのかなどの、私たちが捉える概念を指す。何がいいのか、正しいのかという概念は、常に「状況に埋め込まれ、部分的で、互いの利害に関わる」(Errington, 2001: 110) ゆえに、互いに関連しあっていると言えるだろう。別の言い方をすれば、これらはヘゲモニック、すなわち、こうした概念はある特定の人々の利権に成り立ち、どのような言語が善良で、規範に則り、美しいのかという一般常識化された概念をもとに言語選択を行うということである。当然のことながら、こうした観念は言語に対することだけではなく、対話者に対しての観念を含む。

　言語選択というものは、ある言語を他の言語の上に位置づけることで安定させ、同様に言語話者においてもある言語話者を他の言語話者の上に位置づけることで安定させるといった言語イデオロギーの中に埋め込まれている。一つ例を挙げてみよう。私はかつてペルシャ語とアゼルバイジャン語のバイリンガルとして育った若いイラン人女性と話をしたことがある。アゼルバイジャン語はトルコ語とも近い関係にあり、彼女はトルコ語に関しては独学で読めるようになった。それに加えて、彼女はアラブ語も外国語として勉強をした。私はとても感心して、頭の中で基本的に中東と中央アジアを網羅する言語が話される広大な地図を思い浮かべながら、「うわー、そんなにたくさんの言語。あなたは新疆ウイグル自治区からボスポラスまでどこに行ってもコミュニケーションに問題はないですね」とコメントした。しかし、私の熱狂的な称賛はあっけなく遮られた。「英語を話さなかったら、誰が認めてくれるというのでしょう」が、彼女の答えだった。この例は、どのように言語イデオロギーが言語の価値を構築するのかを明白にしている。3つの地域の中で広い範囲で話される言語の習熟度はその価値が下げられ、グローバルな言語

である英語の言語習熟度よりも価値は低いとみなされるわけである。この例はまた、言語イデオロギーが彼女の生きている地域では——私たちはテヘランでこの会話をした——英語なしでも大丈夫だが、ペルシャ語なしでは日々の生活の基盤は成り立たないという顕然たる事実を見過ごさせているということを示している。まさに、ますます広がる英語に対して、英語が「必要」であると人々が信じ込むところに部分的に負っていると言える（10-6 も参照）。

これと同様に、言語イデオロギーは異なる言語を差異化させ、異なる言語話者も差異化する。スペイン語を外国語として学んだ中流階級に属する白人のアメリカ人と英語を付加言語として学んだラテンアメリカからの不法移民を比べてほしい。この仮の例では、二人とも英語とスペイン語の言語能力を持つバイリンガルとしてはまさに同じカテゴリーに属するが、アメリカ人のバイリンガリズムは、ボーナスのような付加的な利益（「彼女は他の言語にも通じている」）という文脈で見られ、一方でラテンアメリカ人のバイリンガリズムは赤字のような欠損（「彼は英語の母語話者ではない」「彼の英語はあまり上手じゃない」）といった文脈で見られるだろう。

言語イデオロギーを研究する批判的アプローチをとる経験主義的社会言語学は、方法論として相互行為的社会言語学と同じエスノグラフィー研究を基盤としている（11-3 を参照）。その上、言語の政治経済という分野との関わりが強い。言語の政治経済研究は、ピエール・ブルデュー（Pierre Bourdieu, 1991）の著書と最も関連づけられていると言える[注10]。ブルデューは、特定の社会的空間もしくは特定の機関における特定の言語実践の価値付与は、正しい種類の言語の習熟度があるかどうかによって、その空間や機関へのアクセスを自動的に容易くしたり、制限を加えたりすると主張する。

> 相手に理解してもらえる文章を適切に産出する能力とは、話す機会を与えられたすべての場面において、必ずしも**熱心に聞いてもらえる、その状況にふさわしいと認められる文章を産出する能力**とは一致していないかもしれない。〈中略〉社会的承認は、単に文法性に関

わるものであると単純化はできない。正当であると承認された能力に欠ける話し手の場合は、事実上、その能力が必要とされる社会的な場から排除されるか、もしくは沈黙に処せられるのである。
（Bourdieu, 1991: 55 ＊太字原文のまま）

　異文化コミュニケーションにおいては、言語選択とその理解は、特定の社会的な場や機関の中で、何が「容認」され、どのような言語イデオロギーが私たちの間で承認を促すのかが問題となる。法律というのは、非常に厳しく統制された場であるので、言語イデオロギーのさらなる説明とそれが多言語世界の異文化コミュニケーションの中でどのように働いているのかを説明するために、次に法律に関する文脈の中でのマルチリンガリズムに目を向けたい。プエルトリコとオーストラリアから例を引いてみることにする。
　プエルトリコはアメリカ合衆国の自治的未編入領土の一つである。学校ですべての人は英語を学ぶが、プエルトリコの主流言語はスペイン語である。しかし、英語で行われる授業はとりたてて高いレベルではなく、ある新聞の報告によれば、プエルトリコの人々の91％は「英語をマスターしない」という（¿Se discrimina al usar el inglés en algunos tribunales de Puerto Rico?［プエルトリコの裁判所での英語の使用は差別的だろうか］, 2009）。「マスターする」ということ自体は、特に客観的な習熟レベルではないが、その数値はプエルトリコ人全体の英語の習熟度がそれほど高くないことを示すものであると言っていいだろう。島は米国の自治的未編入領土であることから、たとえ住民の大多数がスペイン語を話し、英語の習熟度が低いとしても、プエルトリコの連邦裁判所での言語は英語である。従って、もし被告人が裁判所で何が進行しているのかがわからない場合は公正な裁判の権利が侵害されてしまうかもしれない。または、ポウサーダ（Pousada, 2008）が説明するように、被告人は同じ立場の陪審員たちによる審議がなされるという権利が侵害されてしまう可能性もある。プエルトリコ連邦裁判所での英語の義務的な使用は、陪審員制度が効力を持つのはプエルトリコ人の中でも裁判に必要とされる英語の習熟度に長けている上流階級の人たちに限られることを意味する。法律では陪審員制度

の資格には上流階級でなければならないなどとは直接には言っていないが、教育の特権という直接の結果として、標準英語の高い習熟度に達しているのは社会の中でこの集団のみであるという事実は、言語がスペイン語話者のプエルトリカン人大半に対して、陪審制度へのアクセスを阻むことを意味する。

　先に触れた新聞記事は、殺人容疑の裁判を受けた若いプエルトリコ出身の男性、カルロス・アヤラ・ロペス（Carlos Ayala Lopez）の裁判の詳細を記している。裁判の間、彼自身、何が進行しているのかわからず、証人たちは自分たちが言いたいことをわかってもらうことに苦労をし、さらに、ときに被告は本当に理解をしていない陳述に同意したかもしれず、まして実際に彼が同意したことについてそれが何を意味するのかを知らなかったとある。これが具体的に何を意味するのかについて、オーストラリアの司法制度についての国際的な関心事ともなり、オーストラリアと日本との関係性を緊張させたオーストラリアでの裁判事例に引き寄せて考えてみることにする。1992年に日本人旅行者の本多千香は5日間の日程の予定でメルボルン空港に降り立った。団体ツアーの他の4人とともに、彼女のスーツケースからヘロインが発見され、彼女たちは空港で拘留された。オーストラリアでは非英語話者の容疑者に対して通訳の提供は法的な条件である。しかし、5人の日本語話者の容疑者それぞれに直ちに尋問をするということは、同時に5人の通訳者を必要とする。日本語という言語は、オーストラリアで外国語として最も広く学ばれ、重要な移民コミュニティの言語であり、オーストラリアの一つの主要貿易相手国の言語であるものの、メルボルンほどの都市とはいえ、5人の通訳を見つけるのは至難の業だった。唯一、1人の認定資格を持つ通訳が見つかり、2人の面談は（言語を移し替える翻訳者として資格を持つ）専門家ではない担当者に通訳をしたが、この通訳2人の認定資格はどのようなものかは明らかではなかった。引き続きあった裁判の中で通訳能力の問題が懸念のもととなったとき、情報の追跡はできなかった。5人の容疑者に対して読み上げられ、通訳された法廷での注意点の記録の詳細な調査の中で、中根（2007a）は、たとえ資格のある翻訳者であっても十分に通訳ができていない、数々の言語の問題を指摘した。第一に、警察官が

伝えた注意点の区切った部分は通訳者にとって適切な通訳をするのには長すぎた。第二に、警察官は文の区切り（turn）の境界を曖昧にしてしまったため、通訳された内容が部分的に省かれる結果となった。第三に、警察官と通訳者の双方に、相手が理解したかの確認の重要性が過少評価されていた。第四に、警察官は、書かれた文章を目の前で通訳することの難しさを意識することがなかった。最後に、警察官はこの注意点を「現実の」コミュニケーションというよりも「慣例」として扱っていた。このような至らない点の結果として、何人かの容疑者は自分たちが逮捕されていることを理解できず、現実よりも自分たちの状況を軽く考え、大使館からの早急の援助を求めることもしていない。本多千香には麻薬密輸の罪で有罪が宣告され、15年にわたる懲役の実刑判決が下された。彼女はメルボルンの刑務所で懲役のうち10年半を服役し、2003年に日本に送還された。彼女は常に無罪の立場を崩さず、解放後、潔白を証明する再審のために、オーストラリアと日本の両国で実質的な支援を要請した（Hyland, 2008）。誤審かもしれないという論争は、裁判の初めの注意点を伝える時点で明らかにあったコミュニケーション上の誤解、さらにこれが裁判中の審理にも影響を与えただろう誤解に焦点が当てられている。

　プエルトリコにおける連邦の公認であり連邦の義務である英語の使用は、カルロス・アヤラ・ロペスの公正な裁判を受ける権利を侵害したかもしれない。オーストラリアにおける英語以外の、専門家としての翻訳や通訳に対する国家公認の過失と過少評価は、本多千香の公正な裁判を受ける権利を侵害したかもしれない。しかしながら、司法制度で見られる言語イデオロギーのヘゲモニーの効果や不必要な負担は、イーズ（Eades, 2008）が法廷に立つオーストラリア先住民（Aboriginal Australians）に関連して指摘しているように、個人の裁判というにはあまりにも大きいものである。先住民の被告と、先住民ではない弁護士、裁判官、判事が英語を話すというのも、表面的には共通するものだろう。実際にあまりに同じように見えるので、そこに問題があると意識化するためにダイアナ・イーズ（Diana Eades）の骨の折れる仕事は何年もかかった。表面では、先住民の被告と先住民ではない弁護士、裁判官、判事の全員が英語を話している。しかし、先住民のオーストラリア人は実際には主流のオース

トラリア人からは分離されて生活しており、学校や法廷などの公的機関でしか、この2つのグループ間でのやりとりが起きないという事実がある。それは両者がお互いの英語の話し方に関してほとんど知識を持っていないことを意味する。先住民ではないオーストラリア人は先住民のオーストラリア人の発音、語彙と文法の選択肢、そして言説や語用論的約束事について慣れておらず、先住民のオーストラリア人は法廷などのような主流の公的機関で使われる約束事に不慣れである。言うまでもなく、先住民の話し方に不慣れであるということは、先住民ではないオーストラリア人に不利になることはないが、その逆はありえない。もっとはっきり言えば、標準英語のヘゲモニーの役割と結びついた、互いの言語の話し方やふるまいに関する無知は、言語が、先住民のオーストラリア人をその地位に留める、近代の植民地支配の形となっていることを意味する。そうした状況では標準英語を強いることになり、標準英語は法廷の前において自分を表現するための「自然な」方法であるという言語イデオロギーが広く共有されることになる。先住民の人たちの度重なる標準英語の無知とともに、この言語イデオロギーは、法廷で先住民の人たちが、証言をしたり、詳しく彼らの状況を説明したり、全般的に、有意義な相互行為として裁判の進行への参加を幾度となく阻むことを意味する。両者の関係者たちは、互いの言語変種について、また、法廷で優勢である言語的・文化的な期待について意識できないため、先住民の声は沈黙させられることになる。イーズ (Eades, 2008: 339) は、公的機関におけるすべての異文化コミュニケーションに関わるもっとも疑問を呈している。

> 先住民の人たちは、かつて、警察による差別的な扱いを受けたケースに対する公正さに期待することはできただろうか、また〈中略〉これからも刑事司法制度によってまんまといっぱいくわされることが続くのだろうか？〈中略〉法廷での証拠の規定にまで及ぶ改定なしに、先住民の人たちに対する新植民地支配に終止符を打つという希望は持てるのだろうか。

言語イデオロギーを通した覇権主義的な力（hegemonic control）は、それらの言語イデオロギーによって恵まれない境遇に置かれた人たちでさえ、結局は受け入れられざるを得ない。ブルデュー（Bourdieu, 1991: 62）は、言語を伝達する中で、社会のメカニズムは二重に働くと論じている。一つには、このようなメカニズムは相対的にほとんどの人たちが正当化された言語を知らないことが前提となっている。先述の例では、プエルトリコの90％以上の人たちは英語の習熟が十分ではなく、またオーストラリア人とはいえ、先住民であってもそうでなくても、弁護士が使う法的用語について知っている人は比較的少ないということが挙げられた。しかし、（例えば、弁護士と同様に話せるためには何年もの特別な専門的領域を学ぶことが必要になるので）正当化された言語の知識は限られてはいるものの、一方でそれが正当化された言語（法律に関わる言語）であるということは誰でも理解できる。つまり、たとえプエルトリコ人たちが英語を話さないとしても、彼らは英語を「力のある記号」として認識するわけである。また、先住民オーストラリア人たちも同様である。要するにこのことが意味することは、「力のある記号」に欠ける話者たちは——与えられた文脈に置かれるどのような言語、または言語変種であっても——言語イデオロギーの結果というよりも、自分自身の言語の未習熟の結果だとして、自らの問題を見誤ってしまう。これは、私たちがこのセクションで見てきたように、国家管理に対して弱い立場に立たされるというだけではない。次のセクションでは彼らを利用しようとする商業的な実践においても弱い立場に立たされるということを探索してみたい。

10-6 ビジネスにおける言語制度

英語を学びにオーストラリアにきた若い日本人女性のエスノグラフィーの中で、高橋（2006）は一人の調査対象者であるエイカのインタビューについての報告をしている。インタビュー時に30歳前半だったエイカに、日本にいた10代の頃の言語学習の経験について尋ねたところ、一般的に期待される高校での英語の授業にはあまり触れず、彼女は同級生だった友人が当時どれだけトム・クルーズの大ファンだったかというこ

とを記憶していた。二人は実際、トム・クルーズにファンレターを書くことで英語を練習していたという。外国語である英語で手紙を書くということは、それほど学習歴が長くないとはいえ、この二人の女の子たちにとっては大変なことであった。（手紙の間違いを直してもらうために高校の英語の先生に授業時間外に会いに行くことなどを含め）努力をすることに心が躍り、こうした努力がトム・クルーズからの返事という結果につながることを頭から信じ込んでいた。彼女たちはハリウッドスターが努力に心を動かされ、ハリウッドに招待してくれるものと想像した。その招待を見越して、二人ともさらに、具体的には鏡の前で自己紹介をするなどの英語の練習を続けた。

エイカ：私たち二人で一緒に練習をしていました。（笑い）
高　橋：何の、英語？
エイカ：ええ、英語の練習。
高　橋：本当に？（笑い声で話す）
エイカ：彼が私たちの前にいることを想像しながら、「初めまして」「私の名前はエイカです」。（高いピッチで意図的に強めの英語のイントネーションで話す）（笑い）あのときはほんとうにまだ幼くて、本当、私たち。（さらに笑う）(Takahashi, 2006: 141f.)[注12]

　高橋が見出したのは、エイカだけが例外ではなかったということだった。彼女のインタビューの参加者たちは、10代の夢見る若者としてハリウッドスターであるトム・クルーズやブラッド・ピット、またはサッカー選手のデビッド・ベッカムのような白人男性の有名人に会うという夢にとても影響を受けていた（第8章も参照）。彼女たちの空想は、高校の過程で求められる以上の英語の練習を動機づけるほど強力なものであった。高橋がシドニーで会った女性たちにとっては、10代の夢は大人になってもそのまま継続し、短期留学をしてまでより英語に堪能になることを自分に求めるような動機を与えていた。このようなケースは彼女たちだけに限定されるものではない。私が行った英語とドイツ語話者の夫婦の研究においても、10代もしくは青年期の初め頃に、カウボーイやイギ

リス人のカッコよさという作られたイメージの数々が「ドイツの学校での英語という教科」の定めるレベル以上の英語の学習を行う強力な動機であったと告白した人に多く出会った。ここには、「ネイティブスピーカー」との追加練習の機会を求めること、ドイツ国内のアメリカ軍やイギリス軍基地のラジオ局の放送を聞くこと、オーペアもしくは留学生として英語圏の国々で生活をすること、また、将来のパートナーとして求める条件に「英語のネイティブスピーカー」を加えることも含まれていた。[注13]

　こうしたドイツと日本の女性たちにとって、望ましい異文化の作られた「言説（discoursesディスコース）」は、彼女たちの英語を上達させる強力な動機となっていた。しかし、彼女たちが望む英語のレベルは、ただ単に、中等教育課程の一部としての義務教育の英語学習を通じて勉強をしているだけでは得られるものではなかった。ブルデューの用語では、彼女たちの学校教育は彼女たちに「外国語としての英語」、もしくは私のドイツ人のインタビュー者が言っていた「学校英語」の知識しか与えてはくれなかった。（教育に関わるディスコースを含め）広く一般的なメディア上の言説は、彼女たちに「外国語としての英語」もしくは「学校英語」が「ネイティブスピーカーの英語」よりも劣ると認識させるように導いている。彼女たちの願望のゴールに到達すること——完璧に熟達していない形であっても、「ネイティブスピーカーの英語」に近い、もしくはTakahashi（2006）の参加者が言っている「ペラペラ（流暢）であること」——が空想的な愛と、そして自己実現という約束を支えたのである。

　もし、自身の言語イデオロギーが、「ネイティブスピーカーの英語」は夢や願望をかなえる手段だと見誤るように導くようなものであったとするならば、あなたはその実現のために何をするだろうか。きっと、英語学習の市場に目を向け、英語教育の教材を買ったり、語学学校に通ったり、または海外へ短期留学に行くなどの投資をするのではないだろうか。言語教育のビジネス市場は明らかにこうした言語イデオロギーの上で成長を遂げていると言える。同時に、民間の言語教育や海外留学を提供する側はまた、自分たちのビジネスを成長させるためにこうした言語

イデオロギーを促すことが不可欠となる。次に、この点を例示するために言語教育産業から2つの事例、一つは日本の英会話学校から、もう一つはアメリカのアクセント矯正コースについて検討する。

　日本にある民間の英語教育市場は大きなビジネスとなっており、その市場価値は2008年には75億米ドルに達すると算定されている（語学ビジネス市場に関する調査結果, 2009: Piller et al, 2010）。ここにはジェンダーに関わる西洋人に対する願望が広く言説として埋め込まれており、同時に、私と高橋（Piller and Takahashi, 2006）が指摘をする言説に関わるイデオロギーの再生産が行われている。魅力的で、人を惹きつけ、思いやりがあり、愛を語り、騎士のような西洋人男性のイメージが多数の情報源から発信される。そこには、もちろん、ハリウッド英語やその他のアメリカ文化に関わる産物などもあるが、しかし、さらに重要なこととして、国際的な文化の相関性が、こうしたイメージ、漫画やアニメ、Jポップ（同時に入手できるアメリカのポップカルチャーとは逆に位置づけられるが）、女性雑誌や英語教育業界の広告といった日本文化の産物からも発信されるといったレベルにまで達したことである。私と高橋は、日本の民間語学学校と日本の女性雑誌に掲載されていた語学留学企業に関わる記事広告を分析したことがある。その結果、こうしたビジネスの販売計画は自己実現（self-transformation）をかなえるための英語の力を、繰り返し強調していた。典型的なスローガンとして、「海外で新しい自分を発見する：オーストラリアの留学を通してあなたの人生を変えよう」とか、「オーストラリアとニュージーランド：新たな人生をスタートさせよう」などがある。特に女性に絞った言語学習のマーケティングは、女性であることを再発見し、新たな力を身につけるといった魅力に満ちた道具として、また、男性優位社会の日本で生きるための女性の不可欠な武器としての英語を演出する。

　英語学習の消費を高揚させる、日本人女性の西洋への憧れを資本とするもう一つの方法は、西洋人とのロマンスとしての「英語のネイティブスピーカー」のイデオロギーを具現化する英語教師を雇用することである。私と高橋が分析した広告の中に映し出された教師や英語教材は、共通して20代から30代の、器量がよく、趣味のいい服装をしている白人男

性たちであった。こうした資料の中の英語教師たちの専門的なプロフィールは、次に挙げる例のように往々にして個人の広告のように響く。

> ケビン・ブラック先生。彼は日本の歴史と温泉が大好き。彼はよく箱根を訪れる。「私のポリシーは、私の学生に合わせて教え方を変えることです。英語を使うという恐怖感を取り除くよう努力します」。彼はカラオケにいくのが好きで、さらには、ケミストリー（10～20代の主に女性たちをファンに持つ男性人気デュオ）のような日本の歌謡曲を歌うのが好きだ。本当にびっくりだ。（Piller and Takahashi, 2006: 65）

こうした英語教師たちの描写は、日本のメディア、特に白人男性たちがしばしば知性、感性、気品と結びつけられる女性雑誌に蔓延するレディーファーストという礼儀を守る紳士としての白人男性のイメージを構築し、強固なものにする。彼らはハンサムで、たいていブロンドの髪と青い目を持ち、教養があり、服装の趣味もよく、良識があり、親切で、ハリウッドのスターや西洋のミュージシャンが表出されるのと同じメディアで表象され、ほとんど変わりのない方法で映し出されるのである。

同様の研究で、ブロマールト（Blommaert, 2010: 47ff.）は、アクセントの矯正トレーニングのマーケティング上の言説を探究している。女性をターゲットにしている日本の英語教育産業が、「ネイティブスピーカーの英語」と騎士のように勇敢で魅力的な白人の王子とのロマンスの関連性を作り上げているのに対して、アクセント矯正トレーニングの販売促進のための資料は、「アメリカ英語のアクセント」と上向き志向のグローバルな移動と経済的な成功と関連性を作り上げている。アメリカ英語のアクセントを習得するということはこれまでの唯一の障害を取り除き、よりよい仕事、高収入、そして彼らが志す想像上の成功した同僚からの尊敬を得るといったイメージが描かれるのである。あるウェブサイトは「外国訛り」から「アメリカ英語のアクセント」に修正することの利点を以下のようにリストアップしている。

○明確で、わかりやすい話し方
○効率がよく、効果的なコミュニケーション
○仕事のチャンス
○改善した仕事の成績
○成功する公的な場でのスピーチ
○さらなる自信

(Blommaert, 2010: 52)

　このような資料に潜む言語イデオロギーは、「アメリカ英語」は仕事上、個人の成功につながる自然の材料であり、他の言語アクセントの話者たちはそれゆえに同様の成功からは締め出されているということを暗示する。その提案の不条理は、こうした資料がアクセントの矯正のために「イギリス英語」話者をもターゲットにしていることからも浮かび上がるだろう。もしロンドンの職業人が自らの日常生活の中でアメリカ英語のアクセントを真似しようとしたら、それは職業上の成功というよりも道化として馬鹿にされてしまうのではないだろうか。
　このような言語イデオロギーは、流暢なネイティブの英語をロマンスの指標として、また、アメリカ英語のアクセントを職業上の成功の指標として表出する。明らかに、そういった言語の習熟度を持つ日本人女性は少なく、アジア、ヨーロッパ、中東の人々の中でも稀だろう。しかし、一度、こうした連鎖、また言語トレーニングを消費することがロマンスや成功につながるという考えを受け入れれば、到達することのできないゴールに取り込まれてしまうことになる。自分のアクセントを矯正することは他言語の学習の側面の中でも最も難しいものの一つで、言語学者によってはそれが可能かどうかにさえ疑問を呈している (Birdsong, 2006)。よって顧客となった人たちは、達成不可能な目標のために努力をすることになり、英語学習マーケットが拡張すればするほど、彼女、彼らの習熟度の欠如は目標達成の預言を前にさらに意識させられることになる。
　言語学習の商業化が学習者を失敗する顧客として仕立てあげるそのやり方は、海外留学プログラムへの投資の結果を分析した2010年の著書 (Piller et al., 2010) の中で探究されている。私たちは、求める英語の習熟

レベルに達するために一定期間の長さの留学をする日本人および韓国人の多くは、期待している魔法のような自己実現の代わりに、幻滅、経済資金の損失、そして不安の高まりを経験することを明らかにした。例えば、10代の娘たちが英語圏で教育が受けられるように2つに分かれたある韓国の家族の事例では、父親が収入を稼ぐために韓国に残り、母親と2人の娘たちはニュージーランドのクライストチャーチに移り、定住した。父親の事業が経済的な問題に直面したとき、ニュージーランドにいた家族はクライストチャーチの家の売却を余儀なくされ、その結果、ビザの問題に直面した。完璧な英語への願望が引き起こした家族の不運は2010年5月に家族全員が自殺を図ったときに新聞のヘッドラインを少し賑わしただけであった。

　このような悲劇は、グローバルな言語としての英語の話し方が自然で、中立で、有利である（Pennycook, 2001）とする言語イデオロギーの致命的な影響を十分に物語っていると言える。言語、もしくは一般的に大言語と同様の意味を持つ言語変種というよりも、むしろ、言語イデオロギーが、異なる意味合いと異なる文脈におけるアイデンティティを明白に指標しているのである。高橋（2006）の研究に出てくる日本人女性は英語を介した異文化間ロマンスを熱望し、かたや、アジア、ヨーロッパ、中東の専門家志向のビジネスパーソンたちはアメリカ英語のアクセントを介した職業上の成功を追い求めるかもしれない。先に挙げた離散した韓国の家族にとっては、英語はよりよい教育、そして子供たちにとっては一段上の将来を意味した。さらに言えば、台湾の民間の英語教育ビジネスに支えられた言語イデオロギーを研究したチャン（Chang, 2004）が示すように、言語イデオロギーは、単独ではなく、通常は複数が絡みあって働いているものである。台湾では、すでによちよち歩きの子供が英会話を学べる、英語で教育が行われる幼稚園が特に成功し、増え続けており、台湾における英語教育市場の一角を占めている。子供期の早いうちに第二言語を学び始め、いい結果が得られるという信念、英語のネイティブスピーカーが理想的な言語教師であるという信念、くだけた会話の中でのアクセントや流暢さで表現されるように、重要な言語は話し言葉であるという信念、そしてアメリカ英語の方がどの言語変種の英語よりも秀

でているという信念を含む、こうした言語イデオロギーの組み合わせによって成長しているのである。ここに挙げた事例のように、言語イデオロギーは、達成するのが難しいものの、広く認識されている言語的知識の特異な状況を作り出している。また、非常に成功した販売計画とともにマーケットのさらなる成長を創出してもいる。しかし、これらすべての事例研究は、英語がすでに商品となり、言語学習は消費の一形態となってしまっていることを示していると言えよう。従って、伝統的に英語教育と異文化コミュニケーション・トレーニングの理解のために応用されてきた教育的パラダイムは、これ以上、目的を果たさないだろう。むしろ、私たちは、消費者としての言語学習者が、費用と自らの資本の報酬を合理的に測る立場に置かれる必要性と、そしてマーケットが客の保護と公正な取引を保証するために規制される必要がないかどうかを問いただす必要があるだろう。

まとめると、ブロマールト（Blommaert, 2010）が指摘するように、国家はもはやかつてそうだったような言語のヒエラルキーを管理する規範的権威ではなくなっている。国家の言語制度を通して行われてきた言語話者たちの覇権的管理は、現在、商業的言語制度により補われていると言えよう。

言語教育と異文化コミュニケーションもまた、商業的に利用される場となっているのである。

10-7　本章のまとめ

本章では、以下の要点を主張した。

○異文化コミュニケーションの中では生きている言語が重要となる。多言語主義や言語の多様性は至るところにある社会言語学的現実であり、話者たちが自分の利用できる言語、または言語変種から選び取り、使用している。これらの選択は社会実践の形の一つであり、言語イデオロギーや言語の政治経済の中に埋め込まれている。
○私たちの言語の習熟度は、私たちが演じるアイデンティティを制約し、

かつ、同時に、私たちの体現化された数々のアイデンティティは、私たちの言語運用が認識される方法を制約している。
○異文化コミュニケーションの現場での言語選択を理解するためには、私たちは、実際の相互行為のミクロとマクロ両方の文脈に注意を払う必要がある。相互行為のミクロ分析は、異文化コミュニケーションの中の誤解が常に共有されるべき言語資源や言語知識の欠落の結果であることを明白にしている。
○相互行為の中で生じる言語選択は、特定の言語の使用が意味することについて持っている話者の信念または観念によって起きる。こうした信念は、国家が権力を用いたり、また、商業的なサービスを提供する側がマーケットの利益を増やしたりすることを通してできる拡大された言語の制度の一部であるとも言える。

10-8 参考文献

ブロマールト（Blommaert, 2010）は多言語化、グローバル化が進む世界の言語選択を知るための入門書として適している。ヘラー（Heller, 2007）は、社会的実践としてのマルチリンガリズムの事例研究を集めた役に立つ文献である。イーズ（Eades, 2010）は、言語と法律に関する入門書として最適である。2010年の私の共著（Piller et al., 2010）は、日本と韓国を参考例にした言語教育の商業化から発するコストを探究した文献である。

10-9 アクティビティ

■言語に関わる体験を記述した自伝

クラーク（Clarke, 2004）、セダリス（Sedaris, 2000）、またターンブル（Turnbull, 2002）といった多言語を用いる著者たちの言語にまつわる自伝を読んでみよう。この３人は、パリでフランス語を学ぶ英語話者の体験を語ったものであり、特に言語選択とそれをなぜ行ったかという文脈は興味深い。他にも言語に関わる自伝は多く存在している。加えて、言語に関わる自伝に関するパヴレンコ（Pavlenko, 2001a, 2001b）の分析も面白い。

もしくは、自分自身の言語に関わる自伝を書いてみよう。あなたは何言語、もしくはどの言語変種を話すだろうか。どのようにしてその言語を学び、どのような文脈でその言語を使うのだろうか。言語選択の問題が特に顕著である体験談はあるだろうか。

■ 言語景観の中に見られる言語イデオロギー

　言語イデオロギーは実際の場では直接表現されるのではないが、社会における言語イデオロギーの数々は言語景観の中に見ることができる。あなたの住んでいる土地で、道路、地域、町にある公的標識（例えば、道路標識、方向標識、公的警告、自治体の掲示物）の画像を集めて、言語がどのように用いられているか分析をしてみよう。どの言語が、または言語の数々が使用されているだろうか。どの言語が可視化できないだろうか。もしあれば、あなたの住む土地の道路、地域、または町の住民の家の中で使っている言語についての人口学的実態の情報を参照し、住民が話している言語と標識に表示された言語を比べてみよう。活動のモデルとして、ブログページ（www.languageonthemove.org）で取り扱われた「言語景観」に関する記事を参照することをおすすめする。また、調べた結果とブログ記事とを比較してもいいだろう。

■ トイレ標識に見られる言語イデオロギー

　上記のアクティビティと同じ前提に基づくものだが、（例えば、都市の中心部の駅や空港、あなたの大学キャンパスにある英語の準備プログラムの建物など）異なる背景を持つ人たちが、頻繁に通りかかる空間にある公共トイレの標識の画像を集めてみよう。こうした標識の中の言語選択はトイレを使用する人たちのどのようなアイデンティティを指標しているのか。あなたの結果を私の著書（Piller, 2010d）と比較してみよう。

■ 広告に使われる言語

　英語レッスンのための広告を集めてみよう。授業にそれを持ってきて、小グループで討論をしてみよう。何の言語が広告で使われているか。こうした広告の中でどのような言語イデオロギーが明らかだろうか。言語

はどのように位置づけられているだろうか。学習者がどんなことを期待し願望するように仕向けられているのか。こうした資料には、どのような言語イデオロギーが埋め込まれているだろうか。

注

1 人権、国家を超えた移住と言語に関する影響の概要は Piller and Takahashi（2011）を参照
2 http://www.rohingya.org 2013年10月13日に最終アクセス
3 アルジャジーラ放送 http://www.youtube.com/watch?v=9p-WyHJb_T4 2013年10月13日に最終アクセス
4 http://www.amnesty.org/en/region/myanmar/report-2013 2013年10月13日に最終アクセス
5 http://news.bbc.co.uk/2/hi/asia-pacific/7916254.stm 2013年10月13日に最終アクセス
6 http://www.safecom.org.au/sisalem.htm 2013年10月13日に最終アクセス
7 トランスクリプトは改編され、記号は簡略化されている。
8 ドゥシェンヌ によって集められたデータはスイス政府研究基金の研究プロジェクト（プロジェクト番号108608）「言語、アイデンティティ、ツーリズム：グローバリゼーションの文脈におけるスイスの社会的・言語的挑戦の理解に向けて（'Languages, identities and tourism: Towards an understanding of social and linguistic challenges in Switzerland in the context of globalization'）（2005–08）であり、スイスの言語の多様性と言語能力についての政府の研究プログラムの一部である（Duchêne and Piller, 2009）。
9 この台詞が重なったため、前の台詞が聞こえなくなっている。
10 4-5と6-4を参照
11 その注意点はアメリカで起きたミランダの警告（the Miranda warnings）のオーストラリア版と考えてよい。
12 トランスクリプトは改編、オリジナルの日本語部分は省略、トランスクリプト記号は簡略化した。
13 研究の詳細に関しては Piller（2008）を参照

第11章
異文化コミュニケーションの将来

11-1 本章の目的

　本章では、本書の中心的課題を再考、整理し、異文化コミュニケーションの将来を展望してみる。とりわけ、研究者の研究に対するアプローチやコミットメント、そして立ち位置について具体的に見てみたい。アプローチにおいては、本質主義と平凡なナショナリズムという二つの落とし穴に陥ることなく、異文化コミュニケーションについて研究することが可能かどうかを検討したい。研究方法に関しては、私がこの本で紹介したほとんどの例の背景となっている方法、つまり批判的な社会言語学的エスノグラフィーについて焦点を当てたい。コミットメントについては、異文化コミュニケーション研究者が積極的に社会正義を支援する運動に参加されることを願う。最後に、研究者の立ち位置については、「己を知れ」という古い格言が今でも生きているように思われる。つまり、他者を知るためには、まず、己を知れ、ということである。
　この最終章では、読者自身が自ら異文化コミュニケーション研究を企画できるようになるのが目的である。

11-2 異文化コミュニケーションの物質的側面

　ここ数年、私は異文化コミュニケーションを教えてきて気づいたことがある。このスピード社会や情報化社会の中で生きる学習者にとって、この分野は彼らの経験に訴えるような魅力的な分野であるということだ。

本書を通して、読者と、異文化コミュニケーションの魅力と刺激を共有できる機会が得られたことを光栄に思う。同時に、異文化コミュニケーションの分野に携わることに、学術界やそれ以外の多くの批判的な批評家や運動家が少し引け目を感じている、ということも認識している。実際、次のような評価を頻繁に見かける。

> メディアや文化研究といった広い分野の中で活動している多くの教師や研究者にとって、異文化コミュニケーションという下位分野は、いくぶん疑わしく思えるのかもしれない。第一に、異文化コミュニケーションが、「コミュニケーション学」の領域に属するまた一つの分野であり、この分野では、文脈からかけ離れた事柄を理論的また実質的に探求され、定義カテゴリーが使用される。この分野では社会的で象徴的な複雑さが切り分けされ、（研究者が）知りたいと思うことを分類する方法をとる。さらに、機能主義的・技術主義的傾向という遺産がその背景にはあり、その遺産がコミュニケーション研究という多岐にわたる分野の知的性質に影響を与えてきたのだ。
> （Corner, 2006: 155f.）

　第3章、5-4、6-2で見てきたように、異文化コミュニケーションの定義を試みるいくつかの研究は明らかに有効なものでなく、文化の本質主義的言説に疑問を投げかけるというよりも、それらを再生産している。同じように、がっかりさせるのは、物質的・社会的不平等を文化的な違いであるとする頻繁になされる誤った認識である。同時に、異文化コミュニケーションは明らかに多くの善意の温床であり、従って、マスコミの多くが、異文化コミュニケーション研究の狙いは、異文化間衝突を回避し、異文化間能力を高め、そして世界平和に貢献することだ、と明示的に主張する。数多くある異文化コミュニケーションの言説から放出される善意が最も顕著に表現されているのが、デボラ・タネン（Deborah Tannen, 1986: 43）のよく引用される次の台詞であろう——「地球の運命は異文化コミュニケーションにかかっている」。
　異文化間の違いをよく理解することがこの世界をより良き場所にする

のに貢献するだろうという言辞が、異文化コミュニケーションに関わる多くの専門家たちによってなされてきた。しかしながら、私がこの本を通して主張してきたように、特定のグループＸがどのようにコミュニケーションを図るかという問いよりも、もっと有効な研究焦点は、「誰が何のために、どういう文脈で誰のために文化を引き合いに出すのか」という問いである。これは物質主義的な問いであり、文化や言説やすべての人間の実践は、究極に言えば物質、社会、具現化された私たちの日常に組み込まれ、根付いている、と捉えている。文化というのは、ときに、都合のいい緩慢な説明であり、あるいは、ブロマールト（Blommaert, 2005: 77）が言うように、「一方、多くの誤解というものは、意図的であろうがなかろうが、単に違いにその原因があるというよりは、不平等にあるのだ」。

2007年の著書（Piller, 2007b: 215）の中で、私は異文化コミュニケーションをより理解することが世界平和への理解に直結するのだという感覚は、「異文化コミュニケーションは世界が抱える問題の一部分である」と言い換えられるかもしれない、とあえて挑戦的に提案してみた。文化に関しては、リラ・アブルゴド（Lila Abu-Lughod, 2000: xviii）が言うように、異文化コミュニケーションの流行は、研究者たちにとって自画自賛の要因というよりはむしろ懸念されるべきではないだろうか。彼女はこのように述べている。

> 私の見る限り問題なのは、文化という概念や文化に関わる概念（ある文化を共有する集団）がその文化が発達してきた政治的世界によって汚されている、ということである。文化や異文化間の差異を具体化することが、広まった感傷や人種差別的政治と共鳴してしまっているのだ。

文化的世界観にとらわれてしまうと、実は言語能力やコミュニケーション能力（またはその欠如）、そして不平等や不正、に注目することにより理解が深められるときも、文化に目を向けてしまう。ハイネンカンプ（Hinnenkamp, 1987: 176）は、異文化コミュニケーションにおける文化主義

的視点を、研究者がいざというときに袖の下から出せるトランプのジョーカーのような想像上のものにたとえてきた。

> 言語学の関連分野で利用される文化というのは、不幸にもどこにでも通用する概念になってしまった。異なった言語を話す人々の間の相違を説明しなければならない必要に迫られるときはいつでも、文化というカード (joker) が使われ、地理的かつ言語的に遠ければ遠いほど、文化的差異も広がるという説明をしてきた。

　この本で一貫して主張してきたように、文化を切り札 (joker) として使うのは知的行為として誤っている。それだけではなく、文化を切り札として利用するのは、文化を政治的なものにしてしまうので、道徳的にも誤っている。つまり、文化を政治的なものにすることで、地球上にかつてないほど広がっている多くの不平等が他者の文化が背後にあることが原因であると、誤って信じてしまうのである。
　結論として、今後の研究においては、異文化コミュニケーションを物質的要素と言語が交差する文脈の中で見ることが大切だと考えている。そうした今後の展開には、自然言語が異文化コミュニケーションを行う上で最も主要な方法であり、異文化コミュニケーションは、異なった物質的、経済的、社会的、文化的資源を持つ人々の間で起こるのが通例である、という理解が必要となる。コミュニケーションの物質的要素と言語が交差する文脈にスポットライトを当てる必要性を主張することで初めて、知的・道徳的誠実性を保つことが可能になり、文化が排他や不公正の口実として使われることを提示できるのである。

11-3　変わりゆく情勢

　本書では、異文化コミュニケーションとは社会的実践であると主張してきた。異文化コミュニケーションは、物体として存在しない。一歩置いた立場から全知的に検証し、把握できる実体を持っていない。さらに、異文化コミュニケーションとは、労働（第6章）や市場（第7章）や恋愛

（第8章）という地球規模的な回路の上を絶え間なく動いている社会実践なのである。従って異文化間の流れの中で影響され、ネットワークを構築する人々によって「成される」ものである。この分野で過去に行われてきた研究方法のほとんどが、流動的な社会実践を問うものとしては極めて不十分である。本書で取り扱った実例のほとんどと、参考文献で挙げた多くは、ディスコース分析かエスノグラフィーを用いている。言語的資源は時と空間と様々な指標を超えるため、言語的資源の機能はもはや前提にできないとすれば、ブロマールト（Blommaert, 2005）が述べるように、文脈中での言語資源の機能を探求することが唯一の方法ということが明白になる。

　エスノグラフィーはとても大変で腰が折れる作業だ。そのため、博士課程学生ですらそれを避け、せいぜいアンケート用紙の項目を増やしたり、インタビューを突貫工事的に行ったりして安全策をとる。ここで具体的に社会言語学的エスノグラフィー調査方法を紹介するのは不可能としても、本書が読者の好奇心への火付け役になったことを願ってやまない。本書で紹介したアクティビティは、第一歩を踏み出すきっかけとして紹介し、繰り返してきた核となる問い、つまり、「どのような文脈でどのような目的で、誰が誰にとって文化を引き合いに出すのか」を問い続ける方法でもある。

　まとめると、批判的な社会言語学エスノグラフィーは今後の異文化コミュニケーション学にとって重要なツールとなるだろう。その理由は、ヘラー（Heller, 2006: ix）が提言しているように、「社会的プロセスがどこか空の上で起きているのではない——実際には社会プロセスは生活の中で起こり、よって、もし我々が社会プロセスを理解したいと思うのならば、（人々の生活を）見て行かなければならない」。

11-4　社会主義（ソーシャルジャスティス）

　言葉やコミュニケーションは、ときに取るに足らないものと思われるかもしれない。本書を通して示してきた例の多くは、その考えが誤りであることを示しており、アイデンティティや誤解、言語イデオロギーに

関する言説は、人々の経験や社会との関わり、公正さや幸せにとても多くの影響を与えていることを示している。このセクションでは、異文化コミュニケーションの将来像のもう一つは、研究者が社会正義を異文化コミュニケーションに取り込むことにどの程度従事し、傾注できるかにかかっていると主張したい。

　特に第9章と10-3、10-5で述べてきたように、言葉とコミュニケーションは人権と社会正義の重要な側面である。このセクションでは、異文化コミュニケーションにおいて言語を些細なものとして捉えることが、排他と不正の主要な側面になりえることを示す。例えば、空港のような空間におけるコミュニケーションで、人権や正義などといったことを我々は普通連想しないのだが、人権問題や排他的空間になることを、次の例を使って説明する。

　2007年10月、母国ポーランドからバンクーバー国際空港に到着した40歳のロバート・ジーカンスキーはそれから数時間後、カナダ騎馬警察（RCMP: Royal Canadian Mounted Police ［カナダの国家警察］）にテーザー銃で撃たれ、死亡した。彼は、それまで一度も飛行機に乗ったことがなく、英語もまったく話せなかった。飛行機から降りるとすぐに、約10時間も規制された到着ロビーで、数年前にカナダに移住していた母親に会えるのを待っていた。英語が話せず、国際空港の到着ロビーにも不慣れなため、母親がその規制された到着ロビーエリアに入ることができないであろうことも知らなかったと考えられる。監視カメラが作動していなかったため、ジーカンスキーがどのようにその10時間を過ごしたかは不明であるが、監視員も彼の存在に気づかず、彼に話しかけようとする者もいなかった。彼が10時間後、ついに入国審査デスクに近づくと、彼に入国許可を与えた審査官は彼のことを次のように描写している。

> 「目に見える疲労感があり、いくぶん服装や髪型がだらしなく、長いフライトからくる耐性の無さや、英語がうまく話せないイライラを示唆していた。しかし、彼は決して問題視される必要がある行動を取ってはいなかった」（Kooner, 2007: 2）

入国審査官は彼が英語ができないのがわかったが、その夜はスタッフが不足しており、ポーランド語の通訳を呼び寄せて彼を助けることができなかった。想像するに、彼はこの10時間、混乱状態だったのではないだろうか。その証に、彼は入稿審査を通過してすぐに、自動ドアの前でひどく興奮した状態にあった。結果として、警察が彼の対応に呼ばれることになった。警察は背後から彼を4回にわたってテーザー銃で銃撃し、4人がかりで床に押さえつけた。数分の内にジーカンスキーは死亡した。彼の死は別の旅行者によってビデオ撮影され、それがYouTubeに公開されると、国中そして国を超えて怒りの声が巻き起こった。[注1]

　空港というところは、英語や他の主要な言語に堪能な国際人が跋扈する消費の場所として作り上げられた場所である。空港のイメージは、高級ブランド品（そうした多くのブランドは空港に旗艦店を構えている）や余暇にしろ仕事にしろ高級な消費にその中心がある。それはちょうど、サーローとヤボースキー（Thurlow and Jaworski, 2010）が、機内誌やよく飛行機を使って旅する人のためのプログラムに設定されている旅行者の特長を分析した中で示している。しかし、空港にはもちろん、もう一つの現実がある。空港で働く多くの人々に加えて（10-4を参照）、空港は、値段の高いブランド品に手が出せない人や、頻繁に飛行機で旅をするわけではない人、空港の掲示やアナウンスの中でも目立つこともなく、十分に英語や他の言語を話せない人が行き来する空間でもある（7-4を参照）。つまり、空港というのは、文化的背景やバックグランドが多様な人々によって日々行き来される場所なのである。そうした空間を包括的に作り上げるということは、そうした場所で期待されることやルール、そして義務などを、すべての使用者に理解してもらう方法を見出すことが必要とされる。ジーカンスキーも、もし国際空港での制限エリアとそうでないエリアとの違いが理解できる方法で彼に伝えられていたなら、死に至るということはなかったであろう。

　まとめると、社会正義にコミットしていくことが、異文化コミュニケーションの将来像の一つである。私にとっては、排他的な言説や空港などでの表示に見られるような言語の軽視に疑問を投げかけることで、地球規模的な正義を遵守していこうとする姿勢を効果的に示すことができると考えている。

11-5 研究者の立ち位置

　問いを再構成し、将来を構想することは同時に異文化コミュニケーションの視点の変容を伴う。本書の前半で、他者の文化特性を理解することよりも、自分たち自身の文化を見る目（lenses）を理解することがより重要であると主張してきた。私が読者に託したいと願う異文化コミュニケーションの将来は、自分たちが自分たち自身への「他人（stranger）」になるというジュリア・クリステヴァ（Julia Kristeva）の呼びかけの中にある。

　　共同体を結ぶべき新しい絆を持てぬため――流れ者や異者たちの群れを新たな何かでまとめてくれるような救済の宗教などとても考えられない。まとめるものがあるとすれば《全員にもっと収入と財産を》だけか――我々は、いまだかつてないことだが、自分自身のモラルだけを頼りに違う人々と生きてゆかねばならなくなった。我々の個を包含する共同体はもはや個々のモラルを超越するものを持たないのだから。パラドックスを背負った社会が形成されつつある。外人だけからなっていて、各人が互いに自分を、また他人を外人と認めれば認めるほど、自分とも他者とも仲良くやってゆけるという社会。個人主義を限界までおし進めた結果としての多国籍社会。その個人主義にあるものは自分の不安と自分の限界に対する自覚、わかっているのはただ自分の弱さこそ自分を助けるものであるということ。そしてその弱さのまたの名は、我々の étrangeté radicale, 我々の根本をなす異質性、徹底的に外人たる我、という。（Kristeva, 1991: 195／邦訳：237〜238頁）

11-6 参考文献

　『*Linguistics Minorities and Modernity*』（M. Heller, 2006）は社会言語学的エスノグラフィーを初めて学ぶのに最適な本で、トロント（カナダ）にあるフランス語を使用する多文化な学校で、いかに少数言語が商品化され、真正性を構築するための表現方法として使用されるかを考察している。

11-7 アクティビティ

■ ロバート・ジーカンスキーについて

　出迎えの人が制限エリアには立ち入りが許されていないという事実を、英語がわからない旅行者にどのようにしたら伝えることができるか討論してみよう。そして自分のアイデアの実効性について検討してみよう。議論の後で、2010年の私の著書（Piller, 2010c）や高橋の著書（Takahashi, 2010c）を参考に、もっと様々な考え方に触れてみるのもよい。

■ 自分の研究計画を立てよう

　異文化コミュニケーションの実践の中で、自分がもっと理解を深めたいと思う具体的な状況を特定し、下記の3つの研究課題の解答を得るために、どのようなデータを集めたらよいか考えてみよう。

- 言語の選択に関して、どのような実践（書かれたもの、話されたこと、あるいはコンピューター上のコミュニケーション）が存在しているだろうか。
- こうした実践には、どのような（言語）イデオロギーが潜んでいるのだろうか。
- こうしたコミュニケーションやイデオロギーや言説は、文化化されたアイデンティティとどのように結びついているのであろうか。「文化」はどのようにして、ある種のアイデンティティを称賛したり、他のアイデンティティの価値を下げたり、それらの階層的関係を生み出すのであろうか。

■ Language on the Move

　もし、本書で紹介されてきたような異文化コミュニケーションへの取り組み方や方法論、政治的側面にさらに興味がある場合は、次のサイトで交わされている情報交換に参加してみよう。www.languageonthemove.org

注

1　http://www.youtube.com/watch?v=1CR_k-dTnDU　2013年10月8日に最終アクセス

訳者あとがき

　60年代後半に日本に生まれ、20代前半にオーストラリアに移住した私にとって、本書のオリジナル英語版との出会いは衝撃的だった。西洋にあこがれ、英語を学び、オーストラリアの大学で学べるチャンスを得たものの、常に「日本人」「アジア人」としての特性を求められたことが苦痛だった。地元の人々や留学生から「日本人らしくない」と冗談で言われたり、人種差別的に「日本に帰れ」などと見知らぬ人に言われた苦い経験も多々ある。祖国を離れたとき、他国に存在する自国の普遍的イメージに苛立ちを感じたことがある読者も多いと思う。

　著者イングリッド・ピラーが冒頭で述べたように、私や私たちが研究してきた海外在住日本人、また本書の翻訳者のような日本に住みながらもグローバルな人生を送る日本人は、従来の異文化コミュニケーションの文献ではめったに登場してこない。逆に、あたかも日本国籍の人間は皆同じ特性を持つかのように、「日本人はこうである」という例を紹介する著書が国内外の書店にある異文化コーナーにひしめいている。そのような文献は「ああ、そうそう、日本人ってこうだよね」と同感する読者がいる一方、「日本人はこうだ」というステレオタイプの押し付けと感じる読者も多いのではないだろうか。

　実は、本書のオリジナル英語版が2011年に出版されて以来、私はタイ王国の大学の異文化コミュニケーションの授業の教科書として使用している。タイ人学生や他のアジア諸国からの留学生との対話を通して、彼らもまた、文化的ステレオタイプに悩ませられていることを知った。「タイ人はシャイである」「中国人はマナーを知らない」「ミャンマー人は暴力的だ」「アジア人は英語を喋れない」とレッテルを貼られた異文化体験を彼らは授業の中で語ってくれた。私の学生たちにとって本書で紹介する「異文化コミュニケーションへの批判的なアプローチ」は、日常の異文化空間で体験する不平等感や疎外感を学問的に分

析できる強力なツールなのだ。

　このタイ王国で積み重ねた実績が日本語版を出版する動機となった。日本は経済と教育のさらなるグローバル化に対応すべく、「グローバル人材」の育成を推進している。また、近年は隣国との領土問題や国内で台頭してきたレイシズムへの応対を急がれている。結果、今まで以上に異文化コミュニケーション力が必要とされているのが現状だ。本書は、日本のグローバル化、「日本人」という意味とその多様性、世界の中の日本、日本の中の多文化、そして異文化空間に生じる葛藤、喜び、違和感、連帯感などを新しい視点から分析するのに必要なフレームワークを提供する。また、オリジナル英語版は香港、中国、オランダ、イランそしてオーストラリアの大学でも取り入れられており、いち早く翻訳版を日本の読者に紹介できたことをうれしく思う。

　翻訳プロジェクト立ち上げと遂行には、相模女子大学の渡辺幸倫氏に多大なる協力を頂いた。渡辺氏は著者と共同研究の経歴があり、翻訳チームの大半は同氏の国内外ネットワークを通してご紹介頂いた。翻訳者の方々には多忙なスケジュールの中、学術書の翻訳というまさに骨の折れる作業に快く従事して頂いた。日本からタイに送られてくる日本語訳原稿には、「新しいアプローチを日本に紹介できるプロジェクトに参加できて、とても光栄です」というメッセージが入っていたことがあり、さらなる励みとなった。

　日本語訳出版にあたり、本書が提供する画期的な異文化へのアプローチに共感し、出版契約を結んで頂いた創元社社長矢部敬一氏に心よりお礼申し上げたい。同社編集担当の橋本隆雄氏には、日本・タイ間スカイプ会議で編集やマーケティングに関する指導と助言を頂いた。橋本氏のきめ細やかな編集により、さらに読みやすく適切な日本語訳になったことで、著者のメッセージをよりよく理解して頂けたことを確信している。

　関係者各位に再度感謝を申し上げるとともに、本書が異文化コミュニケーション研究の更なる躍進に繋がり、日本の「グローバル人材」教育へ新しい風を吹き込むことを願って、「訳者あとがき」を終わりたい。

高橋君江

参 考 文 献

■「日本語版出版にあたって」

Piller, Ingrid, & Takahashi, Kimie (Producer). (2012). *Japanese on the Move: Life Stories of Transmigration*. Retrieved from www.languageonthemove.com/japanese-on-the-move

Piller, Ingrid, & Takahashi, Kimie. (2014). Language Work Aboard the Low-Cost Airline. In A. Duchêne, M. Moyer & C. Roberts (Eds.), Language, Migration and Social (in)Equality. *A Critical Sociolinguistic Perspective on Institutions and Work* (pp. 95-117). Clevedon: Multilingual Matters.

Piller, Ingrid, & Takahashi, Kimie. (in press). Accommodation, Isolation and Conflict: The Rise and Fall of Japanese Tourism to Australia. *Journal of Sociolinguistics*, 18(4).

Takahashi, Kimie. (2013a). Communicating Passion for Fashion. *Language on the Move*. Retrieved from http://www.languageonthemove.com/intercultural-communication/communicating-passion-for-fashion

Takahashi, Kimie. (2013b). *Language Learning, Gender and Desire: Japanese Women on the Move*. Clevedon: Multilingual Matters.

■本 章

Abu-Lughod, L. (2000). *Veiled Sentiments: Honor and Poetry in a Bedouin Society* (2nd edn). Berkeley, CA: University of California Press.

Abu Rahhal, L. (2008). Noor, a soap opera to test the moral compass. *Menassat*. http://www.menassat.com/?q=en/news-articles/4480-noor-soap-opera-test-moral-compass.

Agar, M. (1994). *Language Shock: Understanding the Culture of Conversation*. New York: William Morrow.

Aldridge, M. G. (2004). What is the basis of American culture? In F. E. Jandt (ed.), *Intercultural Communication: A Global Reader* (pp. 84-98). Thousand Oaks, CA: Sage.

Aim, C. O. (2003). English in the Ecuadorian commercial context. *World Englishes*, 22(2), 143-58.

Aman, R. (1982). Interlingual taboos in advertising: how not to name your product. In R. J. Di Pietro (ed.), *Linguistics and the Professions: Proceedings of the Second Annual Delaware Symposium on Language Studies* (pp. 215-24). Norwood, NJ: Ablex.

Anderson, B. (1991). *Imagined Communities: Reflections on the Origin and Spread of Nationalism* (2nd edn). London: Verso.

Anderson, P. H., Lawton, L, Rexeisen, R. J., Hubbard, A. C. (2006). Short-term study abroad and intercultural sensitivity: A pilot study. *International Journal of Intercultural Relations*, 30(4), 457-69.

Ang, I. (2005). Multiculturalism. In T. Bennett, L. Grossberg and M. Morris (eds), *New Keywords: A Revised Vocabulary of Culture and Society* (pp. 226-9). Oxford: Blackwell.

Appadurai, A. (1996). *Modernity at Large: Cultural Dimensions of Globalization*. Minneapolis, MN: University of Minnesota Press.

Asante, M. K., Gudykunst, W. B. (eds) (1989). *Handbook of International and Intercultural*

Communication. Thousand Oaks, CA: Sage.
Australian Bureau of Statistics (2008). *Labour force status and other characteristics of recent migrants*. Canberra: Australian Bureau of Statistics.
Ayres, A. (2009). *Speaking Like a State: Language and Nationalism in Pakistan*. Cambridge: Cambridge University Press.
Bailey, B. (2000). Communicative behavior and conflict between African-American customers and Korean immigrant retailers in Los Angeles. *Discourse and Society*, 11(1), 86-108.
Bajko, I. Z. (1999). Fremdwörter in der deutschen Werbesprache am Beispiel zweier Slogankorpora. [Foreign words in German advertising language, exemplified by two corpora of slogans]. *Moderna Språk*, 93(2), 161-71.
Bargiela-Chiappini, F. (ed.) (2009). *The Handbook of Business Discourse*. Edinburgh: Edinburgh University Press.
Barnlund, D. C. (1989). *Communicative Styles of Japanese and Americans: Images and Realities*. Belmont, CA: Wadsworth.
Barrett, R. (2006). Language ideology and racial inequality: Competing functions of Spanish in an Anglo-owned Mexican restaurant. *Language in Society*, 35, 163-204.
Baumann, G. (1996). *Contesting Culture: Discourses of Identity in Multi-ethnic London*. Cambridge: Cambridge University Press.
Baumgardner, R. J. (2006). The appeal of English in Mexican commerce. *World Englishes*, 25(2), 251-66.
Begley, P. A. (2003). Communication with Egyptians. In L. A. Samovar and R. E. Porter (eds), *Intercultural Communication: A Reader* (pp. 87-93). Belmont, CA: Thomson Wadsworth.
Bennett, T. (2005). Culture. In T. Bennett, L. Grossberg and M. Morris (eds), *New Keywords: A Revised Vocabulary of Culture and Society* (pp. 63-9). Oxford: Blackwell.
Bennett, T., Grossberg, L, Morris, M. (eds) (2005). *New Keywords: A Revised Vocabulary of Culture and Society*. Oxford: Blackwell.
Berman, G. (2008). *Harnessing Diversity: Addressing Racial and Religious Discrimination in Employment*. Melbourne: Victorian Equal Opportunity and Human Rights Commission.
Bertone, S. (2004). *From Factory Fodder to Multicultural Mediators: A Typology of NESB Immigrant Work Experience in Australia*. Sydney: University of Sydney.
Billig, M. (1995). *Banal Nationalism*. London: Sage.
Bilton, P. (1999). *The Xenophobe's Guide to the Swiss*. London: Oval Books.
Birdsong, D. (2006). Age and second language acquisition and processing: a selective overview. *Language Learning*, 56, 9-49.
Bishop, H., Jaworski, A. (2003). 'We beat'em': nationalism and the hegemony of homogeneity in the British press reportage of Germany versus England during Euro 2000. *Discourse and Society*, 14(3), 243-71.
Bloch, A. (2010). Intimate circuits: modernity, migration and marriage among post-Soviet women in Turkey. *Global Networks*, 11(4), 1-20.
Blommaert, J. (2005). *Discourse: A Critical Introduction*. Cambridge: Cambridge University Press.
Blommaert, J. (2010). *The Sociolinguistics of Globalization*. Cambridge: Cambridge University Press.
Booth, A., Leigh, A., Varganova, E. (2009). Does racial and ethnic discrimination vary across minority groups? Evidence from three experiments. *Australian Policy Online*. Retrieved from http://apo.org.au/node/17347.
Bosrock, M. M. (2006). *European Business Customs and Manners: A Country-by-country Guide*. New York: Simon and Schuster.

Bourdieu, P. (1991). *Language and Symbolic Power*. Cambridge: Polity.
Boutet, J. (2008). *La vie verbale au travail: Des manufactures aux centres d'appels [Language at work: from manufacturing to call centres]*. Paris: Octares.
Bowe, H., Martin, K. (2007). *Communication Across Cultures: Mutual Understanding in a Global World*. Cambridge: Cambridge University Press.
Bruthiaux, P. (1996). *The Discourse of Classified Advertising: Exploring the Nature of Linguistic Simplicity*. New York and Oxford: Oxford University Press.
Bryson, L., Finkelstein, L., MacIver, R. M. (eds) (1947). *Conference on Science, Philosophy and Religion in Their Relation to the Democratic Way of Life, Columbia University, 1945: Approaches to group understanding; sixth symposium*. New York: Harper.
Bunker, R. M., Adair, J. (1959). *The First Look at Strangers*. New Brunswick, NJ, and London: Rutgers University Press.
Caldas-Coulthard, C. R. (2003). Cross-cultural representation of 'otherness' in media discourse. In G. Weiss and R. Wodak (eds), *Critical Discourse Analysis: Theory and Interdisciplinarity* (pp. 272-96). London: Palgrave Macmillan.
Carlisle, E. (1967). *Cultures in Collision: U.S. Corporate Policy and Canadian Subsidiaries*. Ann Arbor, MI: University of Michigan Press.
Chaney, L. H., Martin, J. S. (2004). *Intercultural Business Communication* (3rd edn). London: Pearson Education.
Chang, J. (2004). *Ideologies of English Language Teaching in Taiwan*. Unpublished PhD thesis. Sydney: University of Sydney.
Charles, M. (2007). Language matters in global communication: article based on ORA lecture, October 2006. *Journal of Business Communication*, 44(3), 260-82.
Clarke, S. (2004). *A Year in the Merde*. New York: Bloomsbury.
Clyne, M. (1994). *Inter-cultural Communication at Work*. Cambridge: Cambridge University Press.
Clyne, M. (2005). *Australia's Language Potential*. Sydney: UNSW Press.
Colic-Peisker, V. (2005). 'At least you're the right colour': identity and social inclusion of Bosnian refugees in Australia. *Journal of Ethnic and Migration Studies*, 31(4), 615-38.
Colic-Peisker, V., Tilbury, F. (2006). Employment niches for recent refugees: segmented labour market of the 21st century Australia. *Journal of Refugee Studies*, 19(2), 203-29.
Constable, N. (2003). *Romance on a Global Stage: Pen Pals, Virtual Ethnography, and 'Mail-order' Marriages*. Berkeley, CA: University of California Press.
Cooke, G. (1962). *As Christians Face Rival Religions: An Interreligious Strategy for Community without Compromise*. New York: Association Press.
Corner, J. (2006). Book review of 'Principles of intercultural communication. By Igor Klyukanov.' *Media Culture & Society*, 28(1), 155-7.
Coulthard, M. (2005). The linguist as expert witness. *Linguistics & the Human Sciences*, 1(1), 39-58.
Council of Europe (2001). *Common European Framework of Reference for Languages*. Cambridge: Cambridge University Press.
Coupland, N. (ed.) (2010). *The Handbook of Language and Globalization*. Maiden, MA, and Oxford: Wiley-Blackwell.
Cox, J. W., Minahan, S. (2004). Unravelling Woomera: lip sewing, morphology and dystopia. *Journal of Organizational Change Management*, 17(3), 292-301.
Creese, G., Kambere, E. N. (2003). What colour is your English? *Canadian Review of Sociology and Anthropology*, 40(5), 565-73.
Creese, G., Wiebe, B. (2009). 'Survival employment': gender and deskilling among African

immigrants in Canada. *International Migration*, 20 July 2009 (online ahead of print). Available online at http://onlinelibrary.wiley.com/doi/10.1111/j.1468-2435.2009.00531.x/abstract;jsessionid=24A6C1DDF75B8D9DDC0B39A0C5871ABC.do2to2

Cross, R., Hudson, A. (2006). *Beyond Belief: the British Bomb Tests: Australian Veterans Speak Out.* Kent Town, SA: Wakefield Press.

Dagnino, E. (1994). On becoming a citizen: the story of Dona Marlene. In R. Benmayor and A. Skotnes (eds), *Migration and Identity* (pp. 69-84). Oxford: Oxford University Press.

Dávila, L. T. (2008). Language and opportunity in the 'Land of Opportunity': Latina immigrants' reflections on language learning and professional mobility. *Journal of Hispanic Higher Education*, 7(4), 356-70.

Dicken, P. (2007). *Global Shift: Mapping the Changing Contours of the World Economy* (5th edn). London: Sage.

Dimova, S. (2008). English in Macedonian commercial nomenclature. *World Englishes*, 27(1), 83-100.

Djité, P. G. (2006). Shifts in linguistic identities in a global world. *Language Problems and Language Planning*, 30(1), 1-20.

Dousset, L. (2003). On the misinterpretation of the Aluridja kinship system type (Australian Western Desert). *Social Anthropology*, 11(1), 43-61.

Duchêne, A. (2009). Marketing, management and performance: multilingualism as commodity in a tourism call centre. *Language Policy*, 8(1), 27-50.

Duchêne, A., Heller, M. (in press). Multilingualism and the new economy. In M. Martin-Jones, A. Blackledge and A. Creese (eds), *The Routledge Handbook of Multilingualism*. London: Routledge.

Duchêne, A., Piller, I. (2009). *Sprachen, Identitäten und Tourismus: Ein Beitragzum Verständnis sozialer und sprachlicher Herausforderungen in der Schweiz im Kontext der Globalisierung [Languages, Identities and Tourism: Towards an Understanding of Social and Linguistic Challenges in Switzerland in the Context of Globalization]*. Berne: Swiss National Fund.

Eades, D. (2008). *Courtroom Talk and Neocolonial Control*. Berlin: Mouton de Gruyter.

Eades, D. (2010). *Sociolinguistics and the Legal Process*. Clevedon: Multilingual Matters.

Ehrenreich, B., Hochschild, A. R. (2002). Introduction. In B. Ehrenreich and A. R. Hochschild (eds), *Global Woman: Nannies, Maids and Sex Workers in the New Economy* (pp. 1-13). London: Metropolitan Press.

Ehrlich, S. (2001). *Representing Rape: Language and Sexual Consent*. London: Routledge.

El-Najjar, H. A. (2008). Discrimination against Bidoons, Palestinians, and other immigrants in Kuwait. Paper presented at the American Sociological Association Annual Meeting. Retrieved from http://www.allacademic.com/meta/p242399_index.html.

Elass, R. (2009). Love is in the desert air - if you nurture it. *The National*, 14 February 2009.

Elkin, A. P. (1938-40). Kinship in South Australia, *Oceania* 8: 419; 9: 452; 10: 41-78, 198-234, 295-349, 369-89.

Errington, J. (2001). Ideology. In A. Duranti (ed.), *Key Terms in Language and Culture* (pp. 110-12). Maiden, MA, and Oxford: Blackwell.

Errington, J. (2008). *Linguistics in a Colonial World: A Story of Language, Meaning, and Power*. Oxford: Blackwell.

Etiemble, R. (1964). *Parlez-vous franglais? [Do You Speak Frenglish?]*. Paris: Gallimard.

Faier, L. (2007). Filipina migrants in rural Japan and their professions of love. *American Ethnologist*, 34(1), 148-62.

Faier, L. (2009). *Intimate Encounters: Filipina Women and the Remaking of Rural Japan*. Berkeley, CA: University of California Press.
Farr, M. (2006). *Rancheros in Chicagoacán: Language and Identity in a Transnational Community*. Austin, TX: University of Texas Press.
Farsi: Aval Dabestan [Persian Primer: First Grade]. (N.d.). Tehran: Ministry of Education, Iran.
Flanagan, R. (2008). *Wanting*. Sydney: Knopf.
Foley, W. (1997). *Anthropological Linguistics: An Introduction*. Oxford: Blackwell.
Francis, D., Hester, S. (2004). *An Invitation to Ethnomethodology: Language, Society and Interaction*. London: Sage.
Fredriksson, R., Barner-Rasmussen, W., Piekkari, R. (2006). The multinational corporation as a multilingual organization: The notion of a common corporate language. *Corporate Communications: An International Journal*, 11(4), 406-23.
Friedman, T. L. (2006). *The World is Flat: The Globalized World in the Twenty-first Century*. London: Penguin. (伏見威蕃訳『フラット化する世界 上・下』日本経済新聞社、2006)
Galasiński, D., Jaworski, A. (2003). Representations of hosts in travel writing: the Guardian travel section. *Journal of Tourism and Cultural Change*, 1(2), 131-49.
Geertz, C. (1973). *The Interpretation of Cultures: Selected Essays*. New York: Basic Books.
Geldard, F. A., Bouman, M. A. (eds). (1965). *NATO Symposium on Communication Processes, Washington, D. C. 1963*. New York: Macmillan.
Gerritsen, M., Nickerson, C. (2009). BELF: Business English as a Lingua Franca. In F. Bargiela-Chiappini (ed.), *The Handbook of Business Discourse* (pp. 180-92). Edinburgh: Edinburgh University Press.
Gerritsen, M., Nickerson, C, Van Hooft, A., Van Meurs, F., Nederstigt, U., Starren, M., et al. (2007). English in product advertisements in Belgium, France, Germany, the Netherlands and Spain. *World Englishes*, 26(3), 291-315.
Gerver, D., Sinaiko, H. W. (eds) (1978). *NATO Symposium on Language Interpretation and Communication, Giorgio Cini Foundation, 1977: Language Interpretation and Communication*. New York: Plenum Press.
Global advertising spending revised, up 3.5%. (2010). *The China Post*, 22 July 2010. Retrieved from http://www.chinapost.com.tw/business/global-markets/2010/07/22/265659/Global-advertising.htm.
Goby, V. P. (2007). Business communication needs: a multicultural perspective. *Journal of Business and Technical Communication*, 21(4), 425-37.
Goddard, C. (2006). Ethnopragmatics: a new paradigm. In C. Goddard (ed.), *Ethnopragmatics: Understanding Discourse in Cultural Context* (pp. 1-30). Berlin and New York: Mouton de Gruyter.
Goddard, C. (2009). Not taking yourself too seriously in Australian English: semantic explications, cultural scripts, corpus evidence. *Intercultural Pragmatics*, 6(1), 29-53.
Green, A. G., Green, D. (2004). The goals of Canada's immigration policy: a historical perspective. *Canadian Journal of Urban Research*, 13(1), 102-38.
Griffiths, M., Qian, D., Procter, N. G. (2005). *Beyond Words: Lessons on Translation, Trust and Meaning*. Canberra: Multicultural Mental Health Australia.
Gudykunst, W. B. (1988a). *Culture and Interpersonal Communication*. Thousand Oaks, CA: Sage.
Gudykunst, W. B. (1994). *Bridging Japanese/North American Differences*. Thousand Oaks, CA: Sage.
Gudykunst, W. B. (2004). *Bridging Differences: Effective Intergroup Communication* (4th edn). Thousand Oaks, CA: Sage.

Gudykunst, W. B. (ed.) (1983). *Intercultural Communication Theory: Current Perspectives*. Thousand Oaks, CA: Sage.
Gudykunst, W. B. (ed.) (1986). *Intergroup Communication*. London: Edward Arnold.
Gudykunst, W. B. (ed.) (1988b). *Language and Ethnic Identity*. Clevedon: Multilingual Matters.
Gudykunst, W. B. (ed.) (2003). *Cross-cultural and Intercultural Communication*. Thousand Oaks, CA: Sage.
Gudykunst, W. B. (ed.) (2005). *Theorizing about intercultural communication*. Thousand Oaks, CA: Sage.
Gudykunst, W. B., Kim, Y. Y. (2002). *Communicating with Strangers: An Approach to Intercultural Communication* (4th edn). New York: McGraw Hill.
Gudykunst, W. B., Kim, Y. Y. (eds) (1984). *Methods for Intercultural Communication Research*. Thousand Oaks, CA: Sage.
Gudykunst, W. B., Mody, B. (eds) (2001). *Handbook of International and Intercultural Communication* (2nd edn). London: Sage.
Gudykunst, W. B., Stewart, L. P., Ting-Toomey, S. (eds) (1985). *Communication, Culture and Organizational Processes*. Thousand Oaks, CA: Sage.
Gudykunst, W. B., Ting-Toomey, S., Nishida, T. (eds) (1996). *Communication in Personal Relationships Across Cultures*. Thousand Oaks, CA: Sage.
Gumperz, J. J. (1982a). *Discourse Strategies*. Cambridge: Cambridge University Press.
Gumperz, J. J. (ed.) (1982b). *Language and Social Identity*. Cambridge: Cambridge University Press.
Gumperz, J. J., Levinson, S. C. (1996a). Introduction: linguistic relativity re-examined. In J. J. Gumperz and S. C. Levinson (eds), *Rethinking linguistic Relativity* (pp. 1-28). Cambridge: Cambridge University Press.
Gumperz, J. J., Levinson, S. C. (eds). (1996b). *Rethinking linguistic Relativity*. Cambridge: Cambridge University Press.
Haarmann, H. (1989). *Symbolic Values of Foreign Language Use: From the Japanese Case to a General Sociolinguistic Perspective*. Berlin and New York: Mouton de Gruyter.
Hall, E. T. (1959). *The Silent Language*. Garden City, NY: Doubleday.（國弘正雄訳『沈黙のことば』南雲堂、1966）
Hall, E. T. (1960). A microcultural analysis of time. In A. F. C. Wallace (ed.), *Selected Papers of the Fifth International Congress of Anthropological and Ethnological Sciences, 1956* (pp. 118-22). Philadelphia, PA: University of Pennsylvania Press.
Hall, E. T. (1966). *The Hidden Dimension*. Garden City, NY: Doubleday.（日高敏隆・佐藤信行訳『かくれた次元』みすず書房、1970）
Hall, E. T., Hall, M. R. (1987). *Hidden Differences: Doing Business with the Japanese*. Garden City, NY: Doubleday.
Hamdan, J. M., Hatab, W. A. A. (2009). English in the Jordanian context. *World Englishes*, 28(3), 394-405.
Hannerz, U. (1992). *Cultural Complexity: Studies in the Social Organization of Meaning*. New York: Columbia University Press.
Hannerz, U. (1996). *Transnational Connections: Culture, People, Places*. London: Routledge.
Hansen-Thomas, H. (2007). Language ideology, citizenship, and identity: The case of modern Germany. *Journal of Language and Politics*, 6(2), 249-64.
Harris, R. (1998). *Introduction to Integrational Linguistics*. Oxford: Pergamon Press.
Heller, C. (2009). I am Mutti. In S. Kamata (ed.), *Call Me Okaasan: Adventures in Multicultural Mothering* (pp. 124-33). Deadwood, OR: Wyatt-MacKenzie Publishing.

Heller, M. (2003). Globalization, the new economy, and the commodification of language and identity. *Journal of Sociolinguistics*, 7(4), 473-92.
Heller, M. (2005). Language, skill and authenticity in the globalized new economy. *Noves SL: Revista de Sociolingüística*.
Heller, M. (2006). *Linguistic Minorities and Modernity: A Sociolinguistic Ethnography* (2nd edn). London: Continuum.
Heller, M. (ed.). (2007). *Bilingualism: A Social Approach*. Basingstoke: Palgrave Macmillan.
Herget, W., Kremp, W., Rödel, W. G. (eds) (1995). *Nachbar Amerika: 50 Jahre Amerikaner in Rheinland-Pfalz—Neighbor America: Americans in Rhineland-Palatinate, 1945-1995*. Trier: WVT Wissenschaftlicher Verlag Trier.
Heyes, C. (2002). Identity politics. In E. N. Zalta (ed.), *The Stanford Encyclopedia of Philosophy*. Stanford, CA: Stanford University.
Hill, J. H. (2008). *The Everyday Language of White Racism*. Maiden, MA: Wiley-Blackwell.
Hinnenkamp, V. (1987). Foreigner talk, code-switching and the concept of trouble. In K. Knapp, W. Enninger and A. Knapp-Potthoff (eds), *Analyzing Intercultural Communication* (pp. 137-80). Berlin and New York: Mouton de Gruyter.
Hirsch, J. S., Wardlow, H. (eds) (2006). *Modern Loves: The Anthropology of Romantic Courtship and Companionate Marriage*. Ann Arbor, MI: University of Michigan Press.
Hobsbawm, E. (1990). *Nations and Nationalism Since 1870: Programme, Myth, Reality*. Cambridge: Cambridge University Press.
Hochschild, A. R. (2003). *The Managed Heart: Commercialization of Human Feeling* (20th anniversary edition edn). Berkeley, CA: University of California Press. (石川准・室伏亜希訳『管理される心』世界思想社、2000)
Hofstede, G. H. (2001). *Culture's Consequences: Comparing Values, Behaviors, Institutions, and Organizations across Nations* (2nd edn). Thousand Oaks, CA: Sage.
Hofstede, G. H., Hofstede, G. J. (2005). *Cultures and Organizations: Software of the Mind: Intercultural Cooperation and its Importance for Survival* (2nd edn). New York: McGraw Hill.
Holliday, A. (1999). Small cultures. *Applied Linguistics*, 20(2), 237-64.
Holliday, A., Hyde, M., Kullman, J. (2004). *Inter-cultural Communication: An Advanced Resource Book*. London: Routledge.
hooks, b. (1992). *Black Looks: Race and Representation*. Cambridge, MA: South End Press,
hooks, b. (1994). *Teaching to Transgress: Education as the Practice of Freedom*. New York: Routledge.
Hourani, A. (2005). *A History of the Arab Peoples*. London: Faber and Faber.
Hunt, K., Taylor, M. (2004). *The Xenophobe's Guide to the Aussies* (2nd edn). London: Oval Books.
Huntington, S. P. (1993). The clash of civilizations? *Foreign Affairs*, 72(3), 22-49.
Hyland, T. (2008). The ballad of Chika Honda. *The Age*, 10 February 2008. Retrieved from http://www.theage.com.au/articles/2008/02/09/1202234230100.html?page=fullpage#contentSwap2.
Hymes, D. (1974). *Foundations in Sociolinguistics: An Ethnographic Approach*. Philadelphia, PA: University of Pennsylvania Press.
Hymes, D. (1996). *Ethnography, Linguistics, Narrative Inequality: Toward an Understanding of Voice*. London: Taylor and Francis.
Improving Services, Improving Lives: Evidence and Key Themes. A Social Exclusion Unit Interim Report (2005). London: Office of the Deputy Prime Minister.
International Labour Office (2009). *Global Employment Trends Update, May 2009*. Geneva: International Labour Office.

Jackson, A. (2004). Aladdin Sisalem released from Manus Island. *The Age*, 1 June 2004. Retrieved from http://www.theage.com.au/articles/2004/05/31/1085855499159.html.

Jackson, J. E. (1983). *The Fish People: Linguistic Exogamy and Tukanoan Identity in Northwest Amazonia*. Cambridge: Cambridge University Press.

Jandt, F. E. (2006). *An Introduction to Intercultural Communication: Identities in a Global Community* (5th edn). London: Sage.

JETRO (1999). *Communicating with Japanese in Business*. Tokyo: Japan External Trade Organization.

Jia, W. (2003). The Chinese conceptualizations of face: emotions, communication, and personhood. In L. A. Samovar and R. E. Porter (eds), *Intercultural Communication: A Reader* (pp. 48-57). Belmont, CA: Thomson Wadsworth.

Jones, R. H. (2000). 'Potato seeking rice': language, culture, and identity in gay personal ads in Hong Kong. *International Journal of the Sociology of Language*, 143, 33-61.

Jones, W. J. (1990). *German Kinship Terms (750-1500): Documentation and Analysis*. Berlin: Walter de Gruyter.

Joseph, J. E. (2004). *Language and Identity: National, Ethnic, Religious*. Basingstoke: Palgrave Macmillan.

Jupp, J. (2007). *From White Australia to Woomera: The Story of Australian Immigration*. Melbourne: Cambridge University Press.

Jurji, E. J. (1969). *Religious Pluralism and World Community: Interfaith and Intercultural Communication*. Leiden: E. J. Brill.

Kamata, S. (2009). Call me Okaasan: an introduction. In S. Kamata (ed.), *Call Me Okaasan: Adventures in Multicultural Mothering* (pp. 7-13). Deadwood, OR: Wyatt-MacKenzie Publishing.

Keegan, W. J. (1984). International competition: the Japanese challenge. *Journal of International Business Studies*, 15(3), 189-93.

Kim, H. M. (2007). The state and migrant women: diverging hopes in the making of 'multicultural families' in contemporary Korea. *Korea Journal*, 47(4), 100-22.

Kim, Y. Y., Gudykunst, W. B. (eds) (1988). *Cross-cultural Adaptation: Current Approaches*. Thousand Oaks, CA: Sage.

Kirkpatrick, A. (ed.) (2010). *The Routledge Handbook of World Englishes*. London: Routledge.

Klapproth, D. M. (2004). *Narrative as Social Practice: Anglo-Western and Australian Aboriginal Oral Traditions*. Berlin and New York: Mouton de Gruyter.

Klein, N. (2001). *No Logo*. London: HarperCollins.

Kojima, Y. (2001). In the business of cultural reproduction: theoretical implications of the mail-order bride phenomenon. *Women's Studies International Forum*, 24(2), 199-210.

Kooner, B. (2007). *RCMP Taser Incident at Vancouver International Airport*. Vancouver: Canada Border Services Agency.

Kraemer, A. J. (1969). *The development of cultural self-awareness: design of a program of instruction [United States. Dept. of the Army. Office, Chief of Research and Development. NATO Conference on Special Training for Multilateral Forces]*. Alexandria, VA: George Washington University, Human Resources Research Office.

Kramsch, C. (1998). *Language and Culture*. Oxford: Oxford University Press.

Kramsch, C, Boner, E. (2010). Shadows of discourse: intercultural communication in global contexts. In N. Coupland (ed.), *The Handbook of Language and Globalization* (pp. 495-519). Maiden, MA, and Oxford: Wiley-Blackwell.

Kress, G., van Leeuwen, T. (1996). *Reading Images: The Grammar of Visual Design*. London: Routledge.
Kristeva, J. (1991). *Strangers to Ourselves*, trans. L. S. Roudiez. New York: Columbia University Press.（池田和子訳『外国人 我らの内なるもの』法政大学出版局、1990）
Kroeber, A. L., Kluckhohn, C. (1963). *Culture: A Critical Review of Concepts and Definitions*. New York: Vintage.
Kulick, D. (2003). No. *Language and Communication*, 23(2), 139-51.
Lee, J. S. (2006). Linguistic constructions of modernity: English mixing in Korean television commercials. *Language in Society*, 35(1), 59-91.
Leeds-Hurwitz, W. (1990). Notes in the history of intercultural communication: the foreign service institute and the mandate for intercultural training. *Quarterly Journal of Speech*, 76(1), 262-81.
Lévi-Strauss, C. (1969). *The Elementary Structures of Kinship*, trans. J. H. Bell, J. R. von Sturmer and R. Needham. Paris: Mouton.
Levinson, S. C. (1983). *Pragmatics*. Cambridge: Cambridge University Press.
Lippi-Green, R. (1997). *English with an Accent: Language, Ideology, and Discrimination in the United States*. London: Routledge.
Lorenzoni, N., Lewis, B. A. (2004). Service recovery in the airline industry: a cross-cultural comparison of the attitudes and behaviors of British and Italian front-line personnel. *Managing Service Quality*, 14(1), 11-25.
Louhiala-Salminen, L., Kankaanranta, A. (eds) (2009). *The Ascent of International Business Communication*. Helsinki: Helsinki School of Economics.
Lowe, E. (2004). *Transcending the Cultural Gaps in 21st Century Strategic Analysis and Planning: The Real Revolution in Military Affairs*. Canberra: Strategic and Defence Studies Centre.
Lucy, J. A. (1992). *Language Diversity and Thought: A Reformulation of the Linguistic Relativity Hypothesis*. Cambridge: Cambridge University Press.
Lustig, M. W., Koester, J. (2005). *Intercultural Competence: Interpersonal Communication Across Cultures* (5th edn). Boston: Allyn and Bacon.
Lynch, J., Ross, M., Crowley, T. (2002). *The Oceanic Languages*. Richmond: Curzon.
McAuliffe, C. (2005). *Multicultural Futures: The Negotiation of Identity amongst Second Generation Iranians of Muslim and Baha'i Background in Sydney, London and Vancouver*. Sydney: University of Sydney.
McClintock, A. (1995). *Imperial Leather: Race, Gender and Sexuality in the Colonial Contest*. New York: Routledge.
McGurk, H., MacDonald, J. (1976). Hearing lips and seeing voices. *Nature*, 264, 746-8.
McSweeney, B. (2002). Hofstede's 'Model of National Cultural Differences and Consequences': a triumph of faith - a failure of analysis. *Human Relations*, 55(1), 89-118.
McWhorter, J. (2003). *Doing Our Own Thing: The Degradation of Language and Music and Why We Should, Like, Care*. New York: Gotham Books.
Maher, J. C. (2010). Metroethnicities and metrolanguages. In N. Coupland (ed.), *The Handbook of Language and Globalization* (pp. 575-91). Maiden, MA, and Oxford: Wiley-Blackwell.
Makeny, B. (writer) (2008). *The Applicant*. In Information and Cultural Exchange (producer), *Africa on Screen*. Australia.
Marek, Y. (1998). The philosophy of the French language legislation: internal and international aspects. In D. A. Kibbee (ed.), *Language Legislation and Linguistic rights* (pp. 341-50). Amsterdam: John Benjamins.
Margolis, E., Soldatenko, M., Acker, S., Gair, M. (2001). Peekaboo: hiding and outing the curriculum.

In E. Margolis (ed.), *The Hidden Curriculum in Higher Education* (pp. 1-20). London: Routledge.

Marschan, R., Welch, D., Welch, L. (1997). Language: the forgotten factor in multinational management. *European Management Journal*, 15(5), 591-8.

Marschan-Piekkaria, R., Welch, D., Welch, D. (1999a). Adopting a common corporate language: IHRM implications. *The International Journal of Resource Management*, 10(3), 377-90.

Marschan-Piekkaria, R., Welch, D., Welch, L. (1999b). In the shadow: the impact of language on structure, power and communication in the multinational. *International Business Review*, 8(4), 421-40.

Martin, E. (2005). *Marketing Identities Through language: English and Global Imagery in French Advertising*. London: Palgrave Macmillan.

Martin, E. (2007). 'Frenglish' for sale: multilingual discourses for addressing today's global consumer. *World Englishes*, 26(2), 170-90.

Martin, J. N., Nakayama, T. K. (2003). *Intercultural Communication in Contexts* (3rd edn). New York: McGraw Hill.

Martin, J. N., Nakayama, T. K., Flores, L. A. (eds) (2001). *Readings in Intercultural Communication: Experiences and Contexts* (2nd edn). New York: McGraw Hill.

Masterman-Smith, H., Pocock, B. (2008). *Living low Paid: The Dark Side of Prosperous Australia*. Sydney: Allen and Unwin.

Mayers, M. K. (1974). *Christianity Confronts Culture: A Strategy for Cross-cultural Evangelism*. Grand Rapids, MI: Zondervan.

Melville, I. (1999). *Marketing in Japan*. Oxford: Butterworth-Heinemann.

Meyer, B., Apfelbaum, B. (eds) (2010). *Multilingualism at Work: From Policies to Practices in Public, Medical and Business Settings*. Amsterdam: John Benjamin Publishing.

Milevskaya, S. (2010). Confessions of a Kyiv bride-to-be. Retrieved from http://www.whatson-kiev.com/index.php?go=News&in=view&id=8798.

Mirchandani, K. (2004). Practices of global capital: gaps, cracks and ironies in transnational call centres in India. *Global Networks*, 4(4), 355-73.

Moorehead, C. (2006). *Human Cargo: A Journey Among Refugees*. London: Vintage.

Mooring, Y. (2004a). *Attractive Western Man Seeks Honest Filipina Mail Order Bride: Ideology of Gender Relationships in Advertisements Seeking Filipina Mail Order Brides*. Unpublished Honours essay. Sydney: University of Sydney.

Mooring, Y. (2004b). *The Discourse of Filipina Mail-order Bride Websites*. Unpublished Honours thesis. Sydney: University of Sydney.

Müller, M. (2006). Nein sagen und ja meinen: Kleines Chinesen-Einmaleins [Saying no and meaning yes: the ABC of communicating with the Chinese]. *20 minuten*, 14 November 2006, p. 31.

Nakane, I. (2007a). Problems in communicating the suspect's rights in interpreted police Interviews. *Applied Linguistics*, 28(1), 87-112.

Nakane, I. (2007b). *Silence in Intercultural Communication*. Amsterdam: John Benjamins.

Nekula, M., Šichová, K. (2004). Sprache als Faktor der wirtschaftlichen Integration [Language as a factor in economic integration]. *Brücken*, 12, 317-35.

A new McDefinition? (2007). *Guardian*, 24 May 2007. Retrieved from http://www.guardian.co.uk/commentisfree/2007/may/24/anewmcdefinition.

Oakley, A. (1974). *The Sociology of Housework*. Oxford: Martin Robertson.

Oertig-Davidson, M. (2002). *Beyond Chocolate: Understanding Swiss Culture*. Basel: Bergli Books.

Oliver, A. (2010). Skinny grande decaf latte? No, I just want a @#j* coffee! *Mail Online*, 19 August

2010. Retrieved from http://www.dailymail.co.uk/news/article-1304274/Starbucks-attacked-Skinny-grande-decaf-latte-No-I-just-want---coffee.html.

Ong, A. (1998). *Flexible Citizenship: The Cultural Logics of Transnationality*. Durham and London: Duke University Press.

Ong, J. C. (2009). Watching the nation, singing the nation: London-based Filipino migrants' identity constructions in news and karaoke practices. *Communication, Culture & Critique*, 2(2), 160-81.

O'Rourke, K. (2002). To have and to hold: a postmodern feminist response to the mail order bride industry. *Denver Journal of International Law and Policy*, 30(4), 476-98.

Oxford English Dictionary (OED) Online. (2010). http://www.oed.com/.

Pal, M., Buzzanell, P. (2008). The Indian call center experience: a case study in changing discourses of identity, identification, and career in a global context. *Journal of Business Communication*, 45(1), 31-60.

Papunya School (2001). *Papunya School Book of Country and History*. Sydney: Allen and Unwin.

Pasassung, N. (2004). *Teaching English in an 'Acquisition-poor Environment': An Ethnographic Example of a Remote Indonesian EFL Classroom*. Sydney: University of Sydney.

Pavlenko, A. (2001a). 'In the world of the tradition, I was unimagined': negotiation of identities in cross-cultural autobiographies. *International Journal of Bilingualism*, 5(3), 317-44.

Pavlenko, A. (2001b). Language learning memoirs as a gendered genre. *Applied Linguistics*, 22(2), 213-40.

Pennycook, A. (1998). *English and the Discourses of Colonialism*. London: Routledge.

Pennycook, A. (2001). English in the world/the world in English. In A. Burns and C. Coffin (eds), *Analysing English in a Global Context: A Reader* (pp. 78-89). London: Routledge.

Pennycook, A. (2007). Language, localization and the real: hip-hop and the global spread of Authenticity. *Journal of Language, Identity & Education*, 6(2), 101-16.

Pepsi in China (2010). Retrieved from http://www.all-lies.com/legends/business/products/pepsiinchina.shtml.

Phelan, A. (2000). Reds in the beds. *Sydney Morning Herald Magazine*, 1 April 2000, 49-52.

Phillimore, J., Koshy, P. (2010). *The Economic Implications of Fewer International Higher Education Students in Australia*. Perth: Australian Technology Network of Universities.

Piller, I. (2001a). Identity constructions in multilingual advertising. *Language in Society*, 30(2), 153-86.

Piller, I. (2001b). Naturalisation language testing and its basis in ideologies of national identity and citizenship. *International Journal of Bilingualism*, 5(3), 259-77.

Piller, I. (2002a). *Bilingual Couples Talk: The Discursive Construction of Hybridity*. Amsterdam: Benjamins.

Piller, I. (2002b). Passing for a native speaker: identity and success in second language learning. *Journal of Sociolinguistics*, 6(2), 179-206.

Piller, I. (2003). Advertising as a site of language contact. *Annual Review of Applied Linguistics*, 23, 170-83.

Piller, I. (2007a). Cross-cultural communication in intimate relationships. In H. Kotthoff and H. Spencer-Oatey (eds), *Intercultural Communication* (pp. 341-59). Berlin and New York: Mouton de Gruyter.

Piller, I. (2007b). Linguistics and intercultural communication. *Linguistics and Language Compass*, 1(3), 208-26.

Piller, I. (2008). 'I always wanted to marry a cowboy:' bilingual couples, language and desire. In T. A. Karis and K. D. Killian (eds), *Intercultural Couples: Exploring Diversity in Intimate*

Relationships (pp. 53-70). London: Routledge.
Piller, I. (2009). Intercultural communication. In F. Bargiela-Chiappini (ed.), *The Handbook of Business Discourse* (pp. 317-29). Edinburgh: Edinburgh University Press.
Piller, I. (2010a). Banal nationalism for breakfast. 15 May 2010. Retrieved from http://www.languageonthemove.com/recent-posts/banal-nationalism-for-breakfast.
Piller, I. (2010b). Finding Switzerland in Japan. 6 October 2010. Retrieved from http://www.languageonthemove.com/language'tourism/finding-switzerland-in-japan.
Piller, I. (2010c). Multilingual Tokyo. 27 September 2010. Retrieved from http://www.languageonthemove.com/language-globalization/multilingual-tokyo.
Piller, I. (2010d). Toiletology. 7 May 2010. Retrieved from http://www.languageonthemove.com/recent-posts/toiletology.
Piller, I. (in press-a). Airport language and the globalization of nothing. In U. Krischke, R. Bauer, W. Mager and G. Waxenberger (eds), *Festschrift Sauer*. Hamburg: Peter Lang.
Piller, I. (in press-b). Multilingualism and social exclusion. In M. Martin-Jones, A. Blackledge and A. Creese (eds), *The Routledge Handbook of Multilingualism*. London: Routledge.
Piller, I., Pavlenko, A. (2009). Globalization, multilingualism, and gender: looking into the future. In L. Wei and V. Cook (eds), *Contemporary Applied Linguistics* (Vol. 2, Linguistics for the Real World, pp. 10-27). London: Continuum.
Piller, I., Takahashi, K. (2006). A passion for English: desire and the language market. In A. Pavlenko (ed.), *Bilingual Minds: Emotional Experience, Expression, and Representation* (pp. 59-83). Clevedon: Multilingual Matters.
Piller, I., Takahashi, K. (2011). Language, migration and human rights. In R. Wodak, B. Johnstone and P. Kerswill (eds), *Handbook of Sociolinguistics* (pp. 573-87). London: Sage.
Piller, I., Takahashi, K., Watanabe, Y. (2010). The dark side of TESOL: the hidden costs of the consumption of English. *Cross-Cultural Studies*, 20,183-201.
Pound, L. (1913). Word-coinage and modern trade-names. *Dialect Notes*, 4(1), 29-41.
Pousada, A. (2008). The mandatory use of English in the Federal Court of Puerto Rico. *Centro Journal*, 20(1), 136-55.
Pyke, J. (2005). *Productive Diversity: Which Companies are Active and Why*. Sydney: University of New South Wales.
Rampton, B. (1995). *Crossing: Language and Ethnicity Among Adolescents*. London: Longman.
Rebhun, L.-A. (1999). *The Heart Is Unknown Country: Love in the Changing Economy of Northeast Brazil*. Stanford, CA: Stanford University Press.
Reinert, E. S. (2008). *How Rich Countries Got Rich . . . And Why Poor Countries Stay Poor*. London: Constable.
Reyes, A. (2007). *Language, Identity and Stereotype Among Southeast Asian American Youth: The Other Asian*. Mahwah, NJ: Lawrence Erlbaum Associates.
Ricks, D. A. (1996). Perspectives: translation blunders in international business. *Journal of Language for International Business*, 7(2), 50-5.
Ritzer, G. (2007). *The Globalization of Nothing*. London: Sage.
Ritzer, G. (2008). *The McDonaldization of Society 5*. Thousand Oaks, CA: Sage
Roberts, C, Moss, B., Wass, V., Sarangi, S., Jones, R. (2005). Misunderstandings: a qualitative study of primary care consultations in multilingual settings, and educational implications. *Medical Education*, 39, 465-75.
Rojjanaprapayon, R., Chiemprapha, P., Kanchanakul, A. (2004). Conflict management in Thai organizations. In F. E. Jandt (ed.), *Intercultural Communication: A Global Reader* (pp. 28-37).

Thousand Oaks, CA: Sage.
Rdmer, R. (1976). *Die Sprache der Anzeigenwerbung. [The language of print advertising]* (5th edn). Düsseldorf: Pädagogischer Verlag Schwann.
Romero, J. L. (1944). *Bases para una morfologia de los contactos de cultura. [Bases for a morphology of cultural contacts].* Buenos Aires: Institutión Cultural Española.
Rubin, D. L. (1992). Nonlanguage factors affecting undergraduates' judgements of nonnative English-speaking teaching assistants. *Research in Higher Education*, 33(4), 511-31.
Rubin, D. L., Smith, K. A. (1990). Effects of accent, ethnicity, and lecture topic on undergraduates' perceptions of non-native English speaking teaching assistants. *International Journal of Intercultural Relations*, 14, 337-53.
Said, E. W. (1978). *Orientalism*. London: Routledge and Kegan Paul.（今沢紀子訳『オリエンタリズム 上・下』平凡社ライブラリー、1993）
Samovar, L. A., Porter, R. E., McDaniel, E. R. (2007). *Communication Between Cultures* (6th edn). New York: Thomson Wadsworth.
Sapir, E., Mandelbaum, D. G. (1985). *Selected Writings of Edward Sapir in Language, Culture and Personality* (2nd edn). Berkeley, CA: University of California Press.
Sarangi, S. (1995). Culture. In J. Verschueren, J.-O. Östman, J. Blommaert and C. Bulcaen (eds), *Handbook of Pragmatics* (pp. 1-30). Amsterdam: John Benjamins.
Schmitt, L. E. (1970). *Kurzer Grundriß der germanischen Philologie bis 1500. [Introduction to Germanic Philology up to 1500]* (Vol. Band 1, Sprachgeschichte [Vol. 1, Language History]). Berlin: Walter de Gruyter.
Scollon, R., Scollon, S. W. (2000). *Intercultural Communication: A Discourse Approach* (2nd edn). Oxford: Blackwell.
Scollon, R., Scollon, S. W. (2001). Discourse and intercultural communication. In D. Schiffrin, D. Tannen and H. E. Hamilton (eds), *The Handbook of Discourse Analysis* (pp. 538-47). Maiden, MA, and Oxford: Blackwell.
¿Se discrimina al usar el inglés en algunos tribunales de Puerto Rico? [Is the use of English in some Puerto Rican courts discriminatory?]. (2009). *NYDailyNews.com*, 24 February 2009. Retrieved from http://www.nydailynews.com/latino/espanol/2009/02/25/2009-02-25_se_discrimina_al_usar_el_ingls_en_alguno-2.html#ixzzi2QpzSHty.
Sedaris, D. (2000). *Me Talk Pretty One Day*. London: Abacus.
Skey, M. (2006). 'Carnivals of surplus emotion?' Towards an understanding of the significance of ecstatic nationalism in a globalising world. *Studies in Ethnicity and Nationalism*, 6(2), 143-61.
Smitka, M. (1999). Foreign policy and the US automotive industry: by virtue of necessity? *Business and Economic History*, 28(2), 277-85.
Sollich, R. (2004). Türkisch und unverzichtbar [Turkish and indispensable]. *DW-World. de*, 3 May 2004. Retrieved from http://www.dw-world.de/dw/article/0,2144,1186742,00.html.
Spolsky, B. (2004). *Language Policy*. Cambridge: Cambridge University Press.
Street, B. (1993). Culture is a verb. In D. Graddol, L. Thompson and M. Byram (eds), *Language and Culture* (pp. 23-43). Clevedon: Multilingual Matters.
Subramanian, A. (2000). Indians in North Carolina: race, class, and culture in the making of immigrant identity. *Comparative Studies of South Asia, Africa and the Middle East*, 20(1), 105-14.
Takahashi, K. (2006). *Akogare and English Language Learning: Japanese Women in Australia.* Unpublished PhD thesis. Sydney: University of Sydney.
Takahashi, K. (2009). *Gender, Desire and Social Inclusion in International Tourism*. Paper presented

at the 11th International Pragmatics Association Conference. Retrieved from http://www.languageonthemove.com/downloads/SOUND/Kimie.mp3

Takahashi, K. (2010a). English at work in Japan. 22 July 2010. Retrieved from http://www.languageonthemove.com/recent-posts/english-at-work-in-japan.

Takahashi, K. (2010b). Insult and injury in Ueno Park. 11 October 2010. Retrieved from http://www.languageonthemove.com/recent-posts/insult-and-injury-in-ueno-park.

Takahashi, K. (2010c). Tokyo: Elegantly Multilingual. 15 October 2010. Retrieved from http://www.languageonthemove.com/recent-posts/tokyo-elegantly-multilingual

Takashi, K. (1992). Language and desired identity in contemporary Japan. *Journal of Asian Pacific Communication*, 3(1), 133-44.

Tannen, D. (1986). *That's Not What I Meant! How Conversational Style Makes or Breaks Relationships*. New York: Ballantine Books.

Taylor, T. (2006). Wild, wild East. *CNN Traveller, March-April 2006*, 50-4.

Thanawala, S. (2007). India's call-center jobs go begging. *Time*, 16 October 2007. Retrieved March 11, 2008, from http://www.time.com/time/business/article/0,8599,1671982,00.html.

Thompson, C. (2007). Can McDonald's Alter the Dictionary? *Time*, 5 June 2007. Retrieved from http://www.time.com/time/business/article/0,8599,1628391,00.html.

Thurlow, C, Jaworski, A. (2010). *Tourism Discourse: Language and Global Mobility*. Basingstoke: Palgrave Macmillan.

Thurlow, C, Jaworski, A., Ylänne-McEwen, V. (2005). 'Half-hearted tokens of transparent love'? 'Ethnic' postcards and the visual mediation of host-tourist communication. *Tourism, Culture and Communication*, 5(2), 93-104.

Tilbury, F. (2007). 'I feel I am a bird without wings': Discourses of sadness and loss among east Africans in western Australia. *Identities: Global Studies in Culture and Power*, 14(4), 433-58.

Timmerman, C, Segaert, B. (eds) (2005). *How to Conquer the Barriers to Intercultural Dialogue: Christianity, Islam, and Judaism*. New York: Peter Lang.

Ting-Toomey, S., Chung, L. C. (2004). *Understanding Intercultural Communication*. Los Angeles: Roxbury.

Tokuhama-Espinosa, T. (2003). Third culture kids: a special case of foreign language learning. In T. Tokuhama-Espinosa (ed.), *The Multilingual Mind: Issues Discussed By, For, and About People Living with Many Languages* (pp. 165-9). Westport, CT, and London: Praeger.

Tulviste, T., Mizera, L., de Geer, B., Tryggvason, M.-T. (2003). A silent Finn, a silent Finno-Ugric, or a silent Nordic? A comparative study of Estonian, Finnish, and Swedish mother-adolescent interactions. *Applied Psycholinguistics*, 24, 249-65.

Turnbull, S. (2002). *Almost French: A New Life in Paris*. Sydney: Bantam Books.

Tylor, E. B. (1920). *Primitive Culture: Researches into the Development of Mythology, Philosophy, Religion, Language, Art, and Custom* (6th edn, Vol. 1). London: John Murray.

Uchida, A. (1998). The orientalization of Asian women in America. *Women's Studies International Forum*, 21(2), 161-74.

Universal declaration of human rights (1948). Geneva: United Nations Organization.

Ustinova, I. P., Bhatia, T. K. (2005). Convergence of English in Russian TV commercials. *World Englishes*, 24(4), 495-508.

Vaara, E. (1999). Cultural differences and post-merger problems: Misconceptions and cognitive simplifications. *Nordiske Organisasjonsstudier*, 1(1), 59-88.

Vaara, E. (2000). Constructions of cultural differences in postmerger change processes: A sensemaking perspective on Finnish-Swedish cases. *M@n@gement*, 3(3), 81-101.

Vaara, E., Tienari, J., Piekkari, R., Säntti, R. (2005). Language and the circuits of power in a merging multinational corporation. *Journal of Management Studies*, 42(3), 595-623.

Vandermeeren, S. (1998). *Fremdsprachen in europäischen Unternehmen. Untersuchungen zu Bestand und Bedarf im Geschäftsalltag mit Empfehlungen für Sprachenpolitik und Sprachunterricht [Foreign Languages in European Companies: Studies in the Language Use and Language Needs in Business with Recommendations for Language Policy and Language Teaching]*. Waldsteinberg: Heidrun Popp.

Varner, I., Beamer, L. (2005). *Intercultural Communication in the Global Workplace* (3rd edn). New York: McGraw Hill.

Vesterhus, S. A. (1991). Anglicisms in German car documents. *Language International*, 3(3), 10-15.

Visson, L. (1998). *Wedded Strangers: The Challenges of Russian-American Marriages*. New York: Hippocrene.

Wei-Yu Chen, C. (2006). The mixing of English in magazine advertisements in Taiwan. *World Englishes*, 25(3-4), 467-78.

Werlen, I. (2008). *Sprachkompetenzen der erwachsenen Bevölkerung in der Schweiz [Language Competence of the Adult Swiss Population]*. Bern: Swiss National Fund.

Widdicombe, S. (1998). Identity as an analysts' and a participants' resource. In C. Antaki and S. Widdicombe (eds), *Identities in Talk* (pp. 191-206). London: Sage.

Williams, E. (2006). *Bridges and Barriers: Language in African Education and Development*. Manchester: St. Jerome Publishing.

Williams, J. (1998). *Don't they know it's Friday? Cross-cultural Considerations for Business and Life in the Gulf*. London: Motivate Publishing.

Williams, R. (1961). *The Long Revolution*. Harmondsworth: Penguin.

Williams, R. (1982). *Culture and Society: Coleridge to Orwell* (2nd edn). London: The Hogarth Press.

Williams, R. (1983). *Keywords: A Vocabulary of Culture and Society* (2nd edn). London: Fontana Press.

World Confederation of Organizations of the Teaching Profession (1959). *Teaching Mutual Appreciation of Eastern and Western Cultural Values*. Washington, DC: World Confederation of Organizations of the Teaching Profession.

Wortham, S. E. F, (2003). Linguistic anthropology of education: An introduction. In S. E. F. Wortham and B. Rymes (eds), *Linguistic Anthropology of Education* (pp. 1-29). Westport, CT, and London: Praeger.

Wustmann, G. (1903). *Allerhand Sprachdummheiten [All Manner of Linguistic Stupidities]* (3rd edn). Leipzig: Grunow.

Yalanta and Oak Valley Communities, Mattingley, C. (2009). *Maralinga: The Ananu Story*. Sydney: Allen and Unwin.

Yang, J. C. (1999). *The Xenophobe's Guide to the Chinese* (2nd edn). London: Oval Books.

Yano Research (2009). 語学ビジネス市場に関する調査結果. [Findings on language business market 2009]. Retrieved from http://www.yano.co.jp/press/press.php/000504

Zentella, A. C. (1997). *Growing Up Bilingual: Puerto Rican Children in New York*. Oxford: Blackwell.

索 引

▶ア行

アイデンティティ政治　46, 49
アクセント　127, 140, 153, 163, 187, 226-229
アナグ族　61, 62, 70
アフリカ系移民　185
アボリジニ　64, 65, 70, 71
アメリカ英語　150, 179, 180, 227-229
アメリカ化　143, 146, 151
アラビア語　91, 162, 202
アルジャジーラ　244
移住　46, 65, 66, 76, 96, 100, 103-105, 163-167
　173, 182-188, 191, 195, 239
イタリア語　38, 128, 129, 139, 140, 143, 151, 212
移民　45-50, 67, 96, 102-105, 116, 130-133, 176
　181-196, 206-208, 218, 220
医療　29, 66-68, 209, 210
イントネーション　54, 73
ウルドゥー語　80
ヴァインライヒ（Max Weinreich）　78
英語教育　189, 225-230
エスノグラフィー　105, 120, 132, 141, 153, 168
　174, 218, 223, 234, 238, 241
婉曲表現　46
オセアニア語　76
オリエンタリズム　55, 170, 178

▶カ行

階級　48, 50, 87, 144, 173, 207, 218-220
外交　54, 55, 95
外務職員局　53, 57
カウボーイ　101, 103, 145, 155-157, 160, 224
カエサル　37, 38
隠れたカリキュラム　90
合併　121-124
観光　10, 25, 28, 31, 128, 131, 136, 137

感情　66, 67, 81, 94, 98, 125, 126, 160-166, 173
疑似スペイン語　141, 142
キップリング（Rudyard Kipling）　41, 44
ギラキ語　92
ギリシャ語　139, 202
グディカンスト（William B. Gudykunst）　53
クルド人　37
グローバリゼーション　99-106, 109, 124, 125, 129
　130, 142, 145, 147, 148, 172
クロナラ暴動　176-178
軍事　53-55
言語イデオロギー　129, 217-233, 238
言語学習　17, 20, 121, 188-191, 198, 200, 223
　226, 228, 230
言語教育　198, 225, 226, 230, 231
言語景観　232
言語政策　78, 176, 188-190, 193, 194
言語選択　122, 124, 198, 208, 216-219, 231, 232
言語的相対性　59-73, 80, 81
言語の政治経済学　125
広告　92-94, 137-153, 155-157, 167-169, 175
　226, 227, 232, 233
構造主義　54
公民権運動　46, 48, 50
誤解　74, 82, 142, 198, 209-216, 221, 231, 236
国際結婚　156-158
個人主義　103, 104, 111, 112, 241
コミュニケーション相対性　68-71, 80, 81
誤訳　138

▶サ行

再生産的労働　173
サピア-ウォーフ仮説　62, 63
差別（「人種差別」も参照）　32, 141, 176-179
　183-188, 192-195, 222
ジーカンスキー（Robert Dziekanski）　239, 240, 242
資本主義　49, 50, 54, 167

市民権	31, 32, 46, 48, 50, 116, 183, 184, 188
社会言語学	19, 20, 68, 79, 80, 113, 131, 132, 198
	208, 209, 216, 218, 230, 234, 238, 241
集団主義	103, 104, 112
消費主義	148, 173
商品化（言語や文化などの）	124, 136, 142, 155, 241
植民地主義	41, 80, 197
女性らしさ（女性性）	140, 157, 160, 170
人権	203-208, 239
人種	26, 41, 46-50, 65, 115, 118, 141, 152, 171-173
新自由主義	173, 194
人種差別	24, 67, 118, 141, 142, 152, 176-183
	186, 193, 194, 236
真正性	125, 126, 129, 131, 241
スウェーデン語	124, 132, 139
頭脳流出	47
スペイン語（「擬似スペイン語」も参照）	69, 129,
137-143, 218-220	
成員カテゴリー化	168
成人移民英語プログラム（AMEP）	133, 188
性的	74, 155, 160, 163, 165, 166, 170-173
宣教師	51, 52, 77, 78

▶タ行

タイラー（Edward B. Tylor）	40, 41
多義性	74, 82
多言語主義	45, 77, 129, 132-134, 141, 193, 195, 230
多国籍企業	47, 110, 119-124, 129, 130, 133, 134
多文化主義	39, 45-50, 183
ダリー語	67, 68
単一言語（主義）	122, 134, 211
中国語	57, 138
蝶々夫人	171
沈黙	18, 19, 131
通訳	122, 123, 220, 221
ディンカ	191, 192
テラ・ヌリウス	70, 71
テロ	55
ドイツ語	38, 40, 60-63, 69, 73-76, 122, 123, 128
	129, 136-148, 159, 160, 199, 200, 212-213, 224
トゥカノアン	158
動作学	54
トルコ語	217

▶ナ行

ナショナリズム	75, 80, 84
トランス――	99-105
平凡な――	75, 84, 88-95, 98, 99, 101, 105-107
	112-114, 117, 133, 200, 234
訛り	179-188, 192, 227
難民（「亡命者」も参照）	67, 191, 192, 203-205
盗まれた世代	64, 66
ネイティブ話者（ネイティブスピーカー）	179
	181, 199, 201, 225-229

▶ハ行

ハイムズ（Dell Hymes）	68, 69, 80
売春	160, 164
バイリンガリズム（「マルチリンガリズム」も参照）	
	20, 146, 218
白人の特権	181
発音	54, 186, 210, 222
花嫁通販サイト	166-175
パラ言語	54
ハリウッド	157, 224-227
パレスチナ人	207
非言語コミュニケーション	32, 121
ビリッグ（Michael Billig）（「ナショナリズム」も参照）	
	88, 92, 107
フィンランド語	124, 125, 131, 139, 192
不平等	39, 50, 80, 111, 112, 132, 135, 161-163, 166
	172-174, 178, 190, 194, 195, 235-237
フラ語	206
フラナガン（Richard Flanagan）	65
フランス革命	78
フランス語	39, 69, 78, 128, 129, 138-145, 150
	180, 206, 212, 213, 231, 241
フリードマン（Thomas Friedman）	109, 124
ブルデュー（Pierre Bourdieu）	75, 218, 223
文化主義（「オリエンタリズム」も参照）	172, 178
	236
文化人類学	40, 41, 44, 45, 51, 115, 120
ヘブライ語	78
ボアズ（Franz Boas）	45、63
亡命者（難民も参照）	67, 205, 206
法律	37, 38, 100, 144, 198, 219, 223, 231
ポーランド語	240
ホール（Edward T. Hall）	53-55, 57, 96

ホックシールド（Arlie R. Hochschild）125, 126, 147
ホフステード（Geert Hofstede）　　34, 99, 110-120
翻訳　　　　　　　　60, 81, 122, 123, 190, 220, 221

▶マ行

マクドナルド　　　　　　　　　　147, 149-151
マボ判決　　　　　　　　　　　　　　　　70
マラリンガの回顧録　　　　　　　　　　　71
マルチリンガリズム（「バイリンガリズム」も参照）
　　　　　　　　　　　　　　197, 198, 219, 231
マルボロ　　　　　　　　　　　　145, 151, 157
ミス・サイゴン　　　　　　　　　　　　　171

▶ヤ・ラ行

欲求　　　　　　　　　　　　　　　　155-161
ラテン語　　　　　　　　　37-39, 69, 75, 139, 140
ランチェロス　　　　　　　　　　　　102-104
留学　　　　　　　　　　　　　　17-19, 224-229
リンガ・フランカ　　　　　　　　　　　　150
冷戦　　　　　　　　　　　　　　　47, 49, 53-55
ロシア語　　　　　　　　　　　　　　　　165
ロヒンギャ　　　　　　　　　　　　　203, 204
ロマン主義　　　　　　　　　　　　　　40, 63

■訳者〈五十音順〉……………………………………………（＊略歴は初版刊行時のもの）

加藤明子（かとう・あきこ）　＊第5章担当
福島工業高等専門学校一般教科准教授。現在、福島工業高等専門学校の英語教員。また、国際交流室室員として学生の国際交流支援、留学生受け入れ、海外インターンシップ派遣などを担当。

清水友子（しみず・ともこ）　＊第1章・第7章担当
拓殖大学外国語学部英米語学科、相模女子大学英語文化コミュニケーション学科、立教女学院短期大学現代コミュニケーション学科・非常勤講師。研究分野：バイリンガリズム、TESOLなど。

菅野素子（すがの・もとこ）　＊第6章担当
鶴見大学文学部英語英米文学科専任講師。専門分野はイギリス文学・文化、英語文学。主な研究関心は、戦後のイギリス文学・文化における移動の経験とその表象。

高橋君江（たかはし・きみえ）　＊第2章担当
国際基督教大学メディア・コミュニケーション・文化デパートメント客員准教授。イングリッド・ピラーと共に応用言語学研究ウェブサイトLanguage on the Moveを運営。

田村　亮（たむら・りょう）　＊第4章担当
早稲田大学他非常勤講師、日本マーク・トウェイン協会・日本英語表現学会役員。白人男性作家による女性・マイノリティ表象をテーマに、アメリカ文学研究を行っている。

羽井佐昭彦（はいさ・あきひこ）　＊第3章担当
相模女子大学学芸学部英語文化コミュニケーション学科教授英語教授法、第二言語習得論、社会言語学、English as a Lingua Francaなどの分野で研究。

樋口くみ子（ひぐち・くみこ）　＊第9章担当
一橋大学大学院社会学研究科博士後期課程院生。東洋大学ほか非常勤講師。専門は教育社会学。主著に「周縁化する『非行』系の不登校」（『現代の社会病理』28号、2013年）など。

藤田ラウンド幸世（ふじたらうんど・さちよ）　＊第10章担当
立教大学大学院異文化コミュニケーション研究科特任准教授。社会言語学の下、バイリンガリズム、バイリンガル児童の言語発達と教育、多文化共生について研究。Multilingually.jpを運営。

柳川浩三（やながわ・こうぞう）　＊第11章担当
法政大学理工学部専任講師 (Ph.D, University of Bedfordshire, UK)。日本大学文理学部英文学科卒。県立高校の英語教師として25年勤務した後、現職。専門は英語リスニングおよび言語テスト。趣味は剣道（六段）。

渡辺幸倫（わたなべ・ゆきのり）　＊第8章担当
相模女子大学学芸学部英語文化コミュニケーション学科准教授。近年の研究「異文化間介護・医療の現場におけるコミュニケーションの研究」（科研費 若手研究〈B〉2010-13）など。

■著者

イングリッド・ピラー（Ingrid Piller）

マッコーリ大学言語学部教授（オーストラリア）。ドイツ、スイス、アラブ首長国、アメリカなどの大学で教えるなど、国際的に活躍。異文化コミュニケーション、社会言語学、言語習得学、多言語主義、バイリンガル教育が主な研究テーマ。自ら主宰する研究ウェブサイト Language on the Move（www.languageonthemove.org）にて数々の論文やブログを一般公表している。

異文化コミュニケーションを問いなおす
ディスコース分析・社会言語学的視点からの考察

2014年4月10日　第1版第1刷発行
2021年11月10日　第1版第2刷発行

著　者　　　　　イングリッド・ピラー
訳　者　　　　　高橋君江、渡辺幸倫 ほか
発行者　　　　　矢部敬一
発行所　　　　　株式会社 創元社
　　　　　　　　https://www.sogensha.co.jp/
　　　　　本社　〒541-0047 大阪市中央区淡路町4-3-6
　　　　　　　　Tel.06-6231-9010　Fax.06-6233-3111
　　　　東京支店　〒101-0051 東京都千代田区神田神保町1-2 田辺ビル
　　　　　　　　Tel.03-6811-0662
印刷所　　　　　株式会社 太洋社

©2014 Printed in Japan　ISBN978-4-422-31026-8

本書を無断で複写・複製することを禁じます。
乱丁・落丁本はお取り替えいたします。
定価はカバーに表示してあります。

〈JCOPY〉〈出版者著作権管理機構 委託出版物〉
本書の無断複製は著作権法上での例外を除き禁じられています。
複製される場合は、そのつど事前に、出版者著作権管理機構
（電話 03-5244-5088、FAX 03-5244-5089、e-mail: info@jcopy.or.jp）
の許諾を得てください。